道路运输管理工作规范

交通运输部运输司

人民交通出版社股份有限公司
China Communications Press Co.,Ltd.

内 容 提 要

为贯彻落实《中华人民共和国道路运输条例》等法规、规章，进一步提升行业管理水平，促进道路运输管理规范化、标准化、精细化、精准化，交通运输部运输司组织对2008年印发的《道路运输管理工作规范》（交公路发〔2008〕382号）进行了修订。修订后的《道路运输管理工作规范》可供县级以上道路运输管理机构的相关管理人员在工作中参考。

图书在版编目（CIP）数据

道路运输管理工作规范／交通运输部运输司编.——北京：人民交通出版社股份有限公司，2014.12

ISBN 978-7-114-11876-0

Ⅰ.①道… Ⅱ.①交… Ⅲ.①道路运输－交通运输管理－管理规范－中国 Ⅳ.①U491-65

中国版本图书馆 CIP 数据核字（2014）第 269884 号

书　　名：	道路运输管理工作规范
著 作 者：	交通运输部运输司
责任编辑：	钟　伟
出版发行：	人民交通出版社股份有限公司
地　　址：	(100011) 北京市朝阳区安定门外外馆斜街 3 号
网　　址：	http://www.ccpress.com.cn
销售电话：	(010) 59757973
总 经 销：	人民交通出版社股份有限公司发行部
经　　销：	各地新华书店
印　　刷：	北京鑫正大印刷有限公司
开　　本：	720×960　1/16
印　　张：	19.25
字　　数：	235 千
版　　次：	2014 年 12 月　第 1 版
印　　次：	2017 年 12 月　第 7 次印刷
书　　号：	ISBN 978-7-114-11876-0
定　　价：	45.00 元

（有印刷、装订质量问题的图书由本公司负责调换）

关于修订印发《道路运输管理工作规范》的通知

交运便字〔2014〕181 号

各省、自治区、直辖市、新疆生产建设兵团交通运输厅(委):

为贯彻落实《中华人民共和国道路运输条例》等法规、规章,进一步提升行业管理水平,促进道路运输管理规范化、标准化、精细化、精准化,部运输司组织对 2008 年印发的《道路运输管理工作规范》(交公路发〔2008〕382 号)进行了修订。经部领导同意,现将修订后的《道路运输管理工作规范》印发你们,供你们工作中参考。

交通运输部运输司

2014 年 9 月 19 日

抄送:各省、自治区、直辖市道路运输管理局

目 录

第一章　总则 …………………………………………………… 1
第二章　道路运输管理人员行为规范 ………………………… 2
第三章　道路货物运输管理工作规范 ………………………… 4
　第一节　道路货物运输经营许可 …………………………… 4
　第二节　道路货物运输日常监督管理 ……………………… 14
第四章　道路危险货物运输管理工作规范 …………………… 20
　第一节　道路危险货物运输许可 …………………………… 20
　第二节　危险货物运输日常监督管理 ……………………… 35
第五章　道路货运站(场)管理工作规范 ……………………… 41
　第一节　道路货运站(场)经营许可 ………………………… 41
　第二节　道路货运站(场)监督管理 ………………………… 44
第六章　道路旅客运输管理工作规范 ………………………… 48
　第一节　道路旅客运输经营许可 …………………………… 48
　第二节　道路客运车辆管理 ………………………………… 63
　第三节　道路客运班线经营权招标投标 …………………… 68
　第四节　道路客运经营管理 ………………………………… 80
第七章　道路客运站管理工作规范 …………………………… 90
　第一节　客运站站级核定 …………………………………… 90
　第二节　道路客运站经营许可 ……………………………… 91
　第三节　道路客运站管理 …………………………………… 94

· 1 ·

第八章　机动车维修管理工作规范 ·················· 97
第一节　机动车维修经营许可 ························· 97
第二节　机动车维修管理 ····························· 106
第三节　机动车维修质量管理 ······················· 111

第九章　道路运输车辆技术管理 ······················ 115
第一节　车辆技术要求 ······························· 115
第二节　车辆技术状况审查 ·························· 116
第三节　机动车综合性能检测机构能力评审 ········ 121
第四节　运输企业车辆技术监管 ···················· 123
第五节　道路运输车辆档案管理 ···················· 125

第十章　机动车驾驶员培训管理工作规范 ············ 127
第一节　机动车驾驶员培训经营许可 ··············· 127
第二节　教练员管理 ································· 137
第三节　机动车驾驶员培训管理 ···················· 140

第十一章　道路运输从业人员管理工作规范 ········· 144
第一节　从业资格管理 ······························· 144
第二节　从业资格证件管理 ·························· 158
第三节　道路运输驾驶员诚信考核 ················· 161
第四节　从业行为管理 ······························· 169
第五节　从业资格考核员、考点和保密规定 ······· 171

第十二章　外商投资道路运输管理工作规范 ········· 178
第一节　外商投资道路运输业务申请材料 ·········· 178
第二节　外商投资道路运输许可程序及相关术语 ·· 183

第十三章　国际道路运输管理工作规范 ·············· 188
第一节　国际道路运输管理职责 ···················· 188

第二节　国际道路运输经营许可 …………………… 190

第三节　国际道路运输车辆管理 …………………… 203

第四节　国际道路运输管理 ………………………… 209

第五节　国际道路运输单证与标志管理 …………… 213

第六节　口岸国际道路运输管理机构查验项目 …… 216

第十四章　道路运输证件管理工作规范 …………… 218

第一节　《道路运输经营许可证》核发 ……………… 218

第二节　《道路运输经营许可证》和《非经营性道路危险货物运输许可证》填写 ……………………… 220

第三节　《道路运输证》配发及管理 ………………… 225

第四节　《道路运输证》填写 ………………………… 229

第五节　从业资格证填写 …………………………… 232

第六节　道路运输证件申领、发放与销毁 ………… 238

第十五章　道路运输行政执法工作规范 …………… 240

第一节　道路运输行政执法人员资格 ……………… 240

第二节　道路运输行政执法人员行为规范 ………… 243

第三节　道路运输行政执法管辖与回避 …………… 249

第四节　道路运输监督检查基本规范 ……………… 251

第五节　道路运输行政执法证据规范 ……………… 253

第六节　道路运输行政强制程序规范 ……………… 262

第七节　道路运输行政处罚程序规范 ……………… 265

第八节　道路运输行政执法文书规范 ……………… 275

第九节　道路运输行政执法监督 …………………… 293

第十六章　道路运输统计管理工作规范 …………… 296

第一节　统计原则 …………………………………… 296

第二节 统计内容和报送 …………………………… 296
第三节 统计要求 …………………………………… 297
第十七章 道路运输信息化 ………………………… 299
第一节 信息化管理部门设置 ……………………… 299
第二节 信息化管理部门职责 ……………………… 299
第三节 考核管理 …………………………………… 299

第一章 总　　则

一、为贯彻执行《中华人民共和国道路运输条例》、《危险化学品安全管理条例》及《道路旅客运输及客运站管理规定》、《道路货物运输及站场管理规定》、《道路危险货物运输管理规定》、《机动车维修管理规定》、《机动车驾驶员培训管理规定》、《国际道路运输管理规定》、《道路运输从业人员管理规定》等法规、规章,履行道路运输管理职责,严格道路运输管理程序,规范道路运输管理行为,提高依法行政的能力和水平,制定本规范。

二、本规范适用于县级以上道路运输管理机构。

三、道路运输管理机构应根据本规范制定和落实各个岗位的职责和具体要求。

四、涉及企业工商注册登记相关事项,按照国务院关于工商登记制度改革有关规定执行。

第二章　道路运输管理人员行为规范

一、职业道德

道路运输管理人员应当热爱人民,爱岗敬业,甘当公仆,依法行政,团结协作,廉洁奉公。

二、仪表举止

道路运输管理人员应当做到:

(一)衣着整洁得体。上班时间不赤脚,不穿拖鞋。

(二)举止端庄大方,坐立姿态文雅。

(三)礼貌待人,互相尊重。

(四)接待来人时,应起立迎接,面带微笑,主动请坐。

(五)使用文明用语,表达准确、通俗简洁。

(六)耐心回答当事人的有关咨询。

三、文明用语

道路运输管理人员在工作中应当使用以下文明用语:

(一)您好,这里是××××(单位名称),请讲……(用于接电话时)。

(二)请您稍候再来电话。

(三)请进。

(四)您好,请问您找哪位/请问我可以帮什么忙/请问您有什么事?

(五)请您不要着急,有事慢慢说。

(六)这件事请您到××科(股、室、大队)办理。

(七)请稍等!

(八)对不起/很抱歉,让您久等了。

(九)请您自觉遵守法律规定。

(十)这是法律规定的,请您配合。

(十一)多谢您的合作!

(十二)不客气,这是我应该做的。

(十三)请您多提宝贵意见。

(十四)谢谢您的提醒。

(十五)谢谢。

(十六)再见。

四、服务忌语

道路运输管理人员在工作中不得使用以下用语:

(一)找谁!

(二)没上班呢,等一会儿再说/下班啦,明天再来。

(三)没看见上面写着呢,问什么问。

(四)正忙着呢,等着。

(五)真麻烦!

(六)急什么?就你的事重要。

(七)你找我,我找谁呢?

(八)看谁态度好找谁去。

(九)我不管,问领导去。

(十)开会呢,外边等着。

五、禁止行为

道路运输管理人员不得有下列行为:

(一)违反规定实施行政许可和行政处罚;

(二)索取、收受他人财物,或者谋取其他利益;

(三)参与或变相参与道路运输经营以及道路运输相关业务;

(四)滥用职权;

(五)在工作期间喝酒;

(六)拖延时间或超过规定期限办理有关业务。

第三章　道路货物运输管理工作规范

第一节　道路货物运输经营许可

一、道路货物运输经营许可事项及实施主体

县级道路运输管理机构负责实施本行政区域内道路普通货运、道路货物专用运输、道路大型物件运输的行政许可。

未设县级道路运输管理机构的,由上一级的道路运输管理机构负责实施本行政区域内道路普通货运、道路货物专用运输、道路大型物件运输的行政许可。

二、道路货物运输经营许可条件

道路运输管理机构受理道路普通货运、道路货物专用运输、道路大型物件运输及危险货物运输增加普通货运经营许可申请,应当审查申请人是否具备以下条件:

(一)有与其经营业务相适应并经检测合格的运输车辆。

1. 车辆技术性能应当符合国家标准《营运车辆综合性能要求和检验方法》(GB 18565)的要求。

2. 车辆外廓尺寸、轴荷和载质量应当符合国家标准《道路车辆外廓尺寸、轴荷及质量限值》(GB 1589)的要求。

3. 从事大型物件运输经营的,应当具有与所运输大型物件相适应的超重型车组和所运输大型物件相适应的设施设备。超重型车组是指运输长度在14米以上或宽度在3.5米以上或高度在3米以上的货物的车辆,或者运输质量在20吨以上的单体货物或不可解体的成组(捆)货物的车辆。

4. 从事冷藏保鲜、罐式容器等专用运输的,应当具有与运输货物相适应的专用车辆,专用容器、设备、设施应当固定在专用车辆上。

5. 从事集装箱运输的,应当具有与运输集装箱相适应的车辆,车辆还应当有固定集装箱的转锁装置。

6. 总质量超过3500千克的货物运输车辆的燃料消耗量应当满足行业标准《营运货车燃料消耗量限值及测量方法》(JT 719)的要求。

7. 重型货运车辆(车长大于等于6米或者总质量大于等于12吨的车辆)及牵引车应当安装使用符合行业标准《道路运输车辆卫星定位系统车载终端技术要求》(JT/T 794),具有行驶记录功能的卫星定位装置,并接入全国道路货运车辆公共监管与服务平台(www.gghypt.net)。

8. 不得使用运输危险货物的罐式车辆或者运输有毒、感染性、腐蚀性危险货物的车辆运输普通货物;其他危险货物运输车辆可以从事食品、生活用品、药品、医疗器具以外的普通货物运输,但应当由运输企业对车辆进行消除危害处理。

(二)有符合规定条件的驾驶人员。

1. 取得相应的机动车驾驶证;

2. 年龄不超过60周岁;

3. 取得相应的从业资格证。

(三)运输企业应有健全的安全生产管理制度,主要包括:

1. 安全生产和岗位责任制(包括企业负责人岗位责任制、安全管理部门负责人岗位责任制、安全员岗位责任制、驾驶员岗位责任制);

2. 安全生产操作规程(包括驾驶员安全生产操作规程、装卸管理人员安全生产操作规程);

3. 安全生产监督检查制度;

4. 从业人员安全管理制度;

5. 车辆、设施、设备安全管理制度;

6. 事故处理应急预案等。

个体运输业户应有安全运营承诺书。

三、道路货物运输经营许可程序

（一）要求提交的申请材料

申请道路货物运输经营的，应向车籍所在地道路运输管理机构提出申请并提交以下材料：

1.《道路货物运输经营申请表》；

2.负责人身份证明，经办人的身份证明和委托书；

3.车辆证件：

已购置车辆的，应提供机动车辆行驶证、机动车登记证书、车辆综合性能检测合格证明以及车辆燃料消耗量达标车型参数及配置核查表，重型货车、半挂牵引车还应提供车辆生产企业随车附带的安装使用具有行驶记录功能的卫星定位装置证明；

拟投入车辆的，应提供投入运输车辆的承诺书，承诺内容包括投入车辆数量、类型、技术性能等级、投入时间等；

4.聘用或拟聘用驾驶员的机动车驾驶证、从业资格证及其复印件；

5.运输企业安全生产管理制度文本或者个体运输业户安全运营承诺书；

6.法律、法规规定的其他材料。

（二）申请材料形式审查及处置

道路运输管理机构应当按照以下要求对申请材料的完整性、真实性进行审查并作相应处置：

1.申请材料不齐全或者不符合法定形式的，应当要求申请人当场补全或者更正；当场不能补全或者更正的，应当场或在5个工作日内出具注明日期且加盖道路运输管理机构专用印章的《交通行政许可申请补正通知书》，一次性告知需补正的全部内容。

2.申请材料齐全有效的，应出具《交通行政许可申请受理通知书》。

3. 申请事项依法不需要取得行政许可或申请事项依法不属于本级道路运输管理机构职权范围的,应出具《交通行政许可申请不予受理决定书》。

(三)许可决定

道路运输管理机构对申请人提交的材料进行审查后,应当自受理之日起20个工作日内,根据公开、公平、公正的原则,作出许可或不予许可的决定,除当场作出许可决定的项目外,应当经集体研究讨论决定:

1. 对符合法定条件的道路货物运输经营申请作出准予行政许可决定的,向申请人出具《道路货物运输经营许可决定书》,明确许可事项;

2. 对不予行政许可的,向申请人出具《不予交通行政许可决定书》,并说明理由;

3. 因故需要延长许可申请处理时间的,须经道路运输管理机构负责人批准,向申请人出具《延长交通行政许可期限通知书》,并说明理由,但延长时间不得超过10个工作日。

(四)道路运输经营许可证发放

1. 道路运输管理机构在作出行政许可决定后,应当在10个工作日内向被许可人发放《道路运输经营许可证》,并在《道路运输经营许可证》上注明经营范围。

2.《道路运输经营许可证》实行"一户一证",坚持谁许可谁核发《道路运输经营许可证》的原则。

3. 对已取得道路危险货物运输经营许可的,县级道路运输管理机构负责实施新增的道路货运许可,作出许可决定后,由原发证机关在其《道路运输经营许可证》的"经营范围"一栏中增加新的许可事项。

（五）监督履行投入车辆承诺

被许可人作出投入车辆承诺的,道路运输管理机构应当监督其按照承诺书的承诺期限投入运输车辆。车辆投入时限不得超过自取得道路运输经营许可证之日起180日。超过承诺期限未投入车辆的,许可证件自动失效,道路运输管理机构应当注销其相应的道路运输经营许可,并收回《道路运输经营许可证》,并在媒体公告。

（六）配发《道路运输证》

道路运输管理机构应当核实被许可人投入的车辆,符合条件的,配发《道路运输证》。

1. 道路货物运输经营者应向道路运输管理机构提供以下材料:

(1)《道路运输证申领登记表》;

(2)《道路运输经营许可证》副本;

(3) 机动车行驶证及复印件;

(4) 机动车登记证书;

(5) 机动车综合性能检测合格证明;

(6) 驾驶员信息;

(7) 车辆燃料消耗量达标车型参数及配置核查表;

(8) 重型货车、半挂牵引车还应提供车辆生产企业随车附带的安装使用具有行驶记录功能的卫星定位装置的证明。

并能在全国道路货运车辆公共监管与服务平台(www.gghypt.net)上查询车辆基本信息和实时卫星定位信息。

2. 道路运输管理机构审核道路运输经营者提供的申请材料,对已运营企业新增车辆的,应查验该道路运输经营者的车辆年审、从业人员考核、企业信誉考核及遵章经营情况,无违规违章未处理的,予以办理相关手续,为新增车辆配发《道路运输证》,同时将相关材料存入车辆管理档案中。

3. 新增货运车辆有关手续办理结束后,道路运输管理机构应当监督道路运输经营者建立车辆技术档案。

四、设立子公司许可程序

道路货物运输企业设立子公司的,应当向设立地的道路运输管理机构提出申请,道路运输管理机构应当按照许可程序予以办理。

五、设立分公司报备程序

(一)道路货物运输经营者应向道路运输管理机构提交以下材料:

1.《道路运输企业设立分公司备案登记表》;

2.总公司《企业法人营业执照》复印件;

3.总公司《道路运输经营许可证》正本复印件;

4.总公司《道路运输经营许可证》副本(原件);

5.总公司法定代表人身份证明及其复印件;

6.分公司《企业法人营业执照》复印件;

7.分公司负责人身份证明及其复印件;

8.备案登记经办人身份证明及其复印件和委托书;

9.分公司安全生产等管理制度;

10.总公司与分公司不属同一道路运输管理机构的,还应提交总公司所在地出具的《关于同意××设立分公司的函》;

11.依相关规定需要提交的其他材料。

(二)道路货物运输企业设立分公司,如总公司与分公司属同一道路运输管理机构管辖的,按照以下程序办理:

1.道路货物运输企业应当填写《道路运输企业设立分公司备案登记表》,并向原《道路运输经营许可证》核发机关报备。

2.道路运输管理机构在原《道路运输经营许可证》副本"分支机构"栏中予以注明,同时向分公司核发新的《道路运输经营许可证》副本,并出具《道路运输企业分公司备案证明》。

3.道路货物运输企业持《道路运输企业分公司备案证明》、总公司的《道路运输经营许可证》正本复印件、分公司《道路运输经营许可证》副本(原件)办理工商、税务登记手续。

(三)道路货物运输企业设立分公司,如总公司与分公司不属同一道路运输管理机构管辖的,按照以下程序办理:

1. 道路货物运输企业应当填写《道路运输企业设立分公司备案登记表》并向分公司注册地的道路运输管理机构报备,提供相应申请材料和总公司所在地道路运输管理机构出具的《关于同意××设立分公司的函》。

2. 分公司注册地的道路运输管理机构经核实,道路货物运输企业提供的材料真实,且符合从事道路货物运输经营活动条件的,道路运输管理机构应当予以报备,在原《道路运输经营许可证》副本"分支机构"栏中予以注明,向分公司核发新的《道路运输经营许可证》副本,出具《道路运输企业分公司备案证明》,向总公司所在地的道路运输管理机构出具《关于同意××设立分公司的复函》。

3. 道路货物运输企业凭总公司《企业法人营业执照》、《道路运输经营许可证》正本复印件和分公司备案证明、分公司《道路运输经营许可证》副本(原件)办理工商、税务登记手续。

4. 分公司需新增运输车辆的,由分公司所在地的道路运输管理机构审核车辆条件,符合要求的,配发《道路运输证》。

六、货运代理(代办)备案管理

从事货运代理(代办)等货运相关服务的经营者取得《企业法人营业执照》后,持《企业法人营业执照》原件及复印件,填写《货运代理(代办)备案登记表》,提交法定代表人身份证明及其复印件、经办人身份证明及其复印件和委托书,申请办理备案登记;材料齐全的,道路运输管理机构出具《货运代理(代办)备案证明》。

七、经营许可变更

(一)道路货物运输经营者变更许可事项、扩大经营范围的,按照有关许可规定办理。

（二）道路货物运输经营者变更法人代表的应向作出原许可决定的道路运输管理机构提交《道路运输经营者变更备案登记表》,《企业法人营业执照》、企业组织机构代码证及复印件、企业法人身份证明及复印件、经办人身份证明及复印件委托书；道路货物运输经营者变更名称、地址等的应向作出原许可决定的道路运输管理机构提交上述材料及《道路运输证》。道路运输管理机构履行备案手续并换发许可证件。拟变更的经营地址不属于原发证机关管辖范围的,由原发证机关将《道路运输经营者变更备案登记表》移交变更后经营地址所在地的道路运输管理机构；由变更后经营地址所在地的道路运输管理机构换发许可证件。

（三）减少经营范围的,道路运输管理机构应当为道路货物运输经营者换发《道路运输经营许可证》,收回相应车辆的《道路运输证》。

八、终止经营

道路货物运输企业拟终止经营的,应当在终止之日的30日前向原许可机关提交《企业报停（终止）申请表》,《道路运输经营许可证》复印件、经办人的身份证明及其复印件、《企业法人营业执照》复印件,所在单位出具明确被委托人的姓名和委托办理事项的委托书。道路运输管理机构在《企业报停（终止）申请表》上签注"终止"意见,同时向道路货物运输经营者出具《道路货物运输终止通知书》,道路货物运输企业在停业后10日内将《道路运输经营许可证》和《道路运输证》交回原许可机关,办理注销手续。

九、货运车辆异动

（一）货运车辆转籍、过户办理程序

1. 道路货物运输经营者要求将货运车辆转籍、过户的,应当向原发证的道路运输管理机构提出申请,并提交以下材料：

(1)《车辆转籍过户申请表》；

(2)《道路运输证》；

(3)经办人的身份证明及其复印件、所在单位出具明确被委托人姓名和办理事项的委托书。

2.道路运输管理机构接到申请后,应当向道路货物运输经营者出具货运车辆转籍、过户证明,收回车辆的《道路运输证》,并将车辆变动情况登记在道路货物运输经营者的车辆管理档案中。

3.货运车辆转籍、过户,属不同管辖区域的,原发证的道路运输管理机构应当向车辆转入地的道路运输管理机构移交车辆管理档案。

4.货运车辆转籍、过户后,拟继续从事道路货物运输经营的,货运车辆的新所有人应当凭货运车辆转籍、过户证明和车辆管理档案,向转入地的道路运输管理机构重新申请。符合条件的,道路运输管理机构应当尽快为申请人办理相关手续。

5.货运车辆转籍、过户后,未办理相关经营手续从事道路货物运输经营的,视为无《道路运输经营许可证》或《道路运输证》从事道路货物运输经营活动。

(二)货运车辆报停及恢复营运办理程序

1.货运车辆拟报停的,道路货物运输经营者需持《车辆报停申请表》、经办人的身份证明及其复印件、所在单位出具明确委托人姓名和委托办理事项的委托书和拟报停车辆的《道路运输证》到原发证道路运输管理机构办理车辆报停手续,道路运输管理机构暂时收回《道路运输证》。

2.货运车辆报停后申请恢复营运的,道路货物运输经营者应当持《车辆恢复营运申请表》和经办人的身份证明及其复印件、所在单位出具明确委托人姓名和委托办理事项的委托书,向道路运输管理机构申请领回《道路运输证》。

（三）货运车辆退出营运

1. 对到报废期车辆或经检测不合格不能继续从事营运的车辆，道路运输管理机构应当注销其《道路运输证》，并在媒体上公告。

2. 道路运输经营者因严重违章，按照有关规定须吊销其《道路运输证》的，道路运输管理机构应当予以吊销，并在媒体上公告。

十、档案管理

（一）运输业户许可档案。

道路运输管理机构应建立道路货物运输经营业户许可纸质和电子档案，档案内容包括：

1.《道路货物运输经营申请表》；

2. 负责人、经办人的身份证明复印件；

3. 委托办理的，需存档授权委托书；

4. 未投入车辆的拟投入车辆承诺书；

5. 已购置车辆的，需存档机动车辆行驶证复印件、机动车登记证书复印件、车辆综合性能检测合格证明以及车辆燃料消耗量达标车型参数及配置核查表，重型货车、半挂牵引车还应存档车辆生产企业随车附带的安装使用具有行驶记录功能的卫星定位装置的证明；

6. 聘用或拟聘用驾驶员的机动车驾驶证、从业资格证复印件；

7. 道路运输企业的安全生产管理制度文本（含道路运输企业安全生产管理制度符合性审查认定书）或个体运输业户的安全运营承诺书；

8.《交通行政许可申请补正通知书》；

9.《交通行政许可受理通知书》；

10.《道路货物运输经营行政许可决定书》或《不予交通行政许可决定书》；

11. 道路运输行政许可文书（证件）送达回证；

12. 其他存档材料。

（二）道路运输管理机构应当建立道路货物运输车辆管理档案。车辆管理档案坚持"一车一档"，具体包括以下内容：

1. 车辆相关证件，包括机动车行驶证复印件、《道路运输证》复印件及车辆照片、机动车综合性能检测合格证明、机动车登记证书复印件、车辆燃料消耗量达标车型参数及配置核查表；

2. 二级维护、检测燃料消耗量达标车型核查情况；

3. 技术等级记录；

4. 车辆变更记录；

5. 车辆审验记录；

6. 交通运输行政处罚记录；

7. 其他按规定要求归档的资料等。

（三）档案内容记载应当及时、完整和准确，不得随意更改。

（四）道路运输管理机构应当督促道路货物运输经营者及时报送运输安全生产事故等动态信息。

第二节 道路货物运输日常监督管理

一、道路货物运输车辆管理

（一）车辆技术管理要求

1. 道路运输管理机构应当督促道路货物运输经营者建立车辆技术管理制度，按照国家标准《汽车维护、检测、诊断技术规范》（GB 18344）等有关标准对货物运输车辆进行定期维护和检测，确保货物运输车辆技术状况良好。

2. 道路运输管理机构应当督促道路货物运输经营者每年按时到符合国家标准要求的机动车综合性能检测站进行检测，并依据检测报告，对照行业标准《营运车辆技术等级划分和评定要求》（JT/T 198）评定车辆技术等级。

3. 道路运输管理机构不再要求挂车进行二级维护和综合性能

检测。

(二)道路货物运输车辆审验

道路货物运输车辆实施定期审验制度,审验工作由县级以上道路运输管理机构实施。

1. 审验时间

道路货物运输车辆每年审验一次,具体审验时间由各省自行确定。

2. 审验内容

(1)车辆技术状况;

(2)车辆年检状况;

(3)车辆定期维护和检测情况;

(4)车辆结构及尺寸变动情况;

(5)违规违章情况;

(6)重型货运车辆、半挂牵引车安装使用具有行驶记录功能的卫星定位装置,并能在全国道路货运车辆公共监管与服务平台(www.gghypt.net)上查询车辆基础信息和实时卫星定位信息;

(7)其他按规定需审验的内容。

3. 审验程序

(1)道路货物运输经营者应按照规定填写《道路运输车辆审验表》。

(2)车辆按规定进行综合性能检测。

(3)检测合格的车辆,且其他设施、设备完好,没有违法违规未处理记录,道路运输管理机构应当在《道路运输证》"车辆审验及技术等级记录"栏内加盖注有相应车辆技术等级的年度审验专用章;车辆技术等级不适应所从事运输业务的,应当责令限期改正,或者变更从事其他运输业务。

(4)车辆技术等级达不到三级要求的,应责其退出运输市场,注销其《道路运输证》。

（5）审验结束后，道路运输管理机构应当按其管理权限，及时整理审验资料并存入车辆管理档案。有违章情形的车辆应将违章情况记录在业户管理档案内，作为企业质量信誉考核依据。

（三）车辆技术档案管理要求

道路运输管理机构应当监督道路货物运输经营者按照"一车一档"原则，建立道路货物运输车辆技术档案。车辆技术档案内容包括：

1. 车辆基本情况，包括机动车行驶证、车辆登记证书复印件、《道路运输证》复印件及车辆照片等；

2. 主要部件更换记录；

3. 修理和二级维护记录（含出厂合格证）；

4. 技术等级评定记录；

5. 车辆变更记录；

6. 行驶里程记录；

7. 交通事故记录；

8. 车辆审验记录；

9. 其他按规定要求归档的资料。

二、道路货物运输企业质量信誉考核

（一）质量信誉考核时间

道路运输管理机构应当每年对道路货物运输企业进行质量信誉考核。考核工作由省级道路运输管理机构有计划地统一组织开展，市级和县级道路运输管理机构根据管理职责、权限负责具体实施。

（二）考核步骤

1. 质量信誉考核资料的申报

道路货物运输企业应当向负责具体管理的道路运输管理机构申请质量信誉考核，并按计划规定的时间完成自查，将自查的详细情

况、分数及结果一并报送道路运输管理机构。报送时,同时提供下列材料:

(1)《道路货运企业经营信誉考核申请表》、《道路运输业户营运车辆汇总表》、《道路运输业户从业人员汇总表》。

(2)相关证照,包括企业营业执照、道路运输经营许可证、上年度末企业在册的营运货车相关证件、从业人员相关证件等。

(3)《道路运输生产事故报告表》和事故责任认定书(无相应事故可不提供)。

(4)安全生产标准化达标等级证书。

(5)自查报告,内容包括:

①违章经营情况,包括违章次数,每次违章经营的时间、地点、车辆、责任人、违章事实、查处机关及行政处罚决定书等;

②服务质量情况,包括每次服务质量投诉的投诉人、投诉内容、投诉方式、营运车辆车牌号、责任人、受理机关、曝光媒体名称、社会影响及核查处理情况等;

③完成政府指令性运输任务的情况,包括下达任务的部门、完成任务的时间、投入运力数量、完成运量及是否符合要求等情况;

④企业稳定情况,包括群体事件次数,每次影响社会稳定事件的时间、主要原因、事件经过、参加人数、上访部门、社会影响及处理情况等;

⑤企业管理情况,包括安装使用具有行驶记录功能的卫星定位装置并接入全国道路货运车辆公共监管与服务平台(www.gghypt.net)的营运车辆数量及车牌号,车辆喷涂统一标识和外观,企业服务人员统一着装情况以及获得省、部级以上荣誉称号的情况;

⑥行业自律情况(行业协会出具的相关证明材料)。

在异地设有分公司的道路货物运输企业,在提交材料时应同时提交分公司的《道路运输业户营运车辆汇总表》、《道路运输业户从业人员汇总表》,并提供分公司所在地县级或设区的市级道路运输管理机构出具的《道路运输质量信誉考核年度考核结果》复印件。分公司所在地县级或设区的市级道路运输管理机构应当对所出具的分公司质量信誉确认结果负责。

(6)自查整改措施及结果材料。

2.质量信誉考核初评

(1)道路货物运输企业所在地县(区)级道路运输管理机构应当根据道路货物运输企业日常监管档案及运政系统记录的相关情况,对道路货物运输企业报送的质量信誉情况进行核实。发现不一致的,应要求企业进行说明或组织调查。对于安全生产标准化考评不达标企业,按照相关文件要求,停业整顿;对于整顿不合格的,注销其经营资质。

(2)核实结束后,应根据各项考核指标的初步结果进行打分,将打分结果及各项考核数据报市级道路运输管理机构。

(3)道路运输企业所在地为设区的市的,由所在地设区的市级道路运输管理机构对道路货物运输企业质量信誉考核情况进行复核并初评。

3.公示及评定

(1)初评结束后,设区的市级道路运输管理机构出具《道路运输企业经营信誉考核结果(初评)通知书》,将道路运输企业的各项考核指标数据和所得分数、初评结果书面通知被考核道路货物运输企业,并在当地主要新闻媒体或本机构网站上进行为期15日的公示。

(2)被考核企业或者其他单位、个人对公示结果有异议的,可在公示期内向设区的市道路运输管理机构书面申诉或者举报。

(3)公示结束后,设区的市级道路运输管理机构应当对企业的申诉和社会反映的情况进行调查核实,根据各项指标的最终考核结果对企业的质量信誉等级进行评定,并将评定结果报省级道路运输管理机构。

4. 公告

（1）省级道路运输管理机构对道路货物运输企业质量信誉考核结果进行核查后，于每年6月30日前在本机构网站或交通运输主管部门网站上公布上一年度道路货物运输企业质量信誉考核结果。

（2）道路货物运输质量信誉等级分为优良、合格、基本合格和不合格，分别用AAA级、AA级、A级和B级表示。

道路货物运输企业下设的分公司与总公司一起进行质量信誉考核，子公司的质量信誉等级由其所在地道路运输管理机构单独评定。

三、道路货物运输市场监督检查

道路运输管理机构应当加强道路货物运输管理，规范经营行为，维护公平竞争，保护各方当事人的合法权益。

（一）查处违反道路货物运输经营许可的行为。

（二）查处违反道路货物运输经营规范的行为。

（三）查处违反车辆管理规定的行为。

（四）查处违反道路货物运输从业人员管理规定等行为。

四、企业日常监管档案管理

道路运输管理机构应当建立道路货物运输企业日常监管档案。企业日常监管档案应包括以下内容：

（一）道路货物运输企业质量信誉考核资料；

（二）年度审验资料；

（三）从业人员质量信誉考核资料；

（四）违法行为记录；

（五）安全生产标准化建设情况；

（六）安全生产检查情况；

（七）其他日常监管材料。

第四章 道路危险货物运输管理工作规范

第一节 道路危险货物运输许可

一、道路危险货物运输许可事项及实施主体

经营性道路危险货物运输经营许可和非经营性道路危险货物运输许可,由所在地设区的市级道路运输管理机构实施。

二、道路危险货物运输许可条件

(一)经营性道路危险货物运输许可条件

申请从事经营性道路危险货物运输的,设区的市级道路运输管理机构应当审查申请人是否具备以下条件:

1. 有符合下列要求的专用车辆及设备:

(1)自有专用车辆(挂车除外)5辆以上;运输剧毒化学品、爆炸品的,自有专用车辆(挂车除外)10辆以上。

(2)专用车辆技术性能符合国家标准《营运车辆综合性能要求和检验方法》(GB 18565)的要求;技术等级达到行业标准《营运车辆技术等级划分和评定要求》(JT/T 198)规定的一级技术等级。

(3)专用车辆外廓尺寸、轴荷和质量符合国家标准《道路车辆外廓尺寸、轴荷和质量限值》(GB 1589)的要求。

(4)专用车辆燃料消耗量符合行业标准《营运货车燃料消耗量限值及测量方法》(JT 719)的要求。

(5)配备有效的通信工具。

(6)专用车辆应当安装使用符合行业标准《道路运输车辆卫星定位系统车载终端技术要求》(JT/T 794),具有行驶记录功能的卫星定位装置,并接入全国重点营运车辆联网联控系统。

（7）运输剧毒化学品、爆炸品、易制爆危险化学品的,应当配备罐式、厢式专用车辆或者压力容器等专用容器。

（8）罐式专用车辆的罐体应当经质量检验部门检验合格,且罐体载货后总质量与专用车辆核定载质量相匹配。运输爆炸品、强腐蚀性危险货物的罐式专用车辆的罐体容积不得超过20立方米,运输剧毒化学品的罐式专用车辆的罐体容积不得超过10立方米,但符合国家有关标准的罐式集装箱除外。

（9）运输剧毒化学品、爆炸品、强腐蚀性危险货物的非罐式专用车辆,核定载质量不得超过10吨,但符合国家有关标准的集装箱运输专用车辆除外。

（10）配备与运输的危险货物性质相适应的安全防护、环境保护和消防设施设备。

2. 有符合下列要求的停车场地：

（1）自有或者租借期限为3年以上,且与经营范围、规模相适应的停车场地,停车场地应当位于企业注册地市级行政区域内。

（2）运输剧毒化学品、爆炸品专用车辆以及罐式专用车辆,数量为20辆（含）以下的,停车场地面积不低于车辆正投影面积的1.5倍,数量为20辆以上的,超过部分,每辆车的停车场地面积不低于车辆正投影面积；运输其他危险货物的,专用车辆数量为10辆（含）以下的,停车场地面积不低于车辆正投影面积的1.5倍；数量为10辆以上的,超过部分,每辆车的停车场地面积不低于车辆正投影面积。

（3）停车场地应当封闭并设立明显标志,不得妨碍居民生活和威胁公共安全。

3. 有符合下列要求的从业人员和安全管理人员：

（1）专用车辆的驾驶人员取得相应机动车驾驶证,年龄不超过60周岁；

（2）从事道路危险货物运输的驾驶人员、装卸管理人员、押运人员应当经所在地设区的市级人民政府交通运输主管部门考试合格，并取得相应的从业资格证；从事剧毒化学品、爆炸品道路运输的驾驶人员、装卸管理人员、押运人员，应当经考试合格，取得注明为"剧毒化学品运输"或者"爆炸品运输"类别的从业资格证；

(3)企业应当配备专职安全管理人员。

4.有健全的安全生产管理制度：

(1)企业主要负责人、安全管理部门负责人、专职安全管理人员安全生产责任制度；

(2)从业人员安全生产责任制度；

(3)安全生产监督检查制度；

(4)安全生产教育培训制度；

(5)从业人员、专用车辆、设备及停车场地安全管理制度；

(6)应急救援预案制度；

(7)安全生产作业规程；

(8)安全生产考核与奖惩制度；

(9)安全事故报告、统计与处理制度。

(二)非经营性道路危险货物运输许可条件

1.非经营性道路危险货物运输是指使用自备专用车辆为本单位运输危险货物的行为。

2.非经营性道路危险货物运输许可除应当具备道路危险货物运输经营许可的条件外，还应当是省级以上安全生产监督管理部门批准设立的生产、使用、储存危险化学品的企业或有特殊需求的科研、军工等企事业单位，自有专用车辆的数量可以少于5辆。

三、道路危险货物运输许可办理程序

(一)要求提交的申请材料

道路运输管理机构对申请从事道路危险货物运输经营或从事非经营性道路危险货物运输的，应当要求申请人提供相关材料。

1.申请从事经营性道路危险货物运输的,应当提供以下材料:

(1)《道路危险货物运输申请表》,包括申请人基本信息、申请运输的危险货物范围(类别、项别或品名,如果为剧毒化学品应当标注"剧毒")等内容。

(2)拟担任企业法定代表人的投资人或者负责人的身份证明及其复印件,经办人身份证明及其复印件和书面委托书。

(3)企业章程文本。

(4)证明专用车辆、设备情况的材料,包括:

①未购置专用车辆、设备的,应当提交拟投入专用车辆、设备承诺书。承诺书内容应当包括车辆数量、类型、技术等级、总质量、核定载质量、车轴数以及车辆外廓尺寸;通信工具和卫星定位装置配备情况;罐式专用车辆的罐体容积;罐式专用车辆罐体载货后的总质量与车辆核定载质量相匹配情况;运输剧毒化学品、爆炸品、易制爆危险化学品的专用车辆核定载质量等有关情况。承诺期限不得超过1年。

②已购置专用车辆、设备的,应当提供车辆行驶证、车辆技术等级证明或者车辆综合性能检测技术合格证明;通信工具和车辆生产企业随车附带的安装使用具有行驶记录功能的卫星定位装置证明;车辆燃料消耗量达标车型参数及配置核查表;罐式专用车辆的罐体检测合格证或者检测报告及复印件等有关材料。

(5)拟聘用专职安全管理人员、驾驶人员、装卸管理人员、押运人员的,应当提交拟聘用承诺书,承诺期限不得超过1年;已聘用的应当提交从业资格证及其复印件以及驾驶证及其复印件。

(6)停车场地的土地使用证、租借合同、场地平面图等材料。

(7)相关安全防护、环境保护、消防设施设备的配备情况清单。

(8)有关安全生产管理制度文本。

2.申请从事非经营性道路危险货物运输的,除提交上款第(4)项

至第(8)项规定的材料外,还应当提供以下材料:

(1)《道路危险货物运输申请表》,包括申请人基本信息、申请运输的物品范围(类别、项别或品名,如果为剧毒化学品应当标注"剧毒")等内容。

(2)下列形式之一的单位基本情况证明:

①省级以上安全生产监督管理部门颁发的危险化学品生产、使用等证明;

②能证明科研、军工等企事业单位性质或者业务范围的有关材料。

(3)特殊运输需求的说明材料。

(4)经办人的身份证明及其复印件以及书面委托书。

(二)申请材料审查

设区的市级道路运输管理机构应当按照以下要求对申请材料的完整性、真实性进行审查:

1.申请材料不齐全或者不符合法定形式的,应当要求申请人当场补全或者更正,当场不能补全或者更正的,应当场或在5个工作日内出具注明日期且加盖道路运输管理机构专用印章的《交通行政许可申请补正通知书》,一次性告知需补正的全部内容。

2.申请材料齐全有效的,应出具《交通行政许可申请受理通知书》。

3.申请事项依法不需要取得行政许可或申请事项依法不属于本级道路运输管理机构职权范围的,应出具《交通行政许可申请不予受理决定书》。

(三)现场勘查

受理申请的道路运输管理机构应当派2名以上工作人员到提交申请的企业或单位实地核查,对照申请人提交的材料现场核实有关情况。

（四）许可决定

道路运输管理机构应当自受理之日起20个工作日内，按照公开、公平、公正的原则，经集体研究讨论，作出许可或不予许可的决定。

1. 决定准予许可的，应当予以公示，以书面形式告知县级（所在地）道路运输管理机构，并向被许可人出具《道路危险货物运输行政许可决定书》，注明许可事项，具体内容应当包括运输危险货物的类别、项别或品名（如果为剧毒化学品应当标注"剧毒"），专用车辆数量及要求、运输性质。

2. 决定不予许可的，应当向申请人出具《不予交通行政许可决定书》，并说明理由。

3. 因需要延长许可申请处理时间的，须经道路运输管理机构负责人批准，向申请人出具《延长交通行政许可期限通知书》，并说明理由，但延长时间不得超过10个工作日。

（五）《道路运输经营许可证》及《道路危险货物运输许可证》发放

1. 道路运输管理机构应当凭《道路危险货物运输行政许可决定书》在10个工作日内向道路危险货物运输经营申请人核发《道路运输经营许可证》，向非经营性道路危险货物运输申请人核发《道路危险货物运输许可证》。

2. 被许可人已获得其他道路运输经营许可的，设区的市级道路运输管理机构应当为其换发《道路运输经营许可证》，并在经营范围中加注新许可的事项。如果原《道路运输经营许可证》是由省级道路运输管理机构发放的，由原许可机关按照上述要求予以换发。

3. 被许可人持《道路运输经营许可证》或者《道路危险货物运输许可证》依法向工商行政管理机关办理登记手续。

（六）监督被许可人履行投入专用车辆、设备和相关人员承诺

被许可人应当按照承诺期限落实拟投入专用车辆、设备，原许可

机关应当对被许可人落实的专用车辆、设备予以核实,对符合许可条件的专用车辆配发《道路运输证》,并在《道路运输证》经营范围栏内注明允许运输的危险货物类别、项别或者品名,如果为剧毒化学品应标注"剧毒";对从事非经营性道路危险货物运输的车辆,还应当加盖"非经营性危险货物运输专用章"。

被许可人未在承诺期限内落实专用车辆、设备的,原许可机关应当撤销许可决定,收回已核发的许可证明文件及在电子信息系统中注销。

被许可人应当按照承诺期限落实拟聘用的专职安全管理人员、驾驶人员、装卸管理人员和押运人员。

被许可人未在承诺期限内按照承诺聘用专职安全管理人员、驾驶人员、装卸管理人员和押运人员的,原许可机关应当撤销许可决定,并收回已核发的许可证明文件并在电子信息系统中注销。

(七)配发《道路运输证》

1. 道路危险货物运输企业或非经营性的道路危险货物运输单位应向道路运输管理机构提供以下材料:《道路运输证申领登记表》;车辆行驶证、车辆综合性能检测技术合格证明;通信工具配备证明;车辆生产企业随车附带的安装使用具有行驶记录功能的卫星定位装置证明,并能在全国重点营运车辆联网联控系统(所在地的监管平台)上查询车辆的基本信息和实时卫星定位信息;罐式专用车辆的罐体检测合格证或者检测报告及复印件;罐式专用车辆罐体载货后的总质量与车辆核定载质量相匹配证明;车辆燃料消耗量达标车型参数及配置核查表;车辆承运人责任险证明、从业人员身份证明及从业资格证明复印件等有关材料。

2. 道路运输管理机构对运输企业所提供的上述材料审核后,指派2名以上工作人员对车辆进行核实。

3. 符合条件的予以配发《道路运输证》。《道路运输证》"经营范围"栏内注明允许运输的危险货物类别、项别或者品名,如果为剧毒化学品应标注"剧毒"。其中对从事非经营性道路危险货物运输的,应当在其《道路运输证》"备注"栏上加盖"非经营性危险货物运输专用章"。

4.已运营企业新增车辆还应查验该业户的车辆年审、从业人员考核、企业信誉考核及遵章经营情况,无违规违章的予以办理相关手续,为新增车辆配发《道路运输证》,并将相关材料存入车辆管理档案中。有违章行为的,进行处理后方可办理相关手续。

5.车辆有关手续办理结束后,道路运输管理机构应当监督道路危险货物运输经营者建立车辆技术档案。

四、行政许可结果公告

道路运输管理机构对从事经营性或非经营性道路危险货物运输的申请作出许可决定后,应当在其网站或办公场所向社会公告许可决定结果,接受社会监督,方便货主了解合法道路危险货物运输经营者。

公告内容应包括道路危险货物运输企业名称、地址、联系电话、经营范围,车辆牌照号及核定的经营范围,驾驶人员、押运人员等。

五、设立子公司许可程序

道路危险货物运输企业设立子公司的,应当向设立地设区的市级道路运输管理机构提出申请,道路运输管理机构应当按照许可程序予以办理。

六、设立分公司报备程序

(一)道路运输货物运输经营者应向道路运输管理机构提交以下材料:

1.《道路运输企业设立分公司备案登记表》;

2.总公司《企业法人营业执照》复印件;

3. 总公司《道路运输经营许可证》正本复印件；

4. 总公司《道路运输经营许可证》副本（原件）；

5. 总公司法定代表人身份证明及其复印件；

6. 分公司《企业法人营业执照》复印件；

7. 分公司负责人身份证明及其复印件；

8. 备案登记经办人身份证明及其复印件和委托书；

9. 分公司安全生产等管理制度；

10. 总公司与分公司不属同一道路运输管理机构的，还应提交总公司所在地道路运输管理机构出具的《关于同意××设立分公司的函》；

11. 依相关规定需要提交的其他材料。

（二）道路危险货物运输企业设立分公司，如总公司与分公司属同一道路运输管理机构管辖的，按照以下程序办理：

1. 道路危险货物运输企业应填写《道路运输企业设立分公司备案登记表》，向原《道路运输经营许可证》核发机关报备。

2. 道路运输管理机构在原《道路运输经营许可证》副本"分支机构"栏中予以注明，同时向分公司核发新的《道路运输经营许可证》副本，并出具《道路运输企业分公司备案证明》。

3. 道路危险货物运输企业凭备案证明、总公司《道路运输经营许可证》正本复印件、分公司《道路运输经营许可证》副本（原件）办理工商、税务登记手续。

4. 分公司的经营范围不得超过总公司的经营范围。

（三）道路危险货物运输企业设立分公司，如总公司与分公司不属同一道路运输管理机构管辖的，按照以下程序办理：

1. 道路危险货物运输企业应当填写《道路运输企业设立分公司备案登记表》，并向分公司注册地的道路运输管理机构报备，提供相应申请材料和总公司所在地道路运输管理机构出具的《关于同意××设立分公司的函》。

2.经核实,道路危险货物运输企业提供的材料真实,且符合从事道路危险货物运输经营活动条件的,道路运输管理机构在原《道路运输经营许可证》副本"分支机构"栏中予以注明,向分公司核发新的《道路运输经营许可证》副本,出具《道路运输企业分公司备案证明》,同时向总公司所在地的道路运输管理机构出具《关于同意××设立分公司的复函》。

3.道路危险货物运输企业凭总公司《企业法人营业执照》、《道路运输经营许可证》正本复印件和分公司备案证明、分公司《道路运输经营许可证》副本(原件)办理工商、税务登记手续。

4.分公司需新增危险货物运输车辆的,分公司所在地的道路运输管理机构审核车辆条件,符合要求的,配发《道路运输证》。

5.分公司的经营范围不得超过总公司的经营范围。

七、变更事项办理程序

(一)道路危险货物运输企业或者单位拟变更许可事项的,应当向原许可机关提出申请,原许可机关依据许可条件进行审核。

(二)道路危险货物运输企业或者单位变更法定代表人工商登记事项的,应当填写《道路运输经营者变更备案登记表》,《企业法人营业执照》、企业组织机构代码证及复印件、企业法人身份证明及复印件、经办人身份证明及复印件委托书;道路货物运输经营者变更名称、地址等的应提交上述材料及《道路运输证》,道路运输管理机构向原许可机关备案。

(三)事项变更后,道路运输管理机构按照证件发放程序重新换发《道路运输经营许可证》、《道路运输证》。

八、核减经营(运输)范围

道路危险货物运输企业核减经营(运输)范围的,道路危险货物运输企业应向原许可机关提交以下材料:

（一）《道路运输经营变更备案登记表》；

（二）《企业法人营业执照》；

（三）《道路运输经营许可证》；

（四）身份证明或委托人身份证明。

道路运输管理机构应当为其换发《道路运输经营许可证》正、副本或《道路危险货物运输许可证》等证件。

九、终止经营（运输）办理程序

道路危险货物运输企业或者单位拟终止经营（运输）的，应当自终止之日的30日前向原许可机关提交《企业报停（终止）申请表》、《道路运输经营许可证》复印件、经办人的身份证明及其复印件、《企业法人营业执照》复印件，所在单位出具明确被委托人的姓名和委托办理事项的委托书。道路运输管理机构在《企业报停（终止）申请表》上签注"终止"意见，同时向道路货物运输经营者出具《道路货物运输终止通知书》，道路货物运输企业在停业后10日内将《道路运输经营许可证》或者《道路危险货物运输许可证》以及《道路运输证》交回原许可机关，办理注销手续。

十、危险货物运输车辆异动

（一）危险货物运输车辆转籍、过户办理程序

1. 道路危险货物运输经营者要求将货运车辆转籍、过户的，应当向原发证的道路运输管理机构提出申请，并提交以下材料：

（1）《车辆转籍过户申请表》；

（2）《道路运输证》；

（3）经办人的身份证明及其复印件、所在单位出具明确被委托人姓名和办理事项的委托书。

2. 道路运输管理机构接到申请后，应当向道路危险货物运输经营者出具货运车辆转籍、过户证明，收回车辆的《道路运输证》，并将车辆变动情况登记在道路危险货物运输经营者的车辆管理档

案中。

3. 车辆转籍、过户,属不同管辖区域的,原发证的道路运输管理机构应当向车辆转入地的道路运输管理机构移交车辆管理档案。

4. 车辆转籍、过户后,拟继续从事道路货物运输经营的,车辆的新所有人应当凭货运车辆转籍、过户证明和车辆管理档案,向转入地的道路运输管理机构重新申请。符合条件的,道路运输管理机构应当尽快为申请人办理相关手续。

5. 车辆转籍、过户后,未办理相关经营手续从事道路危险货物运输经营的,视为无《道路运输经营许可证》或《道路运输证》从事道路危险货物运输经营活动。

(二)危险货物运输车辆报停及恢复营运办理程序

1. 车辆拟报停的,道路危险货物运输经营者需持《车辆报停申请表》和拟报停车辆的《道路运输证》到原发证道路运输管理机构办理车辆报停手续,道路运输管理机构暂时收回《道路运输证》。

2. 车辆报停后申请恢复营运的,道路危险货物运输经营者应当持《车辆恢复营运申请表》,向道路运输管理机构申请领回《道路运输证》。

(三)危险货物运输车辆退出营运

1. 对到报废期车辆或经检测不合格不能继续从事营运的车辆,道路运输管理机构应当注销其《道路运输证》,并在媒体上公告。

2. 道路运输经营者因严重违章,按照有关规定须吊销其《道路运输证》的,道路运输管理机构应当予以吊销,并在媒体上公告。

3. 对于已取得《道路运输证》,180日(含)以上未按照国家有关规定对车辆进行年审、检测或维护的,道路运输管理机构应当注销其《道路运输证》,并在媒体上公告。

十一、档案管理

(一)运输业户许可档案。

道路运输管理机构对从事道路危险货物运输业务申请作出行政许可后,应当分经营性危险货物运输和非经营性危险货物运输将有关材料存档,同时建立电子档案。档案包括:

经营性道路危险货物运输行政许可,应当将以下材料存入业户档案中:

1.《道路危险货物运输经营申请表》;

2.企业章程文本;

3.投资人或负责人身份证明复印件,经办人的身份证明及其复印件和书面委托书;

4.拟投入车辆承诺书(未投入车辆的);

5.已购置专用车辆的机动车辆行驶证复印件、机动车综合性能检测合格证明、机动车登记证、车辆燃料消耗量达标车型参数及配置核查表、车辆生产企业随车附带的专用车辆安装使用具有行驶记录功能的卫星定位装置的证明、罐式专用车辆罐体载货后的总质量与车辆核定载质量相匹配证明、罐式专用车辆的罐体检测合格证或者检测报告、车辆投保承运人责任险证明;

6.拟聘用专职安全管理人员、驾驶人员、装卸管理人员、押运人员的,应存档拟聘用承诺书;已聘用的应存档从业资格证复印件以及驾驶证复印件;

7.停车场地的土地使用证、租借合同、场地平面图等材料;

8.安全防护、环境保护、消防设施设备配备情况清单及证明材料;

9.安全生产管理制度文本;

10.需补全或更正申请材料的,存档《交通行政许可申请补正通知书》;

11.《交通行政许可申请受理通知书》;

12. 道路运输管理机构相关审批材料(包括同意或不同意的意见);

13.《道路危险货物运输行政许可决定书》;

14. 道路运输行政许可文书(证件)送达回证;

15. 其他需存档的材料。

非经营性道路危险货物运输行政许可,应当将以下材料存入业户档案中:

1.《非经营性道路危险货物运输申请表》;

2. 省级以上安全生产监督管理部门颁发的危险化学品登记证明复印件或科研、军工等企事业单位性质证明材料;

3. 特殊运输需求说明材料;

4. 经办人的身份证明及复印件和书面委托书;

5. 机动车辆行驶证复印件、机动车综合性能检测合格证明复印件、机动车登记证、车辆燃料消耗量达标车型参数及配置核查表、车辆生产企业随车附带的专用车辆安装具有行驶记录功能的卫星定位装置的证明、罐式专用车辆的罐体检测合格证或者检测报告、罐式专用车辆罐体载货后的总质量与车辆核定载质量相匹配证明、车辆投保承运人责任险证明;未购置专用车辆的,存档拟投入车辆的承诺书;

6. 拟聘用专职安全管理人员、驾驶人员、装卸管理人员、押运人员的,应存档拟聘用承诺书;已聘用的应存档从业资格证及其复印件以及驾驶证及其复印件;

7. 停车场地的土地使用证、租借合同、场地平面图等材料;

8. 安全防护、环境保护、消防设施设备的配备情况清单及证明材料;

9. 安全生产管理制度文本;

10.需补全或更正申请材料的,存档《交通行政许可申请补正通知书》;

11.《交通行政许可申请受理通知书》;

12.道路运输管理机构审核意见(包括同意或不同意的意见);

13.《道路危险货物运输行政许可决定书》;

14.道路运输行政许可文书(证件)送达回证;

15.其他需存档的材料。

(二)车辆管理档案。

道路运输管理机构应当建立道路危险货物运输专用车辆管理档案。专用车辆管理档案坚持"一车一档",应包括以下内容:

1.车辆相关证件,包括机动车行驶证复印件、《道路运输证》复印件及车辆照片、承运人责任险保险单复印件、机动车综合性能检测合格证明、机动车登记证书复印件、车辆燃料消耗量达标车型参数及配置核查表;

2.二级维护、检测以及燃料消耗达标车型核查情况;

3.技术等级记录;

4.车辆变更记录;

5.交通运输行政处罚记录;

6.车辆审验记录;

7.通信工具及车辆生产企业随车附带的安装使用具有行驶记录功能的卫星定位装置证明;

8.危险货物运输罐体检测合格证或检测报告复印件等;

9.危险货物运输车辆承运人责任险保险记录;

10.其他按规定要求归档的资料。

(三)管理档案内容记载应当及时、完整和准确,不得随意更改。

(四)道路运输管理机构应当督促道路危险货物运输企业或单位及时报送交通事故等动态信息。

第二节 危险货物运输日常监督管理

一、危险货物运输车辆和专用设备管理

（一）危险货物运输车辆管理

1. 道路危险货物运输企业或者单位应当按照车辆技术管理的要求，维护、检测、使用和管理专用车辆，确保专用车辆技术状况良好。

2. 专用车辆应当按照国家标准《道路运输危险货物车辆标志》（GB 13392）规定的要求装置标志灯、标志牌。

3. 道路运输管理机构对车辆技术等级达不到一级的车辆，不得允许道路危险货物运输企业或单位再使用该车辆从事道路危险货物运输，对经营性危险货物运输车辆类型可从事普通货物运输的应为车辆办理《道路运输证》变更手续，对非经营性危险货物运输车辆则收回《道路运输证》。

4. 监督道路危险货物运输企业按规定安装使用具有行驶记录功能的卫星定位装置，并通过全国重点营运车辆联网联控系统（所在地的监管平台）对其进行适时监管。

5. 道路运输管理机构不再要求对挂车进行二级维护和综合性能检测。

6. 督促道路危险货物运输企业随车携带与所运危险货物相符的《道路运输危险货物安全卡》。

7. 监督道路危险货物运输企业按规定投保危险货物运输承运人责任险。

（二）专用设备管理

1. 道路危险货物运输企业或者单位用于装卸危险货物的机械及工具的技术状况应当符合行业标准《汽车运输危险货物规则》（JT 617）规定的技术要求。

2. 罐式专用车辆的常压罐体应当符合国家标准《道路运输液体危

险货物罐式车辆 第1部分:金属常压罐体技术要求》(GB 18564.1)、《道路运输液体危险货物罐式车辆 第2部分:非金属常压罐体技术要求》(GB 18564.2)等有关技术要求。使用压力容器运输危险货物的,应当符合国家特种设备安全监督管理部门制定并公布的《移动式压力容器安全技术监察规程》(TSG R0005)等有关技术要求。

3. 压力容器和罐式专用车辆应当在质量检验部门出具的压力容器或者罐体检验合格的有效期内承运危险货物。

4. 运输剧毒化学品、爆炸品专用车辆及罐式专用车辆(含罐式挂车)应当到具备道路危险货物运输车辆维修资质的企业进行维修。牵引车以及其他专用车辆由企业自行消除危险货物的危害后,可到具备一般车辆维修资质的企业进行维修。

(三)危险货物运输车辆审验

道路危险货物运输车辆实施定期审验制度,审验工作由道路运输管理机构实施。

1. 审验时间

道路危险货物运输车辆每年审验一次,具体审验时限在车辆初次办理《道路运输证》的登记月份内。

2. 审验内容

道路运输管理机构应当对危险货物运输车辆审验以下内容:

(1)车辆技术状况;

(2)车辆定期维护和检测情况;

(3)违规违章情况;

(4)专用车辆投保危险货物承运人责任险情况;

(5)必需的应急处理器材、安全防护设施设备和专用车辆标志的配备情况;

(6)安装使用具有行驶记录功能的卫星定位装置,并能在全国重点营运车辆联网联控系统(所在地的监管平台)上查询车辆基本信息和实时卫星定位信息；

（7）企业危险货物运输罐体检查情况记录；

（8）罐式专用车辆罐体载货后的总质量与车辆核定载质量相匹配情况；

（9）其他按规定需审验的内容。

3. 审验程序

（1）道路危险货物运输企业或非经营性道路危险货物运输单位应按照规定填写《道路危险货物运输车辆年度审验表》。

（2）车辆按规定进行综合性能检测。

（3）技术等级为一级的车辆，且没有违法违规未处理记录，道路运输管理机构应当在《道路运输证》"车辆审验及技术等级记录"栏内加盖注有相应车辆技术等级的年度审验专用章。车辆技术等级不适应所从事危险货物运输业务的，应当责令限期改正。

（4）车辆技术等级达不到一级要求的，应责令其退出危险货物运输市场，注销其《道路运输证》。

（5）审验结束后，道路运输管理机构应当按其管理权限，及时整理审验资料并存入车辆管理档案。有违章情形的车辆应将违章情况记录业户管理档案，作为企业质量信誉考核依据。

（四）车辆技术档案管理要求

道路运输管理机构应当监督道路危险货物运输经营者按照"一车一档"原则，建立车辆技术档案。专用车辆技术档案内容包括：

1. 机动车行驶证、《道路运输证》复印件及车辆照片、承运人责任险保险单复印件等；

2. 主要部件更换情况、修理记录；

3. 二级维护记录（含出厂合格证）；

4. 技术等级评定记录；

5. 车辆变更记录；

6. 行驶里程记录；

7. 交通事故记录；

8. 车辆审验记录；

9. 通信工具及车辆生产企业随车附带的安装使用具有行驶记录功能的卫星定位装置证明；

10. 罐体检测合格证或检测报告复印件；

11. 其他按规定要求归档的资料。

二、道路危险货物运输从业人员管理

（一）监督从业人员在从业资格证件许可的范围内从事道路运输活动。

（二）监督从业人员从事道路运输活动时，携带相应的从业资格证件、遵守国家相关法规和道路运输安全操作规程，不违法经营、违章作业。

（三）监督道路危险货物运输企业落实从业人员按照规定填写行车日志的要求。

（四）监督道路危险货物运输装卸管理人员按照安全作业规程对道路危险货物装卸作业进行现场监管，确保装卸安全。

（五）监督道路危险货物运输押运人员对道路危险货物运输进行全程监控。

（六）监督道路危险货物运输从业人员严格按照行业标准《汽车运输危险货物规则》（JT 617）、《汽车运输、装卸危险货物作业规程》（JT 618）操作，不得违章作业。

（七）督促企业教育道路危险货物运输从业人员在危险货物运输过程中发生燃烧、爆炸、污染、中毒或者被盗、丢失、流散、泄漏等事故，驾驶人员、押运人员应当立即在现场根据应急预案和《道路运输危险货物安全卡》的要求采取应急处置措施，并向事故发生地公安部门、交通运输主管部门和本运输企业或者单位报告；运输企业或者单位接到事故报告后,应当按照本单位危险货物应急预案组织救援,并向事故发生地安全生产监督管理部门和环境保护、卫生主管部门报告。

（八）监督危险货物运输企业对其从业人员变更到道路运输管理机构进行备案。

三、道路危险货物运输企业管理

（一）检查监管

道路运输管理机构应当加强对道路危险货物运输企业和非经营性道路危险货物运输单位的日常监管,对企业资质、人员资格、车辆技术状况进行监督,规范运输行为。

道路危险货物运输管理机构应当公布事故报告电话和举报电话。

1. 监督道路危险货物运输企业和非经营性道路危险货物运输单位严格执行有关道路危险货物运输的国家标准或交通运输行业标准。

2. 查处违反道路危险货物运输许可的行为,查处未取得道路危险货物运输许可从事危险货物运输的行为。

3. 查处违反道路危险货物运输规范的行为。

4. 查处违反道路危险货物运输专用车辆管理规定的行为。

5. 查处违反道路危险货物运输从业人员管理规定的行为等。

（二）质量信誉考核

道路危险货物运输企业质量信誉考核工作参照道路货物运输企业质量信誉考核工作进行,由省级道路运输管理机构统一组织开展,设区的市级道路运输管理机构根据管理职责、权限具体实施。

四、道路危险货物运输企业日常监管档案

道路运输管理机构应当建立道路危险货物运输业户日常监管档案。业户日常监管档案应包括以下内容:

（一）道路货物运输企业质量信誉考核资料；

（二）年度审验资料；

（三）安全生产标准化建设等级达标证书；

（四）安全生产检查情况；

（五）其他日常监管材料。

放射性物品道路运输许可程序及日常监管参照道路危险货物运输执行。

第五章　道路货运站(场)管理工作规范

第一节　道路货运站(场)经营许可

一、道路货运站(场)许可事项及实施主体

县级道路运输管理机构负责本行政区实施道路货运站(场)经营许可。未设县级道路运输管理机构的,由上一级的道路运输管理机构负责实施本行政区内道路货运站(场)的行政许可。

二、道路货运站(场)经营许可条件

申请从事道路货运站场经营的,道路运输管理机构应当审查申请人是否符合以下条件:

(一)有与其经营规模相适应的货运站房、生产调度办公室、信息管理中心、仓库、仓储库棚、场地和道路等设施,并经有关部门组织的工程竣工验收合格;

(二)有与其经营规模相适应的安全、消防、装卸、通信、计量、监控等设备;

(三)有必要的安全检查设备设施;

(四)有与其经营规模、经营类别相适应的管理人员和专业技术人员;

(五)有健全的业务操作规程和安全生产管理制度。

三、道路货运站(场)经营许可的办理程序

(一)要求提供的申请材料

从事道路货运站场经营申请的,道路运输管理机构应当要求申请人提交以下材料:

1.《道路货物运输站(场)经营申请表》;

2.负责人身份证明,经办人的身份证明和委托书;

3.经营道路货运站的土地、房屋的合法证明;

4.货运站竣工验收证明;

5.与业务相适应的专业人员和管理人员的身份证明、专业证书;

6.业务操作规程和安全生产管理制度文本,内容包括:安全生产操作规程,安全生产和岗位责任制,安全生产监督检查制度,从业人员安全管理制度,车辆、设施、设备安全管理制度,事故处理应急预案制度,货物受理环节验视制度;

7.以上制度应经企业安全管理的工程技术人员的签章认定或经由有资质的安全考评机构认定的证明材料;

8.安全、消防、装卸、计量、监控等相关设备、设施按国家规定需相关部门检测合格的。

(二)申请材料形式审查及处置

道路运输管理机构应当对申请材料的完整性、真实性进行审核:

1.申请材料不齐全或者不符合法定形式的,应当要求申请人当场补全或者更正,当场不能补全或者更正的,应当场或在5个工作日内出具注明日期且加盖道路运输管理机构专用印章的《交通行政许可申请补正通知书》,一次性告知需补正的全部内容。

2.申请材料齐全有效的,应出具《交通行政许可申请受理通知书》。

3.申请事项依法不需要取得行政许可(备案)或申请事项依法不属于本级道路运输管理机构职权范围的,应当出具《交通行政许可申请不予受理决定书》。

(三)行政许可前的审查

道路运输管理机构受理申请后,应当派2名以上工作人员到现场,对申请人从事道路货运站场经营的有关法定条件和所提供申请材料的真实性进行核查。

（四）许可决定

道路运输管理机构受理道路货运站场经营申请后,应当自受理之日起15个工作日内作出许可或者不予许可的决定。

1. 符合法定条件的,道路运输管理机构应当作出准予行政许可决定,向申请人出具《道路货物运输站(场)经营许可决定书》,明确许可事项。许可事项为经营者名称、站场地址、经营范围。

2. 不符合法定条件的,道路运输管理机构应当作出不予许可决定,向申请人出具《不予交通行政许可决定书》,并说明理由。

3. 因需要延长许可办理时间的,经道路运输管理机构负责人批准,向申请人出具《延长交通行政许可期限通知书》,并说明理由,但延长时间不得超过10个工作日。

（五）行政许可公告

道路运输管理机构作出行政许可决定后,应当在其网站或办公场所予以公布,接受社会监督,方便公众查阅。

（六）道路货运站(场)经营许可证件发放

道路运输管理机构对符合条件的道路货运站场经营申请作出准予行政许可决定的,应当在10个工作日内向被许可人发放《道路运输经营许可证》,并在《道路运输经营许可证》上注明经营事项范围。

四、道路货运站(场)经营许可的变更与终止许可办理程序

（一）许可变更

道路货运站(场)经营者申请变更许可事项、扩大经营范围的,道路运输管理机构应当按照有关许可规定办理。

道路货运站(场)经营者申请变更名称、地址等,应当提交《道路运输经营者变更备案登记表》,《企业法人营业执照》、企业组织机构代码证及复印件、企业法人身份证明及复印件、经办人身份证明及复印件委托书;向作出原许可的道路运输管理机构备案。

(二)终止经营

1.道路货运站(场)经营者申请终止经营的,应当在终止经营之日起提前30日告知原许可的道路运输管理机构并提交《企业报停(终止)申请表》、《道路运输经营许可证》复印件、经办人的身份证明及其复印件、《企业法人营业执照》复印件,所在单位出具明确被委托人的姓名和委托办理事项的委托书,道路运输管理机构应在原经营地向社会公告。

2.终止经营后,道路运输管理机构应当收回道路货运站(场)经营者的《道路运输经营许可证》,并办理注销手续。

3.对经营资质发生变化,已不具备从事道路货运站(场)许可条件的经营业户,道路运输管理机构应当强制注销其经营资质,收回《道路运输经营许可证》正、副本等证件。

第二节　道路货运站(场)监督管理

一、道路货运站(场)日常监督管理

道路运输管理机构应当加强对道路货运站(场)经营活动的监督检查,根据道路货运站(场)经营方式的不同,督促道路货运站(场)遵守以下规定:

(一)按照经营许可证核定的许可事项经营;不得随意改变货运站用途和服务功能。

(二)应将《道路运输经营许可证》、《企业法人营业执照》、《市场登记证》、《税务登记证》等有关证照集中、规范悬挂于办公场所明显位置。

(三)应在其经营场所公布收费项目和收费标准,应设立公告栏,公布交通、工商、税务部门投诉监督电话,服务承诺以及安全、卫生等各项管理制度。

(四)所聘用的从业人员的资质应与其所承担的工作要求相

一致。

（五）向服务对象提供的货运信息应真实、准确。

（六）货运站经营者不得超限、超载配货，不得为无道路运输经营许可证或证照不全者提供服务；不得违反国家有关规定，为运输车辆装卸国家禁运、限运的物品。

（七）依法加强安全管理，健全和落实安全生产责任制。落实出站车辆安全检查工作并予以登记。

（八）应在站内醒目位置设置导向、疏散、提示、警告、限制、禁止等安全标志，并定期对各类安全标志进行检查和维修，保证完好。

（九）对所有受理货物进行核验，确保其真实性，不得受理或组织运输法律、行政法规禁运的货物。

（十）不得存放、包装、搬运、装卸危险货物。

（十一）应按照规定的业务操作规程进行货物的搬运装卸。

（十二）应建立健全车辆进出、装载、配载登记、统计制度和档案，并按规定向道路运输管理机构报送相关信息。

（十三）应制定完善突发公共事件的应急预案，应急预案应当包括报告程序、应急指挥、应急车辆和设备的储备以及处置措施等，并报送道路运输管理机构和相关部门备案；每年至少进行2次应急培训和演练。如遇突发公共卫生事件、国防战备应急、抢险救灾、交通拥挤等情况，应无条件执行应急指挥机关的命令。

（十四）应保持站场内清洁卫生，对经营业务产生的噪声、振动、废气等污染采取相应控制措施，使其达到国家和交通运输行业相关环保要求。

（十五）道路运输管理机构根据需要驻站检查的，货运站应提供必要的驻站条件。

（十六）应为道路运输管理机构及其工作人员的工作提供支持，不得有阻挠、推诿或其他干扰日常监管工作的行为。

（十七）应当建立服务质量投诉受理制度，及时受理投诉、举报，并协助相关部门进行调查、处理。

二、道路货运站（场）企业质量信誉考核

道路货运站（场）企业质量信誉考核工作参照货物运输企业质量信誉考核工作进行，由省级道路运输管理机构统一组织开展，市级和县级道路运输管理机构根据管理职责、权限负责具体实施。

三、道路货运站（场）管理档案

道路运输管理机构应当建立道路货运站（场）管理许可档案及日常监管档案，具体包括以下内容：

（一）许可档案

1.《道路货物运输站（场）经营申请表》；

2.投资人、负责人身份证明，经办人的身份证明和委托书；

3.经营货运站（场）的土地、房屋的合法证明复印件；

4.道路货运站（场）竣工验收证明复印件；

5.与业务相适应的专业人员和管理人员的身份证明、专业证书复印件；

6.业务操作规程和安全生产制度文本；

7.需补全或更正申请材料的，存档《交通行政许可申请补正通知书》；

8.《交通行政许可受理通知书》；

9.道路运输管理机构业务审批表；

10.《道路货物运输站（场）经营行政许可决定书》；

11.道路运输行政许可文书（证件）送达回证；

12.《道路运输经营许可证》（正、副本）复印件；

13.《工商营业执照》和《税务登记证》复印件；

14.安全、消防、装卸、计量、安全检测、监控等相关设备、设施的检测合格报告；

15. 变更记录资料；

16. 其他需存档的材料。

(二)日常监管档案

1. 道路货运站质量信誉考核资料；

2. 安全生产标准化建设材料；

3. 从业人员资料；

4. 其他日常监管材料。

第六章　道路旅客运输管理工作规范

第一节　道路旅客运输经营许可

一、道路旅客运输经营许可事项及实施主体

（一）省级道路运输管理机构负责省际、市际道路班车客运、包车客运、旅游客运及客运班线经营许可。

（二）市级道路运输管理机构负责县际道路班车客运、包车客运、旅游客运及客运班线经营许可。

（三）县级道路运输管理机构负责县内班车客运、包车客运、旅游客运及客运班线经营许可。

各级道路运输管理机构应当明确行政许可事项的具体承办部门和具体经办人员。

二、道路旅客运输经营许可条件

申请从事道路旅客运输的,道路运输管理机构应当审查申请人是否具备以下条件：

（一）有与其经营业务相适应并经检测合格的客车。

1. 客车技术要求

（1）技术性能符合国家标准《营运车辆综合性能要求和检验方法》(GB 18565)的要求；

（2）外廓尺寸、轴荷及质量符合国家标准《道路车辆外廓尺寸、轴荷及质量限值》(GB 1589)的要求；

（3）总质量超过3500千克的客运车辆的燃料消耗量应当符合行业标准《营运客车燃料消耗量限值及测量方法》(JT 711)的要求；

（4）从事高速公路客运或者营运线路长度在800公里以上的客

运车辆,其技术等级应当达到行业标准《营运车辆技术等级划分和评定要求》(JT/T 198)规定的一级技术等级;

(5)营运线路长度在400公里以上800公里以下的客运车辆,其技术等级应当达到二级以上;

(6)其他客运车辆的技术等级应当达到三级以上;

(7)从事包车客运、旅游客运及三类以上班车客运的营运车辆应安装使用符合行业标准《道路运输车辆卫星定位系统车载终端技术要求》(JT/T 794)的具有行驶记录功能的卫星定位装置,并接入全国重点营运车辆联网联控系统。

2. 客车类型等级要求

从事高速公路客运、旅游客运和营运线路长度在800公里以上的客运车辆,其车辆类型等级应当达到行业标准《营运客车类型划分及等级评定》(JT/T 325)规定的中级以上。

3. 客车数量要求

(1)经营一类客运班线的班车客运经营者,应当自有营运客车100辆以上、客位3000个以上,其中高级客车在30辆以上、客位900个以上;或者自有高级营运客车40辆以上、客位1200个以上;

(2)经营二类客运班线的班车客运经营者,应当自有营运客车50辆以上、客位1500个以上,其中中高级客车在15辆以上、客位450个以上;或者自有高级营运客车20辆以上、客位600个以上;

(3)经营三类客运班线的班车客运经营者,应当自有营运客车10辆以上、客位200个以上;

(4)经营四类客运班线的班车客运经营者,应当自有营运客车1辆以上;

(5)经营省际包车客运的经营者,应当自有中高级营运客车20辆以上、客位600个以上;

(6)经营省内包车客运的经营者,应当自有营运客车5辆以上、客位 100 个以上。

(二)有符合条件的驾驶人员。

1. 取得相应的机动车驾驶证,且年龄不超过 60 周岁;

2. 3 年内无重大以上交通责任事故记录;

3. 取得相应从业资格证。

(三)申请从事道路旅客运输的企业,应当有符合《道路旅客运输企业安全管理规范(试行)》要求的安全生产管理制度和安全管理机构(人员)。具体包括安全生产责任制、岗位责任制等。

(四)申请从事道路客运班线经营的,还应当有明确的线路和站点方案。

三、道路旅客运输经营许可办理程序

(一)要求提供的申请材料

申请从事道路旅客运输经营的,道路运输管理机构应当要求申请人提供以下材料:

1.《道路旅客运输经营申请表》;

2. 企业章程文本(如果申请者是个体经营者,不需要提供);

3. 投资人、负责人身份证明及其复印件,经办人的身份证明及其复印件和委托书;

4. 安全生产管理制度文本和安全管理机构(人员)配备情况说明;

5. 拟投入车辆承诺书(包括客车数量、类型及等级、技术等级、座位数以及客车外廓长、宽、高等);若拟投入客车属于已购置或者现有的,应提供机动车行驶证、机动车综合性能检测报告单、车辆技术等级评定表、客车等级评定证明及其复印件;

6. 已聘用或者拟聘用驾驶人员的驾驶证和从业资格证及其复印件;

7. 公安机关交通管理部门出具的关于已聘用或者拟聘用驾驶人

员的3年内无重大以上交通责任事故的证明。

（二）申请材料形式审查及处置

道路运输管理机构应当对申请材料的完整性进行以下审核：

1. 申请材料不齐全或者不符合法定形式的，应当要求申请人当场补全或者更正，当场不能补全或者更正的，应当场或在5个工作日内出具注明日期且加盖道路运输管理机构专用印章的《交通行政许可申请补正通知书》，一次性告知需补正的全部内容。

2. 申请材料齐全有效的，应出具《交通行政许可申请受理通知书》。

3. 申请事项依法不需要取得行政许可的，应当及时告知申请人不受理；申请事项依法不属于本级道路运输管理机构职权范围的，应出具《交通行政许可申请不予受理决定书》。

（三）许可前公示和实质审查

对已受理的道路客运经营申请，道路运输管理机构应当将申请的有关情况在道路运输管理机构通过其网站等途径予以公示，公示期限为5日。

公示期间或结束后，受理申请的道路运输管理机构应当组织有关机构和人员或者由车籍地道路运输管理机构对申请人从事道路客运经营的有关条件和所提供的申请材料进行查验。

（四）许可决定

道路运输管理机构对道路客运经营申请予以受理的，应当自受理之日起20个工作日内作出许可或者不予许可的决定。

道路运输管理机构应当考虑客运市场的供求状况、普遍服务和方便群众等因素，对符合法定条件的道路客运经营申请，作出准予许可决定，出具《道路客运经营行政许可决定书》，明确经营范围、车辆数量及要求、客运班线类型等许可事项，并告知被许可人所在地道路运输管理机构；对不符合法定条件的，作出不予许可决定，向申请人出具《不予交通行政许可决定书》,并说明理由。

因故需要延长许可申请处理时间的,须经道路运输管理机构负责人批准,向申请人出具《延长交通行政许可期限通知书》,并说明理由,但延长时间不得超过10个工作日。

(五)许可结果公告

道路运输管理机构下发《道路客运经营行政许可决定书》后,应将许可结果通过其网站等途径向社会公布,接受社会监督,方便公众查阅。

(六)《道路运输经营许可证》发放

1.道路运输管理机构在作出行政许可决定后,应当在10个工作日内向被许可人颁发《道路运输经营许可证》,并在《道路运输经营许可证》上注明经营范围。

2.最高一级的道路运输管理机构根据《道路客运经营行政许可决定书》核发《道路运输经营许可证》。上级道路运输管理机构核发的经营许可证的经营范围应包含下级道路运输管理机构已核发《道路运输经营许可证》的经营范围,在上级道路运输管理机构核发《道路运输经营许可证》前,应当由上级道路运输管理机构收回已核发的《道路运输经营许可证》,并留存备查。

四、道路旅客运输企业设立子公司的办理程序

道路旅客运输企业设立子公司的,应根据许可权限向相应的道路运输管理机构提出申请,即经营县内班车客运、包车客运、旅游客运的,应向子公司设立地县级道路运输管理机构提出申请;经营县际班车客运、包车客运、旅游客运的,应向子公司设立地市级道路运输管理机构提出申请;经营省际和市际班车客运、包车客运、旅游客运的,应向子公司设立地省级道路运输管理机构提出申请。道路运输管理机构应根据许可权限,按照道路旅客运输经营许可程序办理。

道路运输管理机构对道路旅客运输企业的全资或者绝对控股的

经营道路客运的子公司,其自有营运客车在10辆以上或者自有中高级营运客车5辆以上时,可许可其按照母公司取得的经营许可从事客运经营活动。

五、道路旅客运输企业设立分公司的报备程序

(一)道路旅客运输企业设立分公司的报备程序如下:

1. 分公司设立地与总公司设立地在同一县市区的:

(1)道路旅客运输企业应当填写《道路运输企业设立分公司备案登记表》,经设立地道路运输管理机构同意后向原《道路运输经营许可证》核发机关报备。

(2)原道路运输管理机构在《道路运输经营许可证》副本"分支机构"栏中予以注明,同时向分公司核发新的《道路运输经营许可证》副本,并出具《道路运输企业分公司备案证明》。

2. 分公司设立地与总公司设立地不在同一县市区的:

(1)道路旅客运输企业应当填写《道路运输企业设立分公司备案登记表》并向分公司注册地的道路运输管理机构报备,提供总公司所在地道路运输管理机构出具的《关于同意××设立分公司的函》和《企业法人营业执照》、《道路运输经营许可证》正本及复印件、《道路运输经营许可证》副本及复印件。

(2)分公司注册地的道路运输管理机构经核实,道路旅客运输企业提供的材料真实,且符合从事道路旅客运输经营活动条件的,道路运输管理机构应当出具《关于同意××设立分公司的复函》,由原道路运输许可机构向分公司核发新的《道路运输经营许可证》副本,出具《道路运输企业分公司备案证明》。

(二)分公司的客运车辆,由分公司所在地的道路运输管理机构审核车辆条件,符合要求的,配发《道路运输证》。

(三)分公司需新增客运线路的,按照道路客运线路的许可权限办理,并发放客运线路标志牌。

六、道路客运班线(含新增班线)许可程序

(一)要求提供的申请材料

1.申请道路客运经营许可,同时申请客运班线许可的,道路运输管理机构应当要求申请人提交以下材料:

(1)《道路旅客运输班线经营申请表》;

(2)可行性报告,包括申请客运班线客流状况调查、运营方案、客车实载率和效益分析以及可能对其他相关经营者产生的影响,沿线公路路况、安全设施调查勘察情况及客运安全保障措施,长途客运线路驾驶员休息、轮换的时间、地点、凌晨2点至5点落地休息或接驳运输方案等;

(3)进站方案,已与起讫点客运站签订进站意向书的,应当提供进站意向书;

(4)运输服务质量承诺书。

2.已取得相应道路班车客运经营许可,申请新增客运班线的,除提供上述材料外,还应提交下列材料:

(1)《道路运输经营许可证》(正、副本)复印件;

(2)与所申请客运班线类型相适应的企业自有营运客车的机动车行驶证、《道路运输证》复印件;

(3)拟投入车辆承诺书,包括客车数量、类型及等级、技术等级、座位数以及客车外廓长、宽、高等;若拟投入客车属于已购置或者现有的,应提供车辆的机动车行驶证、机动车综合性能检测报告单、车辆技术等级评定表、客车等级评定证明及其复印件;

(4)拟聘用驾驶人员的驾驶证和从业资格证及其复印件;

(5)3年内无重大以上交通责任事故的证明;

(6)经办人的身份证明及其复印件,所在单位的工作证明或者委托书。

(二)申请材料形式审查及处置

道路运输管理机构应当对材料的完整性进行审核,并按照道路旅客运输经营许可的有关程序和要求办理。

1. 道路运输管理机构在道路客运班线经营许可过程中,应遵循公平、公正、公开、便民的原则,充分考虑客运市场的供求状况、普遍服务和方便群众等因素。任何单位和个人不得以对等投放运力等不正当理由拒绝、阻挠实施客运班线经营许可。

2. 道路运输管理机构应当建立客运市场信息公布制度,每年向社会公布本行政区域内的客运运力投放、客运线路布局、主要客流流向和流量等情况,正确引导道路客运经营者提出客运申请。道路运输管理机构对未纳入年度发展计划的客运班线,原则上不予受理。对年平均实载率低于70%的县际以上客运班线,原则上不得新增运力。

3. 对发生重大及以上或者6个月内发生两起较大及以上责任事故的道路运输企业,道路运输管理机构3年内不得受理其新增其客运班线的申请。

4. 同一客运班线有3个以上申请人提出申请的,道路运输管理机构可采取服务质量招投标的方式实施道路客运班线经营许可。

相关省级道路运输管理机构协商确定通过服务质量招投标方式实施省际客运班线经营许可的,可采取联合招标、各自分别招标等方式进行。一省不实行招投标的,不影响另外一省进行招投标。

5. 道路客运经营者在客运班线经营期限届满后申请延续经营,符合法定条件,经营者在经营该客运班线过程中无重大运输安全责任事故、无情节恶劣的服务质量事件、无严重违规经营行为,且按规定履行了普遍服务义务的,道路运输管理机构应当予以优先许可。

(三)公示及征求意见

道路运输管理机构在作出许可决定前,应当进行为期5日的公示,广泛征求意见。

1. 对县内道路客运班线经营申请,道路运输管理机构在作出许可决定前,应当将申请的有关情况在其网站等途径进行公示。

2. 对省际、市际、县际客运班线申请,受理申请的道路运输管理机构在作出许可决定前,除应当在道路运输管理机构通过其网站等途径进行公示外,还应根据不同许可项目,向有关道路运输管理机构征求意见。

(1)省际道路客运班线申请,应由受理申请的省级道路运输管理机构初审后,分别向省内始发地和途经上、下旅客点的市级道路运输管理机构,以及省境外途经上、下旅客点和目的地的省级道路运输管理机构发送《道路客运线路征求意见的函》,征求意见。

(2)市际道路客运班线申请,由省级道路运输管理机构初审后,向起讫地和途经上、下旅客点的市级道路运输管理机构发送《道路客运线路征求意见的函》,征求意见。

(3)县际道路客运班线申请,由市级道路运输管理机构初审后,向起讫地和途经及上、下旅客点的县级道路运输管理机构发送《道路客运线路征求意见的函》,征求意见。

3. 收到《道路客运线路征求意见的函》的道路运输管理机构应当在相应的范围予以公示:

(1)省际《道路客运线路征求意见的函》,应由接收函件的省级道路运输管理机构在道路运输管理机构通过其网站等途径予以公示;同时,还应逐级向本省相关市(地)、县(区)道路运输管理机构发送,并由市(地)、县(区)道路运输管理机构通过其网站等途径予以公示,征求意见。

(2)市际《道路客运线路征求意见的函》,应由接收函件的市级道路运输管理机构通过其网站等途径予以公示;同时,发送至本市相关县(区)道路运输管理机构,并通过其网站等途径予以公示,征求意见。

(3)县际《道路客运线路征求意见的函》,应由接收函件的县级道路运输管理机构通过其网站等途径予以公示,征求意见。

4.收到《道路客运线路征求意见的函》的道路运输管理机构,应当在10个工作日内,征求所辖下级道路运输管理机构公示反馈意见的基础上,提出答复意见,并将意见反馈至发函的道路运输管理机构。提出不予同意意见的,应当注明理由。省级、市级道路运输管理机构之间有相关协议的,按照协议办理。

5.相关省级道路运输管理机构对省际客运班线经营申请持不同意见且协商不成的,由受理申请的省级道路运输管理机构通过其隶属的省级交通运输主管部门将各方书面意见和相关材料报交通运输部决定,并书面通知申请人。交通运输部应当自受理之日起20个工作日内作出决定,并书面通知相关省级交通运输主管部门,由受理申请的省级道路运输管理机构按有关规定为申请人办理有关手续。

(四)许可决定

道路运输管理机构对已受理申请的道路客运班线,应当自受理之日起20个工作日内作出许可或者不予许可的决定。

1.对作出许可决定的道路客运班线,道路运输管理机构应当按照以下程序办理:

(1)出具《道路客运班线经营行政许可决定书》,明确许可事项。许可事项包括:经营主体、班车类别、起讫地及起讫站点、途经路线及停靠站点、日发班次、车辆数量、车辆类型及技术等级要求、经营期限。

(2)按规定将《道路客运班线经营行政许可决定书》抄告相关道路运输管理机构。

①县际、市际客运班线,抄告途经上、下旅客的和起讫点的县、市级道路运输管理机构;

②省际客运班线,抄告途经上、下旅客的和终到的省级道路运输

管理机构。

2.对不符合法定条件或因市场供求矛盾突出、运力过剩的,作出不予许可决定的道路客运班线,应当向申请人出具《不予交通行政许可决定书》,并说明理由。

(五)许可结果公告

许可决定书下达后,道路运输管理机构应当将许可结果通过其网站等途径予以公示,接受社会监督、查阅。

(六)签订客运线路经营权使用合同

《道路客运班线行政许可决定书》下达后,道路运输管理机构可与道路客运经营者签订《道路客运线路经营权使用合同》。

(七)督促履行投入车辆承诺

道路运输管理机构应当督促道路客运经营者在180日内按照拟投入车辆承诺书的要求,投入营运车辆。超过180日不按拟投入车辆承诺书要求投入营运车辆的,视为自动终止经营,道路运输管理机构应当下发终止许可决定书,取消其相应线路的经营许可。

(八)配发《道路运输证》

道路客运经营者按照承诺书的要求投入客运车辆,符合条件的,道路运输管理机构应当为车辆配发《道路运输证》。

(九)核发客运线路标志牌

道路运输管理机构许可客运班线后,应当向道路客运经营者核发客运线路标志牌。正式班车客运标志牌尚未制作完毕的,应当先配发临时客运标志牌。

七、道路客运经营许可和客运班线经营许可变更程序

(一)道路客运经营许可变更程序

1.道路客运经营者扩大经营范围的,按道路客运经营许可规定办理;减少经营范围的,应根据许可权限由相应的道路运输管理机构为其换发《道路运输经营许可证》,收回相应的运营手续。

2. 道路客运经营者变更法定代表人、名称、地址的,两个及以上的道路客运经营者兼并、重组的,向作出原许可决定的道路运输管理机构备案,同时提交《道路客运经营变更备案表》及相关证明材料。许可变更后,由原许可决定的道路运输管理机构按照证件发放程序重新换发《道路运输经营许可证》、《道路运输证》,并收回原证件。

(二)道路客运班线经营许可变更程序

1. 道路客运班线的经营主体更名的,应向原许可机关提出申请,提交《道路客运及班线经营变更申请表》,由原许可机关作出是否同意变更的决定。同意变更的,重新核发《道路客运班线经营许可证明》。

2. 道路客运班线经营主体、起讫地变更的,按新增客运班线的许可办理程序办理。

3. 道路客运班线途经地点变更的,应向原许可机关提出申请,提交《道路客运及班线经营变更申请表》,由原许可机关作出是否同意变更的决定。同意变更的,重新核发《道路客运班线经营许可证明》。

4. 道路客运班线在起讫地辖区内变更客运站点的,经营者应向站点所在地县级以上道路运输管理机构提出申请,填写《道路客运班线经营变更申请表》,道路运输管理机构作出是否同意变更的决定。同意变更的,由原许可机关重新核发《道路客运班线经营许可证明》。

5. 道路客运班线增加途中停靠站点的,应向站点所在地县级或设区的市级道路运输管理机构提出申请,填写《道路客运及班线经营变更申请表》,道路运输管理机构作出是否同意变更的决定。同意变更的,向原许可机关备案,重新核发《道路客运班线经营许可证明》;减少途中停靠站点的,向原许可机关备案,重新核发《道路客运班线经营许可证明》。

八、暂停道路客运班线经营程序

（一）道路客运班线经营者在经营期限内要求暂停经营的，道路客运经营者应当在暂停经营之日起提前30日提交《道路客运班线暂停申请表》。

（二）原许可的道路运输管理机构接到申请后，应根据客运市场运行情况并发函征询班线起讫地道路运输管理机构意见后，作出准予或不予暂停的决定。

（三）准予暂停的，应在《道路客运班线暂停申请表》上签注"同意"的意见，并暂时收回客运线路标志牌，告知相关道路运输管理机构，并通过其网站等途径予以公示。恢复经营时，退还客运线路标志牌。

（四）不予暂停的，应在《道路客运班线暂停申请表》上签注"不同意"意见，并说明理由。

（五）暂停道路客运线路经营1年内（除不可抗力原因外）不得累计超过180日。

九、终止道路客运（班线）经营程序

（一）道路客运经营者终止客运经营或道路客运班线经营的，应当自终止经营之日起提前30日提交《道路客运经营终止申请表》或《道路客运班线经营终止申请表》。

（二）道路客运经营者无正当理由超过180日不投入运营或者运营后连续180日以上停运视为自动终止经营的，道路运输管理机构应当向道路客运经营者下达《道路客运经营终止通知书》，并在道路客运经营者终止经营后10日内，收回《道路运输经营许可证》、相应车辆的《道路运输证》和相应班线的客运线路标志牌；无法收回的，应及时通过其网站等途径予以公布。

（三）道路客运班线经营者终止客运班线经营的，原许可的道路运输管理机构收到申请后，应当按照是否能够满足普遍服务、方便群众出行等因素,依法作出终止决定,在《道路客运班线经营终止申请表》上签注"终止"意见,同时向道路客运班线经营者出具《道路客运班线经营终止通知书》,并在终止经营后10日内,收回相应的许可证明和客运线路标志牌;无法收回的,应及时通过其网站等途径予以公布。

十、道路客运(班线)经营许可注销程序

对道路客运经营者有以下情形之一的,执行道路客运(班线)经营许可注销程序。

(一)作为自然人的道路客运经营者死亡或者作为法人、其他组织的道路客运经营者依法终止的;

(二)道路客运班线经营期限届满未申请延续经营或者申请延续经营不予许可的;

(三)道路运输经营许可依法被撤销、撤回的;

(四)道路运输经营许可证件依法被吊销的。

原许可的道路运输管理机构应当在10日内收回线路的《道路客运班线经营许可证明》和客运线路标志牌;收回该经营者的《道路运输经营许可证》、相应车辆的《道路运输证》。同时,通过其网站等途径予以公示,无法收回的,还应及时通过其网站等途径予以公布。

十一、经营期满延续道路客运班线经营程序

(一)道路客运班线经营期限届满,需要延续客运班线经营的,应当在届满之日起提前60日向原许可的道路运输管理机构提出申请。未提出申请的,视为自动放弃延续经营。

(二)受理申请的道路运输管理机构应当根据原许可的经营范围,向终到地道路运输管理机构征求意见,并在该班线有效期届满前,对该经营者在经营期内的安全生产状况和服务质量进行审查,对安全生产状况好和服务质量优的企业,符合延长经营期限条件的,应当优先许可并简化手续。不符合延长经营许可条件的,道路运输管理机构应当重新许可。

十二、建档

(一)道路运输管理机构对道路旅客运输经营申请作出行政许可后,应当将有关材料存入业户许可档案中,条件具备的,可同时保存电子档案。具体应包括以下内容:

1.《道路旅客运输经营申请表》;

2.企业章程文本(如申请人属个体经营者的,不存档此材料);

3.投资人、负责人身份证明复印件,经办人的身份证复印件和委托书;

4.安全生产管理制度文本;

5.投入车辆情况:已购置车辆的,需存档机动车辆行驶证复印件、机动车综合性能检测报告单和车辆技术等级评定表、车辆生产企业随车附带的安装使用具有行驶记录功能的卫星定位装置证明;拟投入车辆的,需存档拟投入车辆的承诺书;

6.已聘用或拟聘用驾驶人员的驾驶证和从业人员资格证复印件;

7.公安机关交通管理部门出具的关于已聘用或拟聘用驾驶人员的3年内无重大以上交通责任事故的证明;

8.需补全或更正申请材料的,存档《交通行政许可申请补正通知书》;

9.《交通行政许可受理通知书》;

10.道路运输管理机构审核意见;

11.《道路客运经营行政许可决定书》;

12.道路运输行政许可文书(证件)送达回证;

13.《道路运输经营许可证》复印件;

14.《道路运输证》复印件;

15.其他存档材料。

（二）如同时作出客运班线经营许可的,业户许可档案还应当包括以下内容：

1.《道路旅客运输班线经营申请表》；

2. 客运班线可行性报告；

3. 进站方案或进站意向书；

4. 运输服务质量承诺书；

5. 经办人的身份证明及其复印件,所在单位的工作证明或者委托书；

6. 需补全或更正申请材料的,存档《交通行政许可申请补正通知书》；

7.《交通行政许可受理通知书》；

8. 道路运输管理机构审核意见；

9.《道路客运班线经营行政许可决定书》；

10.《道路客运线路征求意见复函》；

11.《道路客运及班线经营变更申请表》；

12. 其他存档材料。

第二节 道路客运车辆管理

一、客运车辆技术管理

（一）道路运输管理机构应当督促道路客运经营者建立车辆技术管理制度,按照国家标准《汽车维护、检测、诊断技术规范》(GB 18344)等有关技术标准对客运车辆进行定期维护,确保客运车辆技术状况良好。

（二）道路运输管理机构应当督促道路客运经营者按时到符合国家标准要求的机动车综合性能检测站进行检测,做好车辆技术等级评定。

（三）对达到国家规定的报废标准或者经检测不符合国家强制性标准要求的客运车辆,道路运输管理机构应当及时收回《道路运输证》。对车辆技术等级、级别不能满足相应客运线路、运输方式要求的,道路运输管理机构应当监督道路客运经营者更换车辆,并办理变更手续。

(四)道路客运经营者不按规定维护和检测客运车辆、使用擅自改装客运车辆从事经营活动,或者擅自改装已取得《道路运输证》的客运车辆的,道路运输管理机构应当予以制止,并按规定实施处罚。

(五)县级以上道路运输管理机构应当依据行业标准《营运客车类型划分及等级评定》(JT/T 325),定期对营运客车类型及等级进行复核,并在《道路运输证》上予以注明。

(六)道路运输管理机构应当督促道路客运经营者按规定为有关客车安装使用具有行驶记录功能的卫星定位装置等设备(卧铺客车同时安装使用车载视频装置),鼓励使用节能环保的客车从事道路客运。

二、客运车辆审验

(一)审验主体

客运车辆审验工作由配发《道路运输证》的道路运输管理机构实施,省级道路运输管理机构配发《道路运输证》的客运车辆的审验工作,可以委托车籍所在地的道路运输管理机构实施。

(二)审验时间

客运车辆实施定期审验制度,每年一次,具体审验时间由省级道路运输管理机构自行确定。

(三)审验内容

客运车辆年度审验包括以下内容:

1. 车辆技术状况;
2. 车辆定期维护和检测情况;
3. 车辆违章记录;

4. 车辆技术档案;

5. 车辆结构、尺寸变动、设备设施情况;

6. 按规定安装使用具有行驶记录功能的卫星定位装置情况,并能在全国重点营运车辆联网联控系统(所在地的监管平台)查询车辆的基本信息和实时卫星定位信息,卧铺客车安装车载视频装置情况;

7. 道路客运经营者为客运车辆投保承运人责任险情况;

8. 其他按规定需审验的内容。

(四)审验程序

1. 道路运输管理机构发布车辆审验公告。

2. 道路客运经营者应按规定填写《道路旅客运输车辆审验表》,该表可到车籍地县级或市级道路运输管理机构领取,或在机动车综合性能检测站领取,或在道路运输管理机构网站上下载。

3. 道路客运经营者到机动车综合性能检测站进行客运车辆检测。

4. 机动车综合性能检测站按照国家标准《营运车辆综合性能要求和检验方法》(GB 18565)和《道路车辆外廓尺寸、轴荷及质量限值》(GB 1589)的规定进行检测,出具全国统一式样的检测报告。

5. 道路运输管理机构根据检测报告,按照行业标准《营运车辆技术等级划分和评定要求》(JT/T 198)和《营运客车类型划分及等级评定》(JT/T 325)分别评定车辆技术等级和类型等级。

6. 客运车辆的技术等级达到经营范围所要求的等级,且其他设施、设备完好,没有重大违章行为的,则车辆审验合格,道路运输管理机构应当在《道路运输证》"车辆审验及技术等级记录"栏内加盖注有相应车辆技术等级的年度审验专用章;不符合要求的,应当责令限期改正或者办理变更手续;车辆技术等级达不到三级车以上要求的,应收回《道路运输证》。

7.审验结束后,道路运输管理机构应当对审验资料进行整理,并存入车辆管理档案。《道路运输证》上有违章记录的,应当将违章记录转登至经营业户档案中。

三、客运车辆异动

(一)更新或新增客运车辆

1.在经营期限内,道路客运班线经营者申请更新、新增客运车辆的,原许可的道路运输管理机构应当根据道路客运经营者提交的车辆更新或车辆调换方案等材料,考虑车辆技术状况、座位数量、类型等级等因素,在10个工作日内作出准予或不准予的决定。

2.更新的客运车辆与原车辆技术类型、等级相当,或者比原车辆技术类型、等级更高的,道路运输管理机构应当准予更新,并配发《道路运输证》。

3.更新的客运车辆比原车辆技术等级、类型等级低的,应当不予更新。

(二)客运车辆退出市场

对达到国家规定的报废标准或经检测不符合国家标准要求的客运车辆,以及道路旅客运输经营者拟不再从事客运经营的车辆,原发证的道路运输管理机构应当收回《道路运输证》、客运标志牌等,并存档;无法收回的,应及时通过其网站等途径予以公布,宣布作废。

(三)转籍或过户客运车辆

客运车辆转籍、过户的,按照以下程序办理:

1.道路旅客运输经营者要求将客运车辆转籍、过户的,应当向原发证的道路运输管理机构提出申请。

2.道路运输管理机构接到申请后,应当收回车辆的《道路运输证》,向道路旅客运输经营者出具客运车辆转籍、过户证明,并将车辆变动情况登记在道路旅客运输经营者的车辆档案中。

3.客运车辆转籍、过户的,属不同管辖区域的,原发证的道路运输管理机构应当向转入地的道路运输管理机构移交车辆档案。

4.客运车辆转籍、过户后,拟继续从事道路旅客运输经营的,客运车辆的新所有人应当凭客运车辆转籍、过户证明和车辆档案,向转入地的道路运输管理机构重新申请。符合条件的,道路运输管理机构应当尽快为申请人办理相关手续。

5.客运车辆转籍、过户后,未办理相关经营手续从事道路旅客运输经营的,视为无《道路运输经营许可证》或《道路运输证》从事道路旅客运输经营。

(四)客运车辆报停

1.客运车辆报停的,道路旅客运输经营者需持拟报停车辆的《道路运输证》到原发证的道路运输管理机构办理报停手续,道路运输管理机构暂时收回《道路运输证》。

2.客运车辆报停后拟恢复运营的,道路旅客运输经营者应当向道路运输管理机构申请领回《道路运输证》。

3.无正当理由客运车辆连续报停不得超过180日。

四、客运车辆档案管理

县级以上道路运输管理机构应当建立客运车辆管理档案,督促道路客运经营者建立客运车辆技术档案。

(一)客运车辆管理档案

客运车辆管理档案应当包括以下内容:

1.车辆基本情况,包括机动车行驶证、《道路运输证》复印件及车辆照片;

2.二级维护和检测情况记录;

3.技术等级记录;

4.类型等级记录;

5.车辆变更记录;

6. 交通事故记录；

7. 车辆审验记录等；

8. 客运承运人责任险保险记录；

9. 其他按规定要求归档的资料。

(二)客运车辆技术档案

客运车辆技术档案应当包括以下内容：

1. 车辆基本情况，包括机动车行驶证、《道路运输证》复印件及车辆照片；

2. 主要部件更换情况；

3. 修理和二级维护记录(含出厂合格证)；

4. 技术等级评定记录；

5. 车辆变更记录；

6. 行驶里程记录；

7. 交通事故记录；

8. 车辆审验记录；

9. 其他按规定要求归档的资料。

第三节 道路客运班线经营权招标投标

一、实施主体

客运班线经营权招标投标是指道路运输管理机构在不实行班线经营权有偿使用或者竞价的前提下，通过公开招标，对参加投标的道路旅客运输经营者的质量信誉情况、企业规模、运力结构和经营该客运班线的安全保障措施、服务质量承诺、运营方案等因素进行综合评价，择优确定客运班线经营者的许可方式。

(一)县级以上人民政府交通运输主管部门负责组织领导本行政区域的客运班线招标投标工作。

(二)县级以上道路运输管理机构负责具体实施客运班线招标投

标工作。

二、招标程序及规定

客运班线经营权招标按照以下程序和规定执行：

（一）县级以上道路运输管理机构根据《中华人民共和国道路运输条例》规定的许可权限，对下列客运班线经营权可以采取招标投标的方式进行许可，并作为招标人组织开展招标工作。

1. 在确定被许可人之前，同一条客运班线有3个以上申请人申请的；

2. 根据道路运输发展规划和市场需求，道路运输管理机构决定开通的干线公路客运班线，或者在原干线公路客运线路上投放新的运力的；

3. 根据双边或者多边政府协定开通的国际道路客运班线的；

4. 已有的客运班线经营期限到期，原经营者不具备延续经营资格条件，需要重新许可的；

5. 已有的客运班线经营许可被依法注销的。

（二）招标人可以将两条以上客运班线经营权作为一个招标项目进行招标投标。

（三）客运班线招标投标应当采用公开招标方式，招标公告和招标结果应当向社会公布。

（四）相关省级道路运输管理机构协商确定实施省际客运班线招标投标的，可以采取联合招标、各自分别招标等方式进行。一省不实行招标投标的，不影响另外一省实行招标投标。

采取联合招标的，班线起讫地省级道路运输管理机构为共同招标人，由双方协商办理招标事宜。

（五）通过招标投标方式许可的客运班线经营权的经营期限为4~8年，具体期限由招标人确定。

（六）对确定以招标投标方式进行行政许可的客运班线，在招标投标工作没有开始之前,申请人提出申请的,许可机关应当告知申请人该客运班线将以招标投标方式进行许可,并在6个月内完成招标投标工作。

(七)招标人可以自行选择具备法定条件的招标代理机构,委托其办理招标事宜。各地道路运输行业协会组织可以接受招标人的委托,具体承担与招标投标有关的事务性工作。招标人具备相应能力的,可以自行办理招标事宜。任何单位和个人不得强制其委托招标代理机构办理招标事宜。

(八)对确定以招标投标方式实行行政许可的客运班线,招标人应当在其指定的报纸、网络等媒介上发布招标公告。招标公告应当包括以下内容:

1. 招标人名称、地址和联系方式;
2. 招标项目内容、要求和经营期限;
3. 中标人数量;
4. 投标人的资格条件;
5. 报名的方式、地点和截止时间等要求;
6. 报名时所需提交的材料和要求;
7. 其他需要公告的事项。

(九)招标人应当根据有关规定和招标项目的特点、需要编制招标文件,招标文件应当包括下列内容:

1. 投标人须知;
2. 招标项目内容、要求和经营期限;
3. 中标人数量;
4. 投标文件的内容和编制要求;
5. 投标人参加投标所需提交的材料及要求,所需提交材料应当包括《道路旅客运输及客运站管理规定》要求的可行性报告、进站方案、运输服务质量承诺书;

6. 需提交投标文件的正、副本数量以及提交要求、方式、地点和截止时间;

7. 缴纳履约保证金的要求及处置方法;

8. 开标的时间、地点;

9. 评分标准;

10. 中标合同文本;

11. 其他应当说明的事项。

(十)招标人不得违背《道路旅客运输及客运站管理规定》的规定,提高、增设或者降低、减少条件限制投标人,也不得对投标人实行地域限制。

招标人不得限制投标人之间的竞争,不得强制投标人组成联合体共同投标。

(十一)客运班线招标投标评分标准总分为200分,包括标前分80分和评标分120分。评标分中应当包括安全保障措施、车辆站场设施、运营方案、经营方式、服务承诺、服务质量保障措施等内容,具体评分项目和分值设置由省级道路运输管理机构根据下列要求设定:

1. 有利于引导客运经营者加强管理、规范经营;

2. 有利于引导客运经营者提高运输安全水平、服务水平和承担社会责任;

3. 有利于引导客运经营者节能减排;

4. 有利于引导客运经营者提高车辆技术装备水平;

5. 有利于促进规模化、集约化、公司化经营。

(十二)客运班线经营权招标投标标前分共80分,评分标准按以下规定执行:

1. 上年度企业客运质量信誉等级20分。AAA级,得满分;AA级,得14分;A级,得7分;B级,不得分。因成立不久尚未评定本年度质量信誉等级的企业得10分。

2. 再上一年度企业客运质量信誉等级20分。AAA级,得满分;AA级,得14分;A级,得7分;B级,不得分。因成立不久未评定本年度质量信誉等级的企业得10分。

3. 企业规模20分。企业自有营运客车数量高出许可条件要求数量,每高出1辆车得0.1分,最高不超过20分。

4. 运力结构20分。企业自有营运客车中的高级客车比例为1%,得0.2分。在此基础上,每增加1%,加0.2分,以此类推。

5. 两个以上法人或者其他组织组成的联合体投标但不成立新的经营实体的,投标人的企业客运质量信誉等级、车辆规模、运力结构按联合各方中最低的计算。

6. 在评定标前分时,如果上年度企业客运质量信誉等级评定工作尚未完成,应当按照上年度之前两年的企业客运质量信誉等级评定标前分。

7. 投标人在投标之前未从事道路客运经营的,标前分按30分计。

8. 营运客车系指企业上年度末企业在册的营运客车总数,包括客运班车、客运包车、旅游客车,但不包括出租汽车、租赁客车和城市公共客车。

9. 运力结构中企业自有客车中的高级客车比例保留到个位,个位之后四舍五入。

(十三)招标人应当确定不少于10日的时间作为投标人的报名时间,该期间自招标公告发布之日起至报名截止日止。

(十四)招标人应当根据投标人报名时提交的材料对投标人的资格条件进行审查。对其中已具备招标项目所要求的许可条件的,发售招标文件。

(十五)招标人应当确定不少于30日的时间作为投标人编制投标文件所需要的时间,该期间自招标文件发售截止之日起至投标人提交投标文件截止之日止。

（十六）在招标文件要求的提交投标文件截止时间后送达的投标文件，招标人应当拒收。

（十七）客运班线招标投标所发生的费用，应纳入各级道路运输管理机构正常的工作经费计划。

三、投标程序及规定

客运班线经营权投标按照以下程序和规定执行：

（一）投标人的条件。

1. 投标人是响应招标，参加投标竞争的已具备或者拟申请招标项目所要求的道路客运经营范围的公民、法人或者其他组织。

2. 两个以上法人或者其他组织组成的一个联合体，以一个投标人的身份投标。联合体各方均应符合规定的条件，并不得再独立或者以筹建其他联合体的形式参加同一招标项目的投标。

联合体各方应当签订共同投标协议，约定各方拟承担的工作和责任，明确在中标后是否联合成立新的经营实体，并将共同投标协议连同投标文件一并提交招标人。

（二）投标人应当在招标公告规定的期限内向招标人报名，并按照招标公告的要求提交以下材料：

1. 资格预审材料。资格预审材料包括《道路旅客运输及客运站管理规定》要求的除可行性报告、进站方案、运输服务质量承诺书之外的其他申请客运班线许可的材料。不具备招标项目所要求的道路客运经营范围的，应当同时提出申请，相关申请材料一并提交。

2. 标前分评定材料。标前分评定材料包括最近两年企业客运质量信誉考核情况、自有营运客车数量、高级客车数量以及相关证明材料。

招标人已经准确掌握投标人上述有关情况的，可以不再要求投标人报送相应材料。

（三）通过资格预审的投标人购买招标文件后,应当按照招标文件的要求编制投标文件。具体要求如下:

1. 投标文件及相关材料由投标人的法定代表人签字并加盖单位印章,进行密封,并在招标文件要求提交投标文件的截止时间前,将投标文件送达指定地点。招标人收到投标文件后,应当签收保存。任何人和单位不得在开标之前开启。

2. 投标文件正本、副本的内容应当保持一致。

3. 联合体参加投标的投标文件及相关材料由各方法定代表人共同签字并加盖各方印章。

4. 正在筹建成立经营实体的申请人的投标文件及相关材料由筹建负责人签字,不需加盖单位印章。

（四）投标人在编制投标文件过程中,如果对招标文件的内容存有疑问,可以在领取投标文件之日起 10 日内以书面形式要求招标人进行解释。招标人在研究所有投标人提出的问题后,在提交投标文件截止时间至少 15 日前,以书面形式进行必要澄清或者修改,并发至所有投标人。澄清或者修改的内容作为招标文件的补充部分,与招标文件具有同等效力。

（五）在提交投标文件截止时间前,投标人可以对已提交的投标文件进行修改、补充,也可以撤回投标文件,并书面通知招标人。

修改、补充的内容为投标文件的组成部分。修改、补充的内容应当在提交投标文件截止时间前提交给招标人。

（六）投标人不得相互串通或者与招标人串通投标,不得排挤其他投标人的公平竞争,不得以他人名义投标或者以其他方式弄虚作假,骗取中标。

（七）到提交投标文件截止时间止,投标人为 3 个以上的,进行开标和评标;投标人不足 3 个的,招标人可以重新组织招标或者按照有关规定进行许可。

四、开标、评标和中标程序及规定

(一)评审专家条件。

省级道路运输管理机构应当建立客运班线招标投标评审专家库,公布并定期调整评审专家。评审专家应当具备下列条件之一:

1. 各级交通运输主管部门、道路运输管理机构从事客货运输、财务、安全、技术管理工作5年以上并具备大专以上学历的工作人员;

2. 道路运输企业、高等院校、科研机构和道路运输中介组织中从事道路运输领域的管理、财务、安全、技术或者研究工作8年以上,并具有相应专业高级职称或者具有同等专业水平的人员。

(二)招标人应当在开标前委派1名招标人代表并从评审专家库中随机抽取一定数量的评审专家组成评标委员会进行评标,评标委员会的成员人数应当为5人以上单数。评委名单在中标结果确定前应当保密。评委与投标人有利害关系的,不得进入本次评标委员会,已经进入的应当更换。

(三)2个以上省级道路运输管理机构联合招标的,评标委员会由相关省级道路运输管理机构分别从各自的评审专家库中抽取的评审专家组成,每省的评审专家数量由相关方共同商定,每省应当各派1名招标人代表,但招标人代表总数不得超过评委总数的1/3。

(四)招标人应当在开标前对已取得招标文件的投标人提供的标前分评定材料进行核实,并完成标前分的评定工作。

(五)开标应当在招标文件确定的提交投标文件截止时间的同一时间公开进行。开标地点应当为招标文件中预先确定的地点。

(六)开标由招标人主持,邀请所有投标人的法定代表人(筹建负责人)或者其委托代理人参加。

(七)开标时,由投标人或者其推选的代表检查所有投标文件的密封情况,也可以由招标人委托的公证机构检查并公证;经确认无误后,由工作人员当场拆封全部投标文件,并宣读投标人名称和投标文件的主要内容。

招标投标开标过程应当记录,并存档备查。

(八)开标后,招标人应当组织评标委员会进行评标。评标必须在严格保密的条件下进行,禁止任何单位和个人非法干预、影响评标的过程和结果。评标过程应当遵守下列要求:

1. 评标场所必须具有保密条件;

2. 只允许评委、招标人指定的工作人员参加;

3. 所有参加评标的人员不得携带通信工具;

4. 评标场所内不设电话机和上网的计算机。

(九)在开标和评标过程中,有下列情况之一的,应当认定为废标:

1. 投标文件不符合招标文件规定的实质性要求,或者因缺乏相关内容而无法进行评标的;

2. 投标文件未按招标文件规定的要求正确署名与盖章的;

3. 投标文件附有招标人无法接受的条件的;

4. 投标文件的内容及有关材料不是真实有效的;

5. 投标文件正、副本的内容不符,影响评标的。

在排除废标后,投标人为3个以上的,继续进行招标投标工作;投标人不足3个的,招标人可以重新组织招标投标或者按有关规定进行许可。

(十)评标委员会应当按以下程序进行评标:

1. 审查投标文件及相关材料,并对不明确的内容进行质询。

2. 招标人或者招标代理机构根据评委质询意见,要求投标人对投标文件中不明确的内容进行必要澄清和说明,但澄清和说明不得超出投标文件的范围或者改变投标文件的实质性内容。

3. 认定是否存在废标。

4.评委按照招标文件确定的评分标准和方法,客观公正的评定投标人的评标分,并对所提出的评审意见承担个人责任。如果招标项目由两条以上客运班线组成,则分别确定每条客运班线的评标分后,取所有客运班线评标分的算术平均值为投标人在该招标项目的评标分。

5.评委对招标人评定的标前分进行复核确认。

6.在评委评定的评标分中,去掉一个最高分和一个最低分后,取算术平均值作为投标人在该招标项目的最终评标分。最终评标分加上标前分,作为投标人的评标总分。

7.按照评标总分由高到低的原则推荐中标候选人和替补中标候选人。替补中标候选人为多个的,应当明确替补顺序。评标总分分数相同且影响评标结果的确定时,由评委现场投票表决确定中标候选人、替补中标候选人。

8.出具书面评标报告,并经全体评委签字后,提交招标人。

(十一)招标人、招标代理机构的工作人员和评委不得私下接触投标人,不得收受投标人的财物或者其他好处,在开标前不得向他人透露投标人提交的资格预审材料的有关内容,在任何时候不得透露对投标文件的评审和比较意见、中标候选人的推荐情况以及评标的其他情况,严禁发生任何可能影响公正评标的行为。

招标人或者监察部门发现评标委员会在评标过程中有不公正的行为时,可以向评标委员会提出质疑,评标委员会应当进行解释。经调查确有不公正行为的,由招标人另行组织评标委员会重新评标和确定中标人。

(十二)招标人应当根据评标委员会提交的书面评标报告和推荐意见确定中标人和替补中标人。

确定中标人后,招标人应当在7日内向中标人发出中标通知书,并将中标结果书面通知替补中标人和其他投标人。

(十三)招标人和中标人应当在中标通知书发出之日起30日内,签订中标合同并按照有关规定办理许可手续。

(十四)中标合同不得对招标文件及中标人的承诺进行实质性改变,并应当作为中标人取得的道路客运班线经营行政许可决定书的附件。

中标合同的违约责任条款内容不得与《中华人民共和国道路运输条例》中已明确的相应处罚规定相违背。

(十五)招标文件要求中标人缴纳履约保证金或者提交其开户银行出具的履约保函的,中标人应当于签订中标合同的同时予以缴纳或者提交。由于中标人自身原因逾期不签订中标合同或者不按要求缴纳履约保证金、提交履约保函的,视为自动放弃中标资格,其中标资格由替补中标人取得(替补中标人为多个的,按替补顺序依次替补),并按上述规定办理有关手续。

招标人向中标人收取的履约保证金不得超过中标人所投入车辆购置价格的3%,且中标人缴纳履约保证金(不含履约保函)达到30万元之后,如果再次中标取得其他客运班线经营权,不再向该招标人缴纳履约保证金。

(十六)两个以上法人或者其他组织组成的联合体中标但不成立新的经营实体的,联合体各方应当共同与招标人签订中标合同,就中标项目向招标人承担连带责任。招标人应当根据中标合同分别为联合体各方办理道路客运班线经营行政许可手续,并分别颁发相关许可证件。

(十七)中标人在投标时申请招标项目所要求的道路客运经营范围的,道路运输管理机构应当按照有关规定予以办理客运经营许可的有关手续。

(十八)中标人不得转让中标的客运班线经营权,可以将中标客运班线经营权授予其分公司经营,但不得委托其子公司经营。

(十九)中标人注册地不在中标客运班线起点或者终点的,应当在起点县级以上城市注册分公司进行经营,注册地道路运输管理机构应当按照有关规定予以办理有关注册手续。

(二十)中标人应当在中标合同约定的时限内按中标方案投入运营。

五、监督和考核

(一)交通运输主管部门和上级道路运输管理机构发现正在进行的招标投标活动严重违反法律规定的,应当责令招标人中止招标活动。

(二)招标人、评标委员会评委、招标工作人员、招标代理机构、投标人有违法违纪行为的,应当按《中华人民共和国招标投标法》的规定进行处理。

(三)投标人有下列行为之一,投标无效;已经中标的,中标无效,中标资格由替补中标人取得。给招标人或者其他投标人造成损失的,依法承担赔偿责任。

1. 在投标过程中弄虚作假的;

2. 与投标人或者评标委员会评委相互串通,事先商定投标方案或者合谋使特定人中标的;

3. 向招标人或者评标委员会成员行贿或者提供其他不正当利益的。

(四)已经提交投标文件的投标人在提交投标文件截止时间后无正当理由放弃投标的,在评定当年客运质量信誉等级时,每发生一次从总分中扣除30分。如果投标人在异地投标的,招标人应当将此情况通报投标人所在地道路运输管理机构。

(五)招标人和中标人应当根据双方签订的中标合同履行各自的权利和义务。

招标人应当对中标人履行承诺情况进行定期或者不定期的检

查,发现中标人不遵守服务质量承诺、不规范经营或者存在重大安全隐患的,应当要求中标人进行整改。整改不合格的,招标人依据中标合同的约定可以从履约保证金中扣除相应数额的违约金,直至收回该客运班线或者该客运车辆的经营权。

(六)保证金管理按照以下要求执行:

1. 道路运输管理机构对中标人缴纳的履约保证金应当专户存放,不得挪用。

2. 道路运输管理机构依据中标合同从履约保证金中扣除的相应数额的违约金,应当按照财务管理的相关规定进行管理。

3. 道路运输管理机构按照合同约定从中标人履约保证金中扣除违约金后,中标人应当在招标人规定的时间内补交。逾期不交的,道路运输管理机构可以依据中标合同进行处理。

4. 合同履行完毕后,道路运输管理机构应当及时将剩余的履约保证金本息归还中标人。

第四节　道路客运经营管理

一、道路客运市场管理

道路运输管理机构应当加强对客运市场的监管,打击非法经营,规范经营行为。

(一)查处违反道路旅客运输经营许可的行为。

(二)查处违反道路旅客运输经营规范的行为。

(三)查处违反客运车辆管理规定的行为。

(四)查处违反道路旅客运输从业人员管理规定的行为等。

二、道路客运运营管理

(一)班车客运运营管理

1. 道路运输管理机构应当督促班线客运经营者向公众提供连续

运输服务,禁止其擅自暂停、终止班线运输或者转让班线经营权。

2. 客运班线实行经营期限制。道路客运班线经营期满,道路客运经营者的线路经营权自然终止。

3. 道路运输管理机构应当监督客运班车按照许可的线路、班次、站点运行,在规定的途经站点进站上、下旅客;督促加班车、顶班车、接驳车按正班车有关要求运营。

(二)包车客运运营管理

1. 道路运输管理机构应当监督包车客运经营者按照约定的时间、起始地、目的地和线路运行,严禁其按班车模式定线经营、招揽包车合同外的旅客乘车,或者不按约定的起始地、目的地和线路行驶。客运包车除执行道路运输管理机构下达的紧急包车任务外,其线路一端应当在车籍所在地。

2. 道路运输管理机构应监督包车客运经营者在运营过程中随车携带《道路运输证》、包车客运标志牌、包车票或者包车合同,以备查验。

3. 单程包车回程载客时,回程客源所在地县级以上道路运输管理机构可根据实际需要,允许其回程载客。未经回程客源所在地县级以上道路运输管理机构批准,不得回程载客。

4. 道路运输管理机构应当应用运政管理信息系统,及时掌握包车客运的运行变化情况。

(三)旅游客运运营管理

1. 旅游客运的起讫地至少一端应当在旅游景区(点)。定线旅游客运按照班车客运管理,非定线旅游客运按照包车客运管理。

2. 道路运输管理机构应当严格审查旅游客运车辆类型等级,其类型等级应达到中级以上。

3. 非定线旅游客车可持注明事项的旅游客票或者旅游合同取代包车票或者包车合同。

4.道路运输管理机构应当建立旅游客运管理档案,及时掌握旅游客运的运行变化情况。

(四)客运运营管理的共同要求

1.道路运输管理机构应当监督道路客运经营者在车厢内显著位置公示道路运输管理机构监督电话、票价和里程表,严格遵守国家有关运价规定,使用规定的票证。

2.道路运输管理机构应当监督客车驾驶人员随车携带《道路运输证》、《从业资格证》、《道路客运班线经营许可证明》等有关证件,并在规定位置放置客运标志牌。

3.道路运输管理机构应当监督道路客运经营者投保承运人责任险,在客运车辆上应配备安全带、灭火器等许可条件下的安全装备。

4.道路运输管理机构应当督促道路客运经营者按照国家有关规定配备驾驶员,严格落实长途客运驾驶员停车换人、落地休息制度。

5.道路运输管理机构应当督促道路客运经营者建立、完善各类台账和档案,按要求及时报送有关资料和信息。

6.道路运输管理机构应当监督客运经营者按规定为有关客车安装使用具有行驶记录功能的卫星定位装置,卧铺客车同时安装使用车载视频装置,接入符合标准的监控平台或监控端,并有效接入全国重点营运车辆联网联控系统,督促企业通过监控平台加强运输车辆动态监管。

7.道路运输管理机构应当监督客运经营者建立安全告知制度,按照规定向旅客告知安全事项。

8.道路运输管理机构应当监督客运经营者建立并执行行车日志制度。

9.道路运输管理机构应当监督客运企业建立举报和投诉受理的工作机制,及时处理投诉和咨询。

三、道路旅客运输企业质量信誉考核

(一)质量信誉考核时间

道路运输管理机构每年度应当对道路客运企业实行质量信誉考核,考核周期为每年的1月1日至12月31日,考核工作应当在考核周期次年的3月至6月进行。

(二)质量信誉考核工作的实施

1.省级道路运输管理机构组织道路客运企业年度质量信誉考核工作,市级和县级道路运输管理机构根据其管理职责、权限具体实施。

2.道路客运企业位于县级道路运输管理机构辖区内的,由县级道路运输管理机构负责质量信誉考核的初评工作。客运企业位于市级道路运输管理机构所辖市(地)城市市区内的,由市级道路运输管理机构或由其委托的县(区)道路运输管理机构初评。

(三)质量信誉考核程序

1.质量信誉考核资料的申报

道路旅客运输企业应当在每年的3月底前对本企业上年度的质量信誉情况进行总结。县级以上道路运输管理机构应要求道路旅客运输企业如实提供下列资料:

(1)企业基本情况,包括分公司名称、注册地,上年度末企业在册的营运客车数量等;

(2)安全生产情况,包括交通责任事故次数、死亡人数及后果、事故责任认定书等;

(3)违法行为情况,包括违章记录次数等;

(4)服务质量情况,包括旅客及其他相关人投诉及媒体等披露的有关本企业运输服务质量事件的次数及处理记录等;

(5)完成政府指令性运输任务的情况;

(6)发生不稳定事件的情况;

(7)客运车辆按规定安装使用具有行驶记录功能的卫星定位装置等设备的情况,企业利用卫星定位系统平台监控本企业车辆的情况;

(8)客运车辆喷涂统一标志和员工统一着装的情况;

(9)企业获得省、部级以上表彰的情况。

在异地设有分公司的道路旅客运输企业,在提交材料时应当提供分公司所在地县级或市级道路运输管理机构出具的分公司质量信誉情况。分公司所在地县级或市级道路运输管理机构应当对所出具的分公司质量信誉确定结果负责。

2. 质量信誉考核初评

道路运输管理机构应当采取核对有关管理档案、现场查验等方式,对道路旅客运输企业提供的材料真实性进行核查,并对照质量信誉考核标准及计分办法进行考核评分,提出考核意见及初评结论。

3. 公示及评定

(1)初评结束后,市级道路运输管理机构将各指标考核情况和所得分数、初评结果书面通知被考核道路旅客运输企业,并通过其网站等途径公示15日。

(2)被考核企业或者其他单位、个人对公示结果有异议的,可在公示期间向作出公示的道路运输管理机构书面申诉。

(3)公示结束后,市级道路运输管理机构应当对企业的申诉和社会反映的情况进行核实,并根据核实的情况对企业的质量信誉等级进行评定,并将评定结论报省级道路运输管理机构。由省级道路运输管理机构核发《道路运输经营许可证》的,市级道路运输管理机构还应将初评记分表等原始资料复印件一并报送。

4. 公告

(1)省级道路运输管理机构对道路旅客运输企业质量信誉考核

结果进行核查后,于每年6月30日前在本机构网站或交通运输主管部门网站上公布上一年度道路旅客运输企业质量信誉考核结果。

(2)道路旅客运输质量信誉等级分为优良、合格、基本合格和不合格,分别用AAA级、AA级、A级和B级表示。

四、客运票据管理

客运经营者应当按规定使用道路运输业专用票证,不按规定使用道路运输业专用票证或者转让、倒卖、伪造道路运输业专用票证的,县级以上道路运输管理机构应当责令改正,并实施相应的行政处罚。

五、道路客运标志牌管理

(一)道路客运标志牌的分类

道路客运标志牌分为班车客运标志牌、包车客运标志牌、临时客运标志牌3类,每类标志牌证分别包括省际、市际、县际、县境内4种,其中:

1. 班车客运标志牌适用于从事道路班车客运以及定线旅游客运,按营运方式划分为直达和普通2种形式;

2. 包车客运标志牌适用于从事包车客运以及非定线旅游客运;

3. 临时客运标志牌适用于客运标志牌正在制作、灭失等待领取时或用于临时加班、接驳、顶班、临时绕行(时间不超过1个月)的客车,其中临时加班客车使用的临时客运加班标志牌仅适用于在春运、国家法定节假日或者发生突发事件等客流高峰期运力不足时。

(二)道路客运标志牌的制作

1. 省际、市际班车客运标志牌、包车客运标志牌、临时客运标志牌由省级道路运输管理机构按照交通运输部规定式样统一印制。

2. 县际、县境内班车客运标志牌、包车客运标志牌、临时客运标志牌由市级道路运输管理机构按照交通运输部规定式样统一印制。

(三)班车客运标志牌的核发

道路班车客运标志牌的发放,坚持"谁审批、谁发放"的原则及"谁签字、谁发放、谁负责"的发放制度。

1.省级道路运输管理机构负责核发省际、市际班车客运标志牌;

2.市级道路运输管理机构负责核发县际班车客运标志牌;

3.县级道路运输管理机构负责核发县境内班车客运标志牌。

(四)包车客运标志牌和临时客运标志牌的核发条件

1.包车客运标志牌核发,应符合以下条件:

(1)道路客运经营者所承接的包车业务应在其许可的经营范围内;

(2)道路客运经营者应当提供包车票或包车合同;

(3)拟使用车辆的经营范围包括相对应的包车业务且通过车辆审验的;

(4)车辆技术状况及客车类型等级应与包车业务相适应;

(5)驾驶员持有相应类别的从业资格证;

(6)按规定为旅客投保承运人责任险。

县级以上道路运输管理机构应严格控制包车客运标志牌的有效时间。包车客运标志牌在一个运次所需的时间内有效。

2.临时客运标志牌核发,应符合以下条件:

(1)原有正班车已经满载,需要开行加班车的;因车辆抛锚、维护等原因,需要接驳或者顶班的;正式班车客运标志牌正在制作或者不慎灭失,等待领取的;

(2)投入的客车符合国家规定的技术等级和类型等级、配有有效的《道路运输证》;

(3)有按规定投保承运人责任险的保单。

(五)包车客运标志牌和临时客运标志牌的核发程序

1.省际、市际包车客运标志牌和临时客运标志牌由省级道路运输管理机构按照申请计划发放给市级道路运输管理机构,再由其分发给县级道路运输管理机构核发。县级以上道路运输管理机构应当做好有关标志牌的登记和汇总上报工作。

2.县际、县境内包车客运标志牌和临时客运标志牌由市级道路运输管理机构按照申请计划发放给县级道路运输管理机构,县级道路运输管理机构应当做好有关标志牌的登记和汇总上报工作。

3.包车客运标志牌(除省际客运包车标志牌外)和临时客运标志牌由县级道路运输管理机构在正反面打印或者填写有关内容后,向经审核符合条件的申请人发放;省际客运包车标志牌,可由企业通过运政管理信息系统向车籍地道路运输管理机构备案后自行打印。

4.对班车客运标志牌正在制作或灭失,等待领取的,由原许可的道路运输管理机构发给临时客运标志牌。

5.因道路状况发生变化确需临时改道运行的,由原许可的道路运输管理机构发给临时客运标志牌。

(六)包车客运标志牌和临时客运标志牌的使用及管理

1.包车客运标志牌和加班车、顶班车、接驳车使用的临时客运标志牌在一个运次内有效,因班车客运标志牌正在制作或者灭失而使用的临时客运标志牌有效期不得超过30日。

2.道路运输管理机构应按照交通运输部的统一要求,为从事省际包车客运的企业提供运政管理信息系统,企业通过运政管理信息系统向车籍地道路运输管理机构备案后方可使用包车标志牌。

3.临时客运标志牌、包车标志牌在一个运次内使用完毕后自然失效。临时客运标志牌使用完毕后应由核发的道路运输管理机构及时收回。

4.凭临时客运标志牌运营的客车应当按正班车的线路和站点运行。属于加班或者顶班的,还应当持有始发站签章并注明事由的当班行车路单;班车客运标志牌正在制作或者灭失的,还应当持有该条班线的《道路客运班线经营许可证明》。

5.上级道路运输管理机构应加强对下级道路运输管理机构的包车客运标志牌、临时客运标志牌发放管理工作的监督检查。

6.在春运、国家法定节假日或者发生突发事件等客流高峰期运力不足时,道路运输管理机构可临时调用车辆技术等级不低于三级的营运客车和社会非营运客车开行包车或者加班车。非营运客车凭县级以上道路运输管理机构开具的证明运行。

(七)《道路客运班线经营许可证明》和班车客运标志牌遗失补办手续

1.《道路客运班线经营许可证明》和班车客运标志牌遗失的,原许可的道路运输管理机构应根据申请人提交的《道路班车客运标志牌证遗失、损坏补领申请表》、市级以上报刊或道路运输管理机构网站等公众媒体刊登遗失启事,经核实后,予以补办班车客运标志牌。

2.在班车客运标志牌补办期间,发给临时客运标志牌。

3.班车客运标志牌损坏的,交旧领新。

六、客运业户档案管理

道路运输管理机构对道路客运经营管理过程中产生的相关材料,应当将其存入业户经营管理档案中,条件具备的,可同时保存电子档案。具体应包括以下内容:

(一)《道路旅客运输经营申请表》;

(二)扩大经营范围的,应保存下级道路运输管理机构核发的《道路运输经营许可证》正、副本复印件和经营许可决定书复印件;

(三)本级机构核发的《道路运输经营许可证》正、副本复印件;

(四)企业章程文本;

(五)法人身份证明、经办人委托书及身份证明复印件;

(六)安全生产制度文本;

（七）已购置或现有车辆数量、类型、技术等级、座位数明细表；

（八）已购置或现有车辆的机动车行驶证、《道路运输证》复印件；

（九）道路旅客运输企业质量信誉考核资料；

（十）许可变更、终止经营资料和行政许可的其他流程文书；

（十一）客运班线许可决定书复印件。

第七章 道路客运站管理工作规范

第一节 客运站站级核定

一、客运站站级核定申请及受理权限

客运站经有关部门组织的工程竣工验收合格后,申请人凭竣工验收合格证明,向道路运输管理机构提出核定申请,并提交《道路客运站站级核定申请表》。

(一)省级道路运输管理机构负责一、二级客运站站级核定。

(二)设区的市级道路运输管理机构负责三级客运站站级核定。

(三)县级道路运输管理机构负责其他级别的客运站站级核定。

二、客运站站级核定程序

(一)客运站经营者向所在地的县级以上道路运输管理机构提交客运站站级核定申请,所在地县级道路运输管理机构受理初审后,逐级上报到有核定权的道路运输管理机构。

(二)有核定权的道路运输管理机构收到申请后,应当在7个工作日内对客运站进行现场核查,并按照行业标准《汽车客运站级别划分和建设要求》(JT/T 200)核定站级。

(三)符合规定的,道路运输管理机构应当出具客运站站级验收合格证明。

三、客运站站级变更程序

(一)监督检查中,客运站的设施设备条件达不到原站级核定条件的,道路运输管理机构应督促道路客运站经营者整改,整改后仍达不到原站级核定条件的,由道路运输管理机构重新核定站级。

（二）客运站经营者申请提高站级的，道路运输管理机构应按站级核定程序办理。

第二节　道路客运站经营许可

一、道路客运站经营许可事项及实施主体

县级以上道路运输管理机构负责受理本辖区内的道路客运站经营许可申请。

二、道路客运站经营许可条件

申请从事道路客运站经营的，道路运输管理机构应当审查申请人是否符合以下条件：

（一）客运站经有关部门组织的工程竣工验收合格，且经道路运输管理机构组织的站级验收合格；

（二）有与业务量相适应的专业人员和管理人员；

（三）有相应的设备、设施，具体要求按照行业标准《汽车客运站级别划分和建设要求》（JT/T 200）的规定执行；

（四）根据《汽车客运站营运客车安全例行检查工作规范》和《汽车客运站营运客车出站检查工作规范》，建立健全的业务操作规程和安全管理制度，包括服务规范、安全生产操作规程、车辆出站检查管理制度、安全生产责任制、危险品检查、安全生产监督检查制度等。

三、道路客运站经营许可程序

（一）要求提供的申请材料

申请从事道路客运站经营的，道路运输管理机构应当要求申请人提交以下材料：

1.《道路旅客运输站经营申请表》；

2. 客运站竣工验收证明和站级验收证明；

3.拟招聘的专业人员、管理人员的身份证明和专业证书及其复印件;

4.负责人身份证明及其复印件,经办人的身份证明及其复印件和委托书;

5.业务操作规程和安全管理制度文本。

(二)申请材料的形式审查及处置

道路运输管理机构应当对申请材料的完整性进行审核:

1.申请材料不齐全或者不符合法定形式的,应当要求申请人当场补全或者更正,当场不能补全或者更正的,应当场或在5个工作日内出具注明日期且加盖道路运输管理机构专用印章的《交通行政许可申请补正通知书》,一次性告知需补正的全部内容。

2.申请材料齐全有效的,应出具《交通行政许可申请受理通知书》。

3.申请事项依法不需要取得行政许可的,应当及时告知申请人不受理;申请事项依法不属于本级道路运输管理机构职权范围的,应出具《交通行政许可申请不予受理决定书》。

(三)许可前的公示及审查

道路运输管理机构受理道路客运站经营申请后,应当将申请情况通过其网站等途径予以公示,公示期限为5日。

公示期间或结束后,道路运输管理机构应当组织人员对申请人从事道路客运站经营的有关法定条件和所提供申请材料的真实性进行实地查验。

(四)许可决定

道路运输管理机构对道路客运站经营申请予以受理的,应当自受理之日起15个工作日内作出许可或者不予许可的决定。

1.符合法定条件的,道路运输管理机构应当作出准予许可决定,出具《道路旅客运输站经营行政许可决定书》,明确许可事项。

许可事项为经营者名称、站场名称、站场地址、站场级别和经营范围。

2. 不符合法定条件的,道路运输管理机构应当作出不予许可决定,向申请人出具《不予交通行政许可决定书》,并说明理由。

3. 因需要延长许可申请处理时间的,须经道路运输管理机构负责人批准,向申请人出具《延长交通行政许可期限通知书》,并说明理由,但延长时间不得超过10个工作日。

(五)许可结果公告

许可决定书下达后,道路运输管理机构应当将许可结果通过其网站等途径予以公告,接受社会监督,方便公众查阅。

(六)道路客运站经营许可证件发放

道路运输管理机构作出许可决定后,应当在10个工作日内向被许可人颁发《道路运输经营许可证》,并在《道路运输经营许可证》上注明经营范围和站场名称。

客运站是道路运输企业分支机构的,道路运输管理机构在《道路运输经营许可证》副本"分支机构"栏中予以注明,同时向客运站分支机构核发《道路运输经营许可证》副本。

四、经营许可变更与终止许可办理程序

(一)客运站经营者拟变更经营主体、站场地址和经营范围等许可事项的,应当按照许可程序重新申请。

(二)客运站经营者拟变更站场名称等事项的,实行备案制度,并在15个工作日内予以换发《道路运输经营许可证》。

(三)客运站经营者在取得《道路运输经营许可证》后,无正当理由超过180日不投入运营或者运营后连续180日以上停运的,视为自动终止经营,县级以上道路运输管理机构应当下达终止运营通知书并收回其《道路运输经营许可证》。

(四)客运站经营者申请终止经营的,应当自终止经营之日起提前30日向原许可的县级道路运输管理机构提交《道路客运站经营终止申请表》。原许可的县级道路运输管理机构同意终止经营的,按照以下程序办理:

1. 及时作出终止决定,并在《道路客运站经营终止申请表》上签注"终止"意见;

2. 在终止经营后10日内收回《道路运输经营许可证》;

3. 向社会公告,以便公众了解情况。

(五)客运站终止经营后可能对公众造成重大影响的,道路运输管理机构应当采取措施对进站车辆进行分流,并向社会公告。

第三节 道路客运站管理

一、道路客运站监督管理

道路运输管理机构应当加大对客运站经营活动的监督检查,督促客运经营者遵守以下规定:

(一)按照道路运输管理机构决定的许可事项从事客运站经营活动。

(二)不得随意改变客运站用途和服务功能。

(三)和进站发车的道路客运经营者依法自愿签订服务合同,并按合同的规定履行各自的权利和义务。

(四)按照公平、公正原则,合理安排发车时间,公平对待进站客运车辆。

(五)落实出站客车安全检查、危险品检查、出站查验等制度。

(六)制定有关自然灾害、客运量突增、公共卫生以及其他突发事件的应急预案。

(七)公布进站客车的班车类别、客车类型等级、运输线路、起讫停靠站点、班次、发车时间、票价等信息,疏导旅客,维持秩序。

(八)在经营场所公示收费项目和标准。

（九）建立和完善各类台账和档案，并按要求及时报送有关信息。

（十）道路客运站经营者和道路客运经营者在发车时间等方面发生纠纷时，道路运输管理机构应当进行裁定。

二、道路客运站档案管理

县级道路运输管理机构应当建立道路客运站经营业户档案，具体应当包括道路客运站许可档案、质量信誉考核档案、日常监督检查档案。

道路客运站许可档案，具体应包括以下内容：

（一）《道路旅客运输站经营申请表》；

（二）投资人、负责人身份证明，经办人的身份证明和委托书；

（三）经营客运站的土地、房屋的合法证明复印件；

（四）道路客运站竣工验收证明复印件；

（五）道路客运站站级验收证明复印件；

（六）与业务相适应的专业人员和管理人员的身份证明、专业证书复印件；

（七）业务操作规程和安全生产制度文本；

（八）需补全或更正申请材料的，存档《交通行政许可申请补正通知书》；

（九）《交通行政许可受理通知书》；

（十）道路运输管理机构审核意见；

（十一）《道路旅客运输站经营行政许可决定书》；

（十二）道路运输行政许可文书（证件）送达回证；

（十三）《道路运输经营许可证》（正、副本）复印件；

（十四）变更记录资料；

（十五）其他需存档的材料。

道路客运站质量信誉考核档案，应包括以下内容：

(一)道路客运站质量信誉档案;
(二)《道路客运站质量信誉考核评分表》;
(三)其他需存档的材料。

道路客运站日常监督检查档案,应包括以下内容:

(一)日常监督检查表;
(二)其他需存档的材料。

第八章 机动车维修管理工作规范

第一节 机动车维修经营许可

一、机动车维修经营许可事项及实施主体

（一）县级道路运输管理机构负责实施机动车维修经营许可。未设县级道路运输管理机构的，由上一级的道路运输管理机构负责实施本辖区内机动车维修经营的行政许可。交通运输部负责外商投资机动车维修经营业务的立项审批。

（二）机动车维修经营依据维修车型种类、服务能力和经营项目实行分类许可。

二、机动车维修经营业务分类

（一）机动车维修经营业务根据维修对象分为汽车维修经营业务、危险货物运输车辆维修经营业务、摩托车维修经营业务和其他机动车维修经营业务四类。

（二）汽车维修经营业务、其他机动车维修经营业务根据经营项目和服务能力分为一类维修经营业务、二类维修经营业务和三类维修经营业务。

（三）摩托车维修经营业务根据经营项目和服务能力分为一类维修经营业务和二类维修经营业务。

三、机动车维修经营范围的核定

（一）汽车维修和其他机动车维修的经营范围

获得一类汽车维修经营业务、一类其他机动车维修经营业务许可的，可以从事相应车型的整车修理、总成修理、整车维护、小修、维修救援、专项修理和维修竣工检验工作;获得二类汽车维修经营业务、二类其他机动车维修经营业务许可的,可以从事相应车型的整车修理、总成修理、整车维护、小修、维修救援和专项修理工作;获得三类汽车维修经营业务、三类其他机动车维修经营业务许可的,可以分别从事发动机、车身、电气系统、自动变速器维修及车身清洁维护、涂漆、轮胎动平衡和修补、四轮定位检测调整、供油系统维护和油品更换、喷油泵和喷油器维修、曲轴修磨、汽缸镗磨、散热器(水箱)、空调维修、车辆装潢美容(篷布、坐垫及内装饰)、车辆玻璃安装等专项工作。

(二)摩托车维修的经营范围

获得一类摩托车维修经营业务许可的,可以从事摩托车整车修理、总成修理、整车维护、小修、专项修理和竣工检验工作;获得二类摩托车维修经营业务许可的,可以从事摩托车维护、小修和专项修理工作。

(三)危险货物运输车辆维修的经营范围

获得危险货物运输车辆维修经营业务许可的,除可以从事危险货物运输车辆维修经营业务外,还可以从事一类汽车维修经营业务。

四、机动车维修许可条件

道路运输管理机构受理机动车维修经营许可申请,应当审查申请人的相关条件。

(一)汽车和其他机动车维修经营的许可条件

申请从事汽车维修经营业务或者其他机动车维修经营业务的,县级道路运输管理机构应当审查申请人是否符合下列条件:

1.有与其经营业务相适应的维修车辆停车场和生产厂房。租用的场地应当有书面的租赁合同,且租赁期限不得少于1年。停车场和生产厂房面积按照申请许可时执行的国家标准《汽车维修业开业条件》(GB/T 16739)相关条款的规定执行。

2.有与其经营业务相适应的设备、设施。所配备的计量设备应当符合国家有关技术标准要求,并经法定检定机构检定合格。从事汽车维修经营业务的设备、设施的具体要求按照申请许可时执行的国家标准《汽车维修业开业条件》(GB/T 16739)相关条款的规定执行;从事其他机动车维修经营业务的设备、设施的具体要求,参照申请许可时执行的国家标准《汽车维修业开业条件》(GB/T 16739)执行,但所配备设施、设备应与其维修车型相适应。

3.有必要的技术人员。

(1)从事一类和二类维修业务的,应当至少配备技术负责人员、质量检验人员各1名;至少配备从事机修、电器、钣金、涂漆专业的维修技术人员各1名,且应符合以下要求:

①技术负责人员应当熟悉汽车或者其他机动车维修业务,并掌握汽车或者其他机动车维修及相关政策法规和技术规范;

②质量检验人员应当熟悉各类汽车或者其他机动车维修检测作业规范,掌握汽车或者其他机动车维修故障诊断和质量检验的相关技术,熟悉汽车或者其他机动车维修服务收费标准及相关政策法规和技术规范;

③从事机修、电器、钣金、涂漆的维修技术人员应当熟悉所从事工种的维修技术和操作规范,并了解汽车或者其他机动车维修及相关政策法规;

④技术负责人员和质量检验人员总数的60%应当经全国统一考试合格;

⑤机修、电器、钣金、涂漆维修技术人员总数的40%应当经全国统一考试合格。

(2)从事三类维修业务的,一般按照其经营项目分别配备相应的机修、电器、钣金、涂漆的维修技术人员,且各类维修技术人员总数的40%应当经全国统一考试合格。

(3)三类维修业务中从事发动机维修、车身维修、电气系统维修、自动变速器维修项目的,除应当配备与经营项目相关的机修、电器、钣金、涂漆的维修技术人员外,还应当配备技术负责人员、质量检验人员,且技术负责人员、质量检验人员及各类维修技术人员总数的40%应当经全国统一考试合格。

4.有健全的维修管理制度。维修管理制度包括质量管理制度、安全生产管理制度、车辆维修档案管理制度、人员培训制度、设备管理制度及配件管理制度。具体要求按照申请许可时执行的国家标准《汽车维修业开业条件》(GB/T 16739)相关条款的规定执行。

5.有必要的环境保护措施。具体要求按照申请许可时执行的国家标准《汽车维修业开业条件》(GB/T 16739)相关条款的规定执行。

(二)危险货物运输车辆维修的许可条件

申请从事危险货物运输车辆维修业务的,除应具备汽车维修经营一类维修经营业务的开业条件外,道路运输管理机构还应当审查申请人是否符合下列条件:

1.有与其作业内容相适应的专用维修车间和设备、设施,并设置明显的指示性标志;

2.有完善的突发事件应急预案,应急预案包括报告程序、应急指挥以及处置措施等内容;

3.有相应的安全管理人员;

4.有齐全的安全操作规程。

(三)摩托车维修经营的许可条件

申请从事摩托车维修经营的,道路运输管理机构应当审查申请人是否符合下列条件:

1.有与其经营业务相适应的摩托车维修停车场和生产厂房;租用的场地应有书面的租赁合同,且租赁期限不得少于1年;停车场和生产厂房的面积按照申请许可时执行的国家标准《摩托车维修业开业条件》(GB/T 18189)相关条款的规定执行。

2.有与其经营业务相适应的设备、设施。所配备的计量设备应符合国家有关技术标准要求,并经法定检定机构检定合格,具体要求按照申请许可时执行的国家标准《摩托车维修业开业条件》(GB/T 18189)相关条款的规定执行。

3.有必要的技术人员。

(1)从事一类维修业务的应当至少有1名熟悉各类摩托车维修检测作业规范、掌握摩托车维修故障诊断和质量检验的相关技术、熟悉摩托车维修服务收费标准及相关政策法规和技术规范质量检验人员,且质量检验人员总数的60%应当经全国统一考试合格。

(2)各类摩托车维修业务均应按其经营业务分别配备相应的熟悉所从事工种的维修技术和操作规范、了解摩托车维修及相关政策法规的机修、电器、钣金、涂漆的维修技术人员。各类维修技术人员总数的30%应当经全国统一考试合格。

4.有健全的维修管理制度。维修管理制度包括质量管理制度、安全生产管理制度、摩托车维修档案管理制度、人员培训制度、设备管理制度及配件管理制度。具体要求按照申请许可时执行的国家标准《摩托车维修业开业条件》(GB/T 18189)相关条款的规定执行。

5.有必要的环境保护措施。具体要求按照申请许可时执行的国家标准《摩托车维修业开业条件》(GB/T 18189)相关条款的规定执行。

(四)《汽车维修业开业条件》(GB/T 16739)的适用范围

道路运输管理机构在对机动车维修申请人实施行政许可时,应按照申请许可时执行的国家标准《汽车维修业开业条件》(GB/T 16739)相关条款规定执行。各省(自治区、直辖市)如制定有地方性机动车维修业开业条件标准相关要求高于国家标准的,可以按照其地方机动车维修业开业条件标准执行。

五、机动车维修经营许可办理程序

（一）要求提交的申请材料

申请从事汽车、其他机动车、危险货物运输车辆、摩托车维修经营的，县级道路运输管理机构应当要求申请人提交下列材料：

1.《交通行政许可申请书》；

2. 经营场地、停车场面积材料、土地使用权及产权证明复印件；

3. 技术人员汇总表及相应从业资格证明；

4. 维修检测设备及计量设备检定合格证明复印件；

5. 汽车维修业务，按申报类别（一、二、三类）提供有关证明文件及材料；其他机动车维修业务，按申报类别（一、二、三类）提供有关证明文件及材料；危险货物运输车辆维修业务，提供有关证明文件及材料；从事摩托车维修经营业务，按申报类别（一、二类）提供有关证明文件及材料；

6. 维修管理制度（副本）；

7. 环境保护措施；

8. 企业法人代表、许可申请经办人身份证明复印件和委托书。

（二）申请材料形式审查及处置

道路运输管理机构应当对申请材料的完整性进行审查：

1. 申请材料不齐全或者不符合法定形式的，应当要求申请人当场补全或者更正，当场不能补全或者更正的，应当场或在5个工作日内出具注明日期且加盖道路运输管理机构专用印章的《交通行政许可申请补正通知书》，一次性告知需补正的全部内容。

2. 申请材料齐全有效的，应出具《交通行政许可申请许可受理通知书》。

3. 申请事项依法不需要取得行政许可或申请事项依法不属于本级道路运输管理机构职权范围的，应出具《交通行政许可不予受理通知书》。

（三）受理公示

道路运输管理机构对材料齐全且符合法定形式的机动车维修经营申请,在本机构网站或办公场所进行公示,公示期限为5日。

（四）实质性审查

受理机动车维修经营申请后,道路运输管理机构应当对申请材料中关于机动车维修经营场地、设施设备等实质内容进行核实,并对照各项业务的许可条件进行审查。设区的市级道路运输管理机构应加强对县级道路运输管理机构开展相关实质性审查的监督。

（五）许可决定

道路运输管理机构应当自受理申请之日起15个工作日内作出许可或不予许可的决定：

1. 符合法定条件的,道路运输管理机构作出准予行政许可的决定,向申请人出具《交通行政许可决定书》；

2. 不符合法定条件的,道路运输管理机构作出不予许可的决定,向申请人出具《不予交通行政许可决定书》,说明理由,并告知申请人享有依法申请行政复议或者提起行政诉讼的权利；

3. 因需要延长许可办理时间的,须经道路运输管理机构负责人批准,向申请人出具《延长交通行政许可期限通知书》,并说明理由,但延长时间不得超过10个工作日。

（六）许可结果公告

许可决定书下达后,道路运输管理机构应当将许可结果在其网站或办公场所予以公布,接受社会监督,方便公众查阅。

（七）机动车维修许可证件发放

道路运输管理机构作出准予行政许可决定后,应当在10个工作日内向被许可人颁发机动车维修经营许可证件,明确许可事项。

机动车维修经营者应当持机动车维修经营许可证件依法向工商行政管理机关办理有关登记手续。

六、机动车维修连锁经营许可办理程序

机动车维修连锁经营,是指提供同类维修技术服务,有统一采购、配送,统一品牌、标识,统一作业标准、服务规范,实行连锁经营总部统一管理的经营模式。机动车连锁经营总部,是指拥有连锁经营品牌的经营性组织。

(一)要求提交的申请材料

申请机动车维修连锁经营服务网点的,可由机动车维修连锁经营企业总部向连锁经营服务网点所在地县级道路运输管理机构提出申请。道路运输管理机构应当要求申请人提交下列材料:

1.《交通行政许可申请书》;

2.机动车维修连锁经营企业总部机动车维修经营许可证件复印件;

3.连锁经营协议书副本;

4.连锁经营的作业标准和管理手册;

5.连锁经营服务网点符合机动车维修经营相应开业条件的承诺书。

(二)申请材料形式审查及处置

道路运输管理机构受理申请后,应当查验申请资料是否符合要求。

(三)许可决定和证件发放

道路运输管理机构在查验机动车维修连锁经营服务申请资料齐全有效后,应当场或在5个工作日内予以许可,并发给相应许可证件。连锁经营服务网点的经营许可项目应当在机动车维修连锁经营企业总部许可项目的范围内。

七、机动车维修经营许可变更和终止经营

(一)机动车维修经营者设立分支机构,合并、分立或者变更维修经营范围或者经营作业场所迁址的,按规定的许可条件和程序办理。

经营作业场所迁出原许可行政区域的,还应当向原许可道路运输管理机构办理有关注销手续。

(二)机动车维修经营者变更业户名称、法定代表人、地址、设备挪移、设施条件变化等事项,但不影响原许可经营类别和经营范围、安全生产、环境保护的,应当向原作出许可决定的道路运输管理机构备案,同时到工商等部门办理相关手续。

(三)机动车维修经营者拟终止经营的,应当在终止经营之日起提前30日告知作出许可决定的道路运输管理机构,办理有关注销手续。原许可道路运输管理机构应将注销情况书面告知原登记工商行政管理机关。

八、建档

道路运输管理机构对机动车维修经营申请作出行政许可后,应当将有关材料存入业户档案中,条件具备的,可同时存电子档案。具体应包括以下内容:

(一)《交通行政许可申请书》;

(二)经营场地、停车场面积材料、土地使用权及产权证明或合法的书面租赁合同书复印件;

(三)厂区平面图;

(四)机动车维修从业、技术人员花名册;

(五)机动车维修技术人员证书复印件;

(六)机具设备明细表;

(七)主要设施、设备照片及合格证、计量设备检定合格证书复印件;

(八)机动车维修管理制度;

(九)需补全或更正申请材料的,存档《交通行政许可申请补正通知书》;

(十)《交通行政许可受理通知书》;

(十一)道路运输管理机构审核意见;

(十二)《交通行政许可决定书》;

(十三)道路运输行政许可文书(证件)送达回证;

(十四)机动车维修许可证件复印件;

(十五)其他存档材料。

第二节 机动车维修管理

一、机动车维修市场管理

道路运输管理机构应当加强对机动车维修市场的监管,规范机动车维修经营行为。

(一)查处违反机动车维修经营许可的行为。

(二)查处违反机动车维修经营规范的行为。

(三)查处违反机动车维修从业人员管理规定的行为等。

二、机动车维修经营管理

(一)督促机动车维修经营者在经营作业场所的醒目位置悬挂《机动车维修标志牌》。《机动车维修标志牌》由机动车维修经营者按照统一式样自行制作。

(二)督促机动车维修经营者在业务接待室等场所醒目位置公示以下信息:

1.《道路运输经营许可证》、《工商营业执照》、《税务登记证》等。

2.业务受理程序。

3.服务质量承诺。

4.客户抱怨受理程序和受理电话(邮箱)。

5.属地道路运输管理机构监督投诉电话。

6.经过备案的主要维修项目收费价格、维修工时定额、工时单价和常用配件现行价格。

7.维修质量保证期。

8.企业法人、企业负责人、技术负责人及业务接待员、质量检验员、维修技术人员(机修、电器、钣金、涂漆)、价格结算员的照片、工号以及从业资格信息等。

9.提供汽车维修救援服务的,应公示服务时间、电话、收费标准等。

(三)督促机动车维修经营者按照国家的有关规定处理机动车维修产生的废弃物。

(四)监督机动车维修经营者公布机动车维修工时定额和工时单价收费标准,合理收取费用。机动车维修工时定额可按3种标准执行:一是按照各省机动车维修协会等行业中介组织统一制定的标准执行;二是按照机动车维修经营者报所在地道路运输管理机构备案后的标准执行;三是按照机动车生产厂家公布的标准执行。3种标准不一致时,优先适用机动车维修经营者备案的标准。机动车维修经营者应当将其执行的机动车维修工时单价标准报所在地道路运输管理机构备案,并在经营场所明显位置进行公示。

(五)督促机动车维修经营者根据车辆进厂检验结果和客户需求,按自愿、合法、适用的原则,与客户协商签订机动车维修合同,使用维修记录和规定的结算票据,车辆竣工出厂时,向托修方交付竣工出厂合格证、全国统一格式的维修结算清单。

(六)引导和监督机动车维修经营者应用信息化技术经营管理企业。

(七)道路运输管理机构应当督促机动车维修经营者按照规定定期报送统计资料。

(八)督促机动车维修经营者明示原厂配件、副厂配件和修复件并明码标价,提供配件产地、生产厂家名称、质量保证期、联系电话等相关信息资料,供客户查询。鼓励使用触摸屏等自助电子信息查询设备。

（九）督促机动车维修经营者建立和公示维修服务流程,并按行业标准《机动车维修服务规范》(JT/T 816)做好客户维修接待、进厂检验、合同签订、结算交车、返修与抱怨处理以及跟踪服务等各环节的服务工作。

（十）督促机动车维修经营者按照行业标准《机动车维修服务规范》(JT/T 816)做好人员管理、设备设施管理、配件管理、安全管理、环保管理、现场管理、资料档案管理、服务质量控制等服务和质量管理工作。

三、机动车维修企业质量信誉考核

(一)质量信誉考核时间

道路运输管理机构应当对机动车维修企业进行质量信誉考核,质量信誉考核实行"常态化"管理。考核周期为1年,自企业许可之日或上年度申请考核日期至次年同一日期。

(二)质量信誉考核工作的实施

机动车维修企业质量信誉考核工作由省级道路运输管理机构组织,市级和县级道路运输管理机构根据管理职责、权限具体实施。

机动车维修企业下设的分公司与总公司一起进行质量信誉考核;子公司的质量信誉等级由其经营注册所在地道路运输管理机构单独考核。

(三)质量信誉考核程序

1.质量信誉考核资料的申报

机动车维修企业应在考核周期前,根据本企业的质量信誉档案对上年度的质量信誉情况进行总结,向准予许可的道路运输管理机构申请考核,并提交质量信誉考核申请表、本企业上年度的质量信誉情况总结及与质量信誉考核指标相对应的相关材料。

在异地设有分公司的机动车维修企业,按上述要求提供材料时,应当提供分公司的质量信誉情况。分公司所在地县级或设区的市级道路运输管理机构应当对分公司的质量信誉情况进行核实,出具书面证明,抄送总部经营注册所在地道路运输管理机构,并对结果负责。

连锁经营机动车维修企业可直接由总部向准予许可的道路运输管理机构提出申请,按上述要求提供材料时,应当提供连锁经营网点的质量信誉情况。连锁经营网点的质量信誉情况由连锁经营总部进行核实,出具书面保证,并承担由此引发的法律责任。道路运输管理机构对连锁网点的相关情况不再进行实质考核。

2. 质量信誉考核初评

(1)机动车维修企业所在地的县级道路运输管理机构应当根据本机构的机动车维修企业质量信誉管理档案,对机动车维修企业报送的质量信誉材料进行核实。发现不一致的,应当要求机动车维修企业进行说明或者组织调查。

(2)核实结束后,应当根据各项考核指标的初步结果进行评分,对机动车维修企业质量信誉等级进行初评,并将各项考核指标数据和所得分数、初评结果上报设区的市级道路运输管理机构。

(3)机动车维修企业所在地未设区市的,由所在地设区的市级道路运输管理机构负责对机动车维修企业质量信誉情况进行核实,并对企业质量信誉等级进行初评。

(4)市级道路运输管理机构应当将机动车维修企业的考核数据、所得分数和初步考核结果书面通知被考核机动车维修企业。

3. 公示及评定

(1)设区的市级道路运输管理机构将辖区机动车维修企业的各项考核指标数据、所得分数和初步考核结果,在当地主要新闻媒体、本机构网站或本级交通运输主管部门网站上进行为期15日的公示。

(2)被考核企业或其他单位、个人对公示结果有异议的,可在公示期间向设区的市级道路运输管理机构书面申诉或举报。举报人应如实签署姓名或单位名称,并附联系方式,否则不予受理。道路运输管理机构应当为举报人保密,不得向其他单位或个人泄漏举报人的姓名及有关情况。

(3)公示结束后,设区的市级道路运输管理机构应当对企业的申诉和社会反映的情况进行调查核实,根据调查核实结果对企业的质量信誉等级进行评定,并将考核结果上报省级道路运输管理机构。

4.公告

省级和市级道路运输管理机构应于公示期满后在当地主要新闻媒体、本机构网站或本级交通运输主管部门网站上公布考核周期期满的机动车维修企业质量信誉考核结果,并在网站上建立专项查询系统,方便社会各界查询机动车维修企业历年的质量信誉等级。

AAA级机动车维修企业可由省级道路运输管理机构向社会发布,AA级及以下的机动车维修企业可由设区的市级道路运输管理机构向社会发布。具体发布权限由省级道路运输管理机构确定。

(四)《机动车维修服务规范》达标核查

机动车维修服务规范达标创建工作是年度质量信誉考核的基础性工作。道路运输管理机构要在维修企业经营服务质量达标的基础上,根据其经营服务水平评定维修企业质量信誉等级。机动车维修服务规范达标核查与年度质量信誉考核同步进行,由县级以上道路运输管理机构实施。

(五)质量信誉考核档案

机动车维修企业所在地县级或者设区的市级道路运输管理机构应当建立机动车维修企业质量信誉档案,并将相关信息存入机动车维修企业管理信息系统。其主要内容包括以下几个方面:

1.企业基本情况和生产条件情况;

2.安全生产事故记录;

3. 服务质量事件记录；

4. 违章经营情况；

5. 被投诉情况；

6. 企业管理情况；

7. 机动车维修企业各年度质量信誉考核表及考核结果。

第三节 机动车维修质量管理

一、机动车维修质量监督管理

道路运输管理机构应当督促机动车维修经营者加强和规范质量管理工作，不断提高维修服务水平。

（一）督促机动车维修经营者严格按照国家、行业或者地方标准和规范维修机动车。尚无标准或规范的，可参照机动车生产企业提供的机动车维修手册、使用说明书和有关技术资料维修机动车。

（二）监督机动车维修经营者使用正规的配件维修机动车，查处机动车维修经营者使用假冒伪劣配件维修机动车的行为。

1. 机动车维修经营者建立配件采购登记制度，记录配件购买日期、供应商名称、地址、产品名称及规格型号等，并要求机动车维修经营者查验产品合格证等相关证明；

2. 机动车维修经营者将换下的配件、总成交托修方自行处理；

3. 机动车维修经营者将原厂配件、副厂配件和修复配件分别标识，明码标价，供用户选择。

（三）督促机动车维修经营者在进行机动车二级维护、总成修理、整车修理作业时，严格实行维修前诊断检验、维修过程检验和竣工质量检验制度，并严格执行《机动车维修服务规范》。

（四）督促承担机动车维修竣工质量检验的机动车维修企业或机动车综合性能检测机构使用符合有关标准并在检定有效期内的设备，按照有关标准进行检测，如实提供检测结果证明，并对检测结果承担法律责任。

（五）加强对机动车维修经营的质量监督和管理工作,可委托具有法定资格的机动车维修质量监督检验中心对机动车维修质量进行监督检验。

（六）加强对机动车维修专业技术人员的管理,严格执行专业技术人员考试和管理制度。

二、《机动车维修竣工出厂合格证》发放和管理

（一）机动车维修实行机动车维修出厂合格证制度。

（二）《机动车维修竣工出厂合格证》是机动车维修合格的凭证,由省级道路运输管理机构统一印制和编号。

（三）县级以上道路运输管理机构负责《机动车维修竣工出厂合格证》的发放和管理。应建立《机动车维修竣工出厂合格证》领用台账,台账内容包括《机动车维修竣工出厂合格证》领取的数量和编号以及发放到维修企业《机动车维修竣工出厂合格证》的数量和编号。鼓励在《机动车维修竣工出厂合格证》的发放和管理工作中使用计算机管理等信息化技术,实现《机动车维修竣工出厂合格证》的使用记录查询。

（四）机动车维修竣工质量检验合格的,维修质量检验人员应当签发《机动车维修竣工出厂合格证》。未签发《机动车维修竣工出厂合格证》的机动车,不得交付使用,车主可以拒绝付费或接车。

（五）道路运输管理机构应当查处机动车维修经营者伪造、倒卖、转借、签发虚假《机动车维修竣工出厂合格证》以及不签发《机动车维修竣工出厂合格证》的行为。

三、机动车维修竣工出厂质量保证期制度

（一）道路运输管理机构应当督促机动车维修经营者严格落实竣工出厂质量保证期制度,自觉公示承诺的机动车维修质量保证期,按规定履行质量保证期有关责任,其承诺的质量保证期不得低于以下标准:

1.汽车和危险货物运输车辆的整车修理或总成修理质量保证期为车辆行驶20000公里或者100日;二级维护质量保证期为车辆行驶5000公里或者30日;一级维护、小修及专项修理质量保证期为车辆行驶2000公里或者10日。

2.摩托车的整车修理或者总成修理质量保证期为摩托车行驶7000公里或者80日;维护、小修及专项修理质量保证期为摩托车行驶800公里或者10日。

3.其他机动车的整车修理或者总成修理质量保证期为机动车行驶6000公里或者60日;维护、小修及专项修理质量保证期为机动车行驶700公里或者7日。

(二)质量保证期中行驶里程和日期指标,以先达到者为准。

(三)机动车维修质量保证期,从维修竣工出厂之日起计算。

(四)在质量保证期和承诺的质量保证期内,因维修质量原因造成机动车无法正常使用,且承修方在3日内不能或者无法提供因非维修原因而造成机动车无法使用的相关证据的,机动车维修经营者应当及时无偿返修,不得故意拖延或者无理由拒绝。

(五)在质量保证期内,机动车因同一故障或维修项目经两次修理仍不能正常使用的,机动车维修经营者应当负责联系其他机动车维修经营者,并承担相应修理费用。

四、机动车维修质量纠纷受理和调解

(一)县级道路运输管理机构应当建立机动车维修质量投诉处理机制,公开投诉电话、通信地址,确保投诉渠道畅通,并为投诉者保密。

(二)道路运输管理机构受理投诉时,应当登记投诉人姓名、单位、联系方式、投诉内容、理由和有关材料以及被投诉人姓名或者单位、地址。

(三)道路运输管理机构受理投诉后,应当自受理投诉之日起15个工作日内处理完毕,并将投诉处理结果及时告知投诉人。对情况复杂的质量投诉,经县级以上道路运输管理机构负责人批准,可以自受理之日起60个工作日内处理完毕,最终处理结果应分别告知投诉人和被投诉人。

(四)对新闻媒体已经曝光的机动车维修投诉事项,且已造成社会影响的,发生地的县级道路运输管理机构应当及时、主动介入机动车维修投诉事项的处理。

(五)对机动车维修质量纠纷,道路运输管理机构应积极按照维修合同的约定和相关规定进行调解。

(六)承修方和托修方请求道路运输管理机构对维修质量纠纷进行调解,且需要进行技术分析和鉴定,认定机动车维修质量责任的,道路运输管理机构应当组织专家组或委托具有法定检测资格的检测机构作出技术分析和鉴定,鉴定费用由责任方承担。

五、机动车维修档案

(一)道路运输管理机构应当督促机动车维修经营者对所承接的机动车二级维护、总成修理、整车修理业务的机动车建立维修档案。

(二)机动车维修档案主要内容包括维修合同、维修项目、具体维修人员及质量检验人员、检验单、竣工出厂合格证(副本)及结算清单等。

(三)机动车维修档案保存期为2年。

第九章　道路运输车辆技术管理

第一节　车辆技术要求

道路运输经营者从事道路运输经营活动应当使用符合下列要求的车辆：

一、基本要求

（一）经公安交通管理部门登记注册，并取得车辆牌照和行驶证；

（二）车辆外廓尺寸、轴荷及质量符合国家标准《道路车辆外廓尺寸、轴荷和质量限值》（GB 1589）的要求；

（三）技术性能符合国家标准《营运车辆综合性能要求和检验方法》（GB 18565）的要求；

（四）以汽油或者柴油为单一燃料、总质量超过 3500 千克的客车和货车，其车型应列入交通运输部公布的道路运输车辆燃料消耗量达标车型公告。

二、技术等级要求

（一）技术等级应当达到行业标准《营运车辆技术等级划分和评定要求》（JT/T 198）规定的三级技术等级以上。

（二）从事高速公路客运或者营运线路长度在 800 公里以上的客车、危险货物运输车辆、国际道路运输车辆技术等级应当达到行业标准《营运车辆技术等级划分和评定要求》（JT/T 198）规定的一级技术等级。

三、客车类型等级要求

从事高速公路客运、旅游包车客运、国际道路旅客运输和营运线路长度在800公里以上的客运车辆,其车辆类型等级应当达到行业标准《营运客车类型划分及等级评定》(JT/T 325)规定的中级以上。

四、卫星定位装置要求

从事旅游包车、三类以上班线旅客运输车辆、危险货物运输车辆、重型载货汽车和半挂牵引车,必须安装符合行业标准《道路运输车辆卫星定位系统车载终端技术要求》(JT/T 794)标准的卫星定位装置,接入符合标准要求的卫星定位监控系统平台。重型载货汽车和半挂牵引车的卫星定位装置应接入全国道路货运车辆公共监管和服务平台(www.gghypt.net)。

五、禁止从事道路运输经营活动的车辆

禁止使用报废的、擅自改装的、拼装的、检测不合格的车辆以及其他不符合国家规定的车辆从事道路运输经营活动。

第二节 车辆技术状况审查

一、审查内容

(一)新车入户

1. 车辆技术等级评定;
2. 燃料消耗量限值核查;
3. 客运车辆类型等级核验。

(二)在用车年度审验及过户

1. 车辆技术等级评定;
2. 客运车辆类型等级复核;
3. 车辆二级维护执行情况核查;
4. 车载终端安装情况及接入平台情况核查。

二、审查要求

(一)车辆燃料消耗量限值核查

1. 适用范围

拟进入道路运输市场从事道路旅客运输、货物运输经营活动,以汽油或者柴油为单一燃料的国产和进口车辆,总质量超过3500千克的道路旅客运输车辆和货物运输车辆的燃料消耗量实行限值核查监督管理,不符合道路运输车辆燃料消耗量限值标准的车辆,不得从事营运。对上述车辆未列入达标车型表的,或经核查不合格的,不得配发《道路运输证》。城市公共汽车、出租车及总质量不超过3500千克的客运、货运车辆的燃料消耗量限值标准和监督管理的实施步骤另行规定。

2. 职责分工

县级以上道路运输管理机构应当按照规定,负责本辖区内的达标车型车辆参数及配置核查工作。

县级以上道路运输管理机构可以委托符合国家标准《汽车综合性能检测站能力的通用要求》(GB/T 17993)、具备道路运输车辆综合性能检测资格的机动车综合性能检测机构,按照规定要求,实施达标车型车辆参数及配置核查工作。

(1)省级道路运输管理机构:

①负责组织并指导本辖区内达标车型车辆参数及配置核查的管理和宣传工作,督促市、县级道路运输管理机构严格执行本规范和相关规定。

②负责组织市、县级道路运输管理机构和受委托的汽车综合性能检测机构相关核查人员的培训工作。

③每半年向交通运输部上报本辖区达标车型核查工作情况,汇总上报《道路运输车辆燃料消耗量达标车型表》(以下简称《达标车型表》)中经核查不符合达标条件车辆的车辆型号及生产企业。

④负责对在本辖区内承担道路运输车辆燃料消耗量车型产品检测的机构进行监督检查。

(2)市、县级道路运输管理机构：

①负责实施本辖区内达标车型车辆参数及配置的核查工作,开展车辆燃料消耗量检测和监督管理的宣传工作,组织对达标车型车辆参数及配置核查人员(含相关工作人员)的业务培训。

②按规定的车辆参数及配置核查项目和方法对车辆进行核查。建立和落实工作责任制,建立核查车辆管理档案。

③指导、督促受委托的机动车综合性能检测机构制定相关核查工作制度,落实核查工作责任制,建立核查车辆检测档案。

④为社会提供达标车型和核查的相关咨询服务。

⑤定期向上级道路运输管理机构上报本辖区达标车型核查工作情况。

⑥按规定及时将达标车型核查信息录入道路运输信息系统。

3. 核查程序

(1)依据申请人提供的机动车行驶证上记载的车辆型号,检索交通运输部公布的《达标车型表》,对车辆型号不在《达标车型表》的车辆,终止核查。

(2)车辆型号在《达标车型表》的车辆,依据申请人提供的机动车登记证书、整车出厂合格证复印件等技术文件,按照交通运输部《道路运输车辆燃料消耗量达标车型车辆参数及配置核查工作规范》(厅运字〔2010〕33号)规定的项目及方法,对车辆的参数及配置进行实车核查,核查结果符合《达标车型表》相应车型参数和配置要求的车辆,判定合格,否则判定不合格,并告知申请人车辆不合格项目及原因。

4. 相关要求

(1)非营运车辆转为营运车辆的核查,按新车核查规定进行核查。

(2)关于进口车辆、特种车型等车辆的燃料消耗量核查结合交通运输部《关于对进口车辆办理〈道路运输证〉工作有关事项的通知》（交运便字〔2010〕106号）、《关于进一步明确燃料消耗量达标车型核查工作若干问题的通知》（厅函运〔2011〕154号）等有关规定执行。

（3）县级以上道路运输管理机构，对核查工作遇到的问题应及时处理。车辆核查存在的问题按《道路运输车辆燃料消耗量核查存在问题汇总表》的形式，每半年上报一次。

（二）车辆技术等级评定

1. 评定机构

机动车综合性能检测机构对营运车辆开展技术等级评定，确定营运车辆的技术等级。

2. 评定程序

（1）申请。新车技术等级评定时，道路运输经营者凭道路运输管理机构核发的《道路运输经营许可证》或审批、核发《道路运输经营许可证》的相关手续，携带车辆行驶证、机动车登记证书、车辆出厂合格证、车辆使用说明书等相关证件向符合经道路运输管理机构能力评审合格的机动车综合性能检测机构申请等级评定。在用车辆携带《道路运输证》、车辆行驶证、车辆使用说明书等相关材料申请技术等级评定。

（2）评定。机动车综合性能检测机构按照国家标准《营运车辆综合性能要求和检验方法》（GB 18565）和《道路车辆外廓尺寸、轴荷和质量限值》（GB 1589）等对营运车辆进行检测，出具全国统一格式的检测报告，并依据检测结果对照行业标准《营运车辆技术等级划分和评定要求》（JT/T 198）评定车辆技术等级。

3. 评定周期

新车在办理《道路运输证》时必须进行车辆技术等级评定。在用营运车辆技术等级评定结合车辆每年的定期审验一并进行。

（三）营运客车类型划分及等级评定

1. 依据行业标准《营运客车类型划分及等级评定》(JT/T 325)，交通运输部负责国产或进口高级客车的类型划分及等级评定工作，并向社会发布《高级客车类型划分及等级评定表》。省级交通运输主管部门或运管机构负责本行政区域内生产的或进口的中级客车的类型划分及等级评定工作，并发布全国统一格式的《中级客车类型划分及等级评定表》。

2. 县级以上道路运输管理机构对照交通运输部发布的《高级客车类型划分及等级评定表》和省级交通运输主管部门或运管机构发布的《中级客车类型划分及等级评定表》，对新进入道路运输市场的客车进行类型划分和等级评定的核验，并对在用高、中级营运客车类型及等级定期进行年度复核，可以结合车辆技术等级评定一并进行。

3. 县级以上道路运输管理机构对客车类型划分和等级评定开展实车查验工作。具体实车查验工作也可以委托机动车综合性能检测机构进行。根据实测结果填写《营运客车类型划分和等级评定表》，对检测机构实测达到中、高级客车评定表中各项技术参数和服务装备要求的，道路运输管理机构还应根据实测结果进行复核，出具核定的结论并记录在《营运客车类型划分和等级评定表》中，并将营运客车类型等级在《道路运输证》上应予以注明。

4. 营运客车类型划分等级评定复核的结果作为客车《道路运输证》配发和审验的依据之一。

(四)车辆二级维护执行情况核查

道路运输管理机构对车辆技术档案内有关二级维护记录进行检查，核验车辆二级维护竣工出厂合格证。

(五)营运车辆车载终端安装情况及接入平台情况核查

1. 所有"两客一危"车辆(旅游包车、三类以上班线客车和运输危险化学品、烟花爆竹、民用爆炸品的道路专用车辆)及重型载货汽车和半挂牵引车，必须安装符合行业标准《道路运输车辆卫星定位系统车载终端技术要求》(JT/T 794),具有行驶记录功能的卫星定位装置,且"两客一危"车辆必须接入全国重点营运车辆联网联控系统,重型载货汽车和半挂牵引车必须直接接入全国道路货运车辆公共监管与服务平台(www.gghypt.net)。

2.办理道路运输证时,道路运输管理机构要检查"两客一危"车辆、重型载货汽车、半挂牵引车是否安装使用具有行驶记录功能的卫星定位装置及接入系统平台的情况。"两客一危"车辆及重型载货汽车和半挂牵引车未按规定安装卫星定位装置,或"两客一危"车辆未接入联网联控系统、重型载货汽车和半挂牵引车未接入货运公共平台,道路运输管理机构不予核发或审验道路运输证。

三、审查结果应用

(一)各级道路运输管理机构应将车辆技术状况审查结果作为《道路运输证》配发和车辆年度审验的条件之一。

(二)车辆技术状况审查结果凡是达不到本章第一节车辆技术要求的,均应当终止车辆从事原许可的道路运输经营。车辆技术状况达到车辆报废规定的,应当按照有关规定报废。严禁使用技术状况不符合要求和报废的车辆从事道路运输经营。

(三)挂车由公安部门车辆管理机构按照《中华人民共和国道路交通安全法》及其实施条例进行定期安全技术检验,确保符合国家规定的安全运行条件及相关技术标准。道路运输管理机构不要求对挂车进行强制二级维护和技术状况审查。挂车办理道路运输证件和车辆年度审验时,查验车辆有效行驶证件并复印留存。

第三节 机动车综合性能检测机构能力评审

一、适用范围

向社会提供营运客货汽车和危险货物运输车辆综合性能检测以

及其他民用汽车整车修理和二级维护竣工质量检测服务的机动车综合性能检测机构(不含汽车维修企业内部的检测站)。

二、评审程序

(一)机动车综合性能检测机构向市级以上道路运输管理机构申请并提交以下材料:

1. 申请表;

2. 计量认证书;

3. 人员资质证明及其复印件;

4. 场地及厂房平面图及其复印件。

(二)市级以上道路运输管理机构收到申请后,应当在20个工作日书面征求申请人所在地道路运输管理机构的意见、完成申请材料的形式要件审核、组成专家组依据国家标准《汽车综合性能检测站能力的通用要求》(GB/T 17993)进行现场检测操作考核,并提出考核意见。

(三)对审核情况和考核意见符合国家标准《汽车综合性能检测站能力的通用要求》(GB/T 17993)的机动车综合性能检测机构,由市级以上道路运输管理机构向社会公布。

(四)机动车综合性能检测机构能力评审有效期与质检部门的机构计量认证有效期相一致,为3年。

机动车综合性能检测机构能力评审有效期满,需继续向社会提供汽车综合性能检测服务的,或综检站迁址、改建或增加检测线的,应进行复核。

三、能力评审结果应用

(一)经公布的机动车综合性能检测机构可以接受道路运输机构委托向社会提供营运客货汽车和危险货物运输车辆综合性能检测以及其他民用汽车整车修理和二级维护竣工质量检测服务,道路运输管理机构采信其出具的汽车综合性能检测结论。

（二）经公布的机动车综合性能检测机构应当按照国家标准《营运车辆综合性能要求和检验方法》（GB 18565）和《道路车辆外廓尺寸、轴荷和质量限值》（GB 1589）的规定，进行营运客货汽车和危险货物运输车辆综合性能检测，按照国家标准《汽车维护、检测、诊断技术规范》（GB/T 18344）等的规定，进行汽车整车修理和二级维护竣工质量检测。

第四节　运输企业车辆技术监管

道路运输管理机构应当加强对运输企业车辆技术监管，督促运输企业履行车辆技术管理职责，确保车辆在使用全过程中的技术状况良好。

一、车辆维护和检测

（一）道路运输企业应根据车辆数量设置车辆技术管理机构或配备必要的专业车辆技术管理人员对所属车辆实施技术管理工作。

（二）道路运输企业应建立和落实车辆维护制度，制定车辆维护计划，做好日常维护。道路运输经营者应将需二级维护的车辆送相应资质的二类以上维修企业实施维护。

（三）机动车维修经营者应严格按照《汽车维护、检测、诊断技术规范》（GB 18344）等有关技术标准对车辆进行维护，实行二级维护竣工质量检验制度。不具备检验能力的维修企业可以委托综合性能检测机构按照有关标准进行维修竣工质量检验。

（四）道路运输企业应落实车辆综合性能检测有关规定，要按时到符合国家标准要求的机动车综合性能检测机构进行综合性能检测，综合性能检测结合车辆年度审验频率一并进行。

（五）道路运输经营者所属车辆驻在运输超过 6 个月以上的，可向车籍所在地道路运输管理机构提出申请，经同意后可将车辆委托驻在地汽车综合性能检测机构进行技术等级评定，评定合格后 20 个工作日内道路运输经营者应持技术等级评定证明到车籍所在地道路运输管理机构备案,车辆的年度审验需到车籍所在地进行。

(六)道路运输经营者所属车辆需要停驶封存4个月以上的,车辆启封使用时,应进行维护检测,符合条件后可参加道路运输经营。

(七)道路运输企业应选购符合交通运输主管部门规定的道路运输车辆。禁止使用报废的、擅自改装的、拼装的以及其他不符合规定的道路运输车辆从事道路运输经营活动。道路运输企业对达到国家规定的报废标准或者经检测,技术性能不符合国家和行业标准的道路运输车辆,应当及时交回《道路运输证》,不得继续从事道路运输经营活动。

(八)道路运输经营者应持综合性能检测报告和竣工出厂合格证,将车辆二级维护执行情况向道路运输管理机构报备,签注维护日期。鼓励道路运输经营者和道路运输管理机构构建车辆技术信息化平台,科学、高效地落实维护、检测各项制度。

二、加强监督检查

(一)道路运输企业应当定期检查所属车辆技术状况,重点检查车辆安全设备配备情况。道路运输管理机构应当加强对运输企业车辆技术管理状况进行监督检查。重点检查其车辆技术档案的建立、车辆维护和检测等各项制度的落实情况。

(二)道路运输经营者不按规定维护和检测营运车辆,道路运输管理机构应当按《中华人民共和国道路运输条例》等规定实施处罚。

(三)加强对机动车综合性能检测机构的监督检查,对不按国家有关技术规范进行检测、未经检测出具检测结果或者不如实出具检测结果的,道路运输管理机构按照规定对综合性能检测机构进行处罚。

(四)道路运输管理机构应加大力度引导道路运输经营者按照节能减排工作要求,优化运力结构,淘汰高能耗、高排放老旧运输车辆,优先选择高效低耗节能环保型车辆及交通运输部发布的推荐车型。

第五节　道路运输车辆档案管理

道路运输经营者和县级以上道路运输管理机构应当分别建立道路运输车辆技术档案和管理档案。

一、车辆技术档案

道路运输管理机构应当督促道路运输经营者建立车辆技术档案,车辆技术档案坚持"一车一档",具体包括以下内容:

(一)车辆基本情况,包括机动车行驶证、车辆登记证书、《道路运输证》复印件及车辆照片;

(二)主要部件更换情况;

(三)修理和二级维护记录(含出厂合格证);

(四)技术等级评定记录;

(五)客车类型及等级评定记录;

(六)车辆变更记录;

(七)行驶里程记录;

(八)交通事故记录;

(九)车辆审验记录;

(十)"两客一危"车辆、重型载货汽车、半挂牵引车生产企业随车附带的安装使用具有行驶记录功能的卫星定位装置证明;

(十一)其他按规定要求归档的资料。

车辆技术档案可由道路运输管理机构制定推荐式样,道路运输经营者自行印制。

道路运输车辆办理转籍过户变更手续时,应当将车辆技术档案完整移交。道路运输管理机构应对经营者车辆技术档案建立情况进行监督管理。

二、车辆管理档案

道路运输管理机构应当建立车辆管理档案,可以通过道路运政信息系统建立车辆管理电子档案,客运车辆和危险货物运输车辆还应建立车辆管理纸质档案。

车辆管理纸质档案实行"一车一档",具体包括以下内容:

(一)车辆基本情况;

(二)二级维护、检测以及燃料消耗量达标车型核查情况;

(三)技术等级记录;

(四)客车类型及等级评定记录;

(五)车辆变更记录;

(六)交通运输行政处罚记录;

(七)车辆审验记录;

(八)危险货物运输专用车辆及有关客运车辆的卫星定位系统配备证明;

(九)危险货物运输罐式专用车辆的罐体检测合格证或检测报告复印件等;

(十)危险货物运输车辆及客运车辆的承运人责任险保险记录;

(十一)其他按规定要求归档的资料等。

三、综合性能检测档案

道路运输管理机构应当督促机动车综合性能检测机构建立检测档案,车辆档案实行"一车一档",主要内容包括:车辆基本信息、技术等级评定记录、车辆综合性能检测报告单、道路运输车辆燃料消耗量达标车型核查报告(实施核查工作的汽车综合性能检测机构)。

车辆检测档案保存期为2年。

第十章 机动车驾驶员培训管理工作规范

第一节 机动车驾驶员培训经营许可

一、机动车驾驶员培训经营许可事项及实施主体

（一）县级道路运输管理机构负责受理各类机动车驾驶员培训业务的经营许可。未设县级道路运输管理机构的，由上一级的道路运输管理机构负责实施本辖区内机动车驾驶员培训的行政许可。

上级道路运输管理机构应当加强对下级道路运输管理机构实施行政许可的监督检查，及时纠正行政许可实施中的违法行为。

（二）机动车驾驶员培训经营许可包括以下内容：

1. 普通机动车驾驶员培训经营许可；
2. 道路运输驾驶员从业资格培训经营许可；
3. 机动车驾驶员培训教练场经营许可。

二、机动车驾驶员培训经营许可条件

道路运输管理机构受理机动车驾驶员培训经营许可申请，应当审查申请人的相关条件。

（一）普通机动车驾驶员培训经营许可条件

申请从事机动车驾驶员培训的，道路运输管理机构应当审查申请人是否符合以下条件：

1. 有健全的培训机构

培训机构包括教学、教练员、学员、质量、安全、结业考核和设施设备管理、教练车管理及档案管理等组织机构，并明确负责人、管理人员、教练员和其他人员的岗位职责。具体要求按照国家标准《机动车驾驶员培训机构资格条件》(GB/T 30340)相关条款的规定执行。

2.有健全的管理制度

管理制度包括诚信承诺制度、教学管理制度、教练员管理制度、学员管理制度、结业考试制度、学员投诉受理制度、安全管理制度、教练车及设施设备管理制度、培训收费管理制度、档案管理制度等。开展残疾人机动车驾驶培训业务的,还应建立包含残疾人驾驶培训期间的学习、生活、安全等保障制度。具体要求按照国家标准《机动车驾驶培训机构资格条件》(GB/T 30340)相关条款的规定执行。

3.有与培训业务相适应的教学人员

(1)有与培训业务相适应的理论教练员。理论教练员应当持有机动车驾驶证,具有汽车、机械、运输管理等相关专业中专以上学历或者汽车及相关专业中级以上技术职称,具有2年以上安全驾驶经历,熟练掌握道路交通安全法规、驾驶理论、机动车构造、交通安全心理学、常用伤员急救等安全驾驶知识,了解教育学、教育心理学的基本教学知识,具备编写教案、规范讲解的授课能力。

(2)有与培训业务相适应的驾驶操作教练员。驾驶操作教练员应当持有相应的机动车驾驶证,年龄不超过60周岁,具有中专或者高中以上学历,具有安全驾驶经历和相应车型驾驶经历,熟练掌握道路交通安全法规、驾驶理论、机动车构造、交通安全心理学和应急驾驶的基本知识,熟悉车辆维护和常见故障诊断、车辆环保和节约能源的有关知识,具备驾驶要领讲解、驾驶动作示范、指导驾驶的教学能力。具体要求按照国家标准《机动车驾驶培训机构资格条件》(GB/T 30340)相关条款的规定执行。

(3)所配备的理论教练员数量应当不少于教学车辆总数的3%;不少于2人。理论教练员持有《机动车驾驶培训教练员证》。

(4)每种车型所配备的相应驾驶操作教练员应当不少于该种车型车辆总数的100%,并持有《机动车驾驶培训教练员证》。

4.有与培训业务相适应的管理人员

配备符合国家标准《机动车驾驶培训机构资格条件》(GB/T 30340)相关条款规定要求的理论教学负责人、驾驶操作训练负责人、教学车辆管理人员、结业考核人员和计算机管理人员。结业考核员应持有二级(含二级)以上教练员资格证,近2年的教学质量信誉考核记录均为合格以上。

5. 有必要的教学车辆

(1)应配备与各等级普通机动车驾驶员培训业务相适应的教学车辆。

(2)所配备的教学车辆应当符合国家标准《机动车驾驶培训机构资格条件》(GB/T 30340)相关条款规定及国家有关技术标准要求,并装有副后视镜、副制动踏板、灭火器及其他安全防护装置。开展残疾人机动车驾驶培训的,所配备的教学车辆还应当加装符合国家标准《肢体残疾人驾驶汽车的操纵辅助装置》(GB/T 21055)及《机动车运行安全技术条件》(GB 7258)的辅助装置。

从事普通机动车驾驶员培训业务的,应配备大型客车、牵引车、城市公交车、中型客车、大型货车、小型汽车、小型自动挡汽车、低速载货汽车、三轮汽车、残疾人专用小型自动挡载客汽车、普通三轮摩托车、普通二轮摩托车、轻便摩托车、轮式自行机械车、无轨电车和有轨电车16类车型中的一种或几种。

①从事一级普通机动车驾驶员培训的,应当配备上述车型中3种(含3种)以上的车型;所配备的教学车辆总量不少于80辆;

②从事二级普通机动车驾驶员培训的,应当配备上述车型中的2种车型;所配备的教学车辆总量不少于40辆;

③从事三级普通机动车驾驶员培训的,应当配备上述车型中的1种车型;所配备的教学车辆总量不少于20辆。

6. 有必要的教学设施、设备和场地

配备符合国家标准《机动车驾驶员培训机构资格条件》(GB/T

30340)及《机动车驾驶员培训教练场技术要求》(GB/T 30341)有关标准要求的教练场地、教学设施和设备。租用教练场地的,持有书面租赁合同和出租方土地使用证明,租赁期限不少于3年。

(二)道路运输驾驶员从业资格培训许可条件

申请从事道路运输驾驶员从业资格培训许可的,道路运输管理机构应当审查申请人是否符合以下条件:

1. 具备相应车型的普通机动车驾驶员培训资格

(1)从事道路客货运输驾驶员从业资格培训业务的,应当同时具备大型客车、城市公交车、中型客车、小型汽车(含小型自动挡汽车)4种车型中至少1种车型的普通机动车驾驶员培训资格和通用货车半挂车(牵引车)、大型货车2种车型中至少1种车型的普通机动车驾驶员培训资格。

(2)从事危险货物运输驾驶员从业资格培训业务的,应当具备通用货车半挂车(牵引车)、大型货车2种车型中至少1种车型的普通机动车驾驶员培训资格。

2. 有与培训业务相适应的教学人员

(1)申请从事道路客货运输驾驶员从业资格培训业务的,应当配备2名以上具有汽车及相关专业大专以上学历或者汽车及相关专业高级以上技术职称,熟悉道路旅客运输法规、道路货物运输法规以及机动车维修、货物装卸保管和旅客急救等相关知识,具备相应的授课能力的教练员,持有《机动车驾驶培训教练员证》且具有2年以上从事普通机动车驾驶员培训的教学经历,近2年无不良的教学记录。

(2)申请从事危险货物运输驾驶员从业资格培训业务的,应当配备2名以上具有化工及相关专业大专以上学历或者化工及相关专业高级以上技术职称,熟悉危险货物运输法规、危险化学品特性、包装容器使用方法、职业安全防护和应急救援等知识,具备相应的授课能力的教练员,且具有2年以上从事化工及相关专业的教学经历,近2

年无不良的教学记录。其教练员总数的90%应当经全国统一考试合格,持有《机动车驾驶培训教练员证》。

3.有必要的教学设施、设备和场地

(1)从事道路客货运输驾驶员从业资格培训业务的,应当配备相应的机动车构造、机动车维护、常见故障诊断和排除、货物装卸保管、医学救护、消防器材等教学设施、设备和专用场地。

(2)从事危险货物运输驾驶员从业资格培训业务的,还应当同时配备常见危险化学品样本、包装容器、教学挂图、危险化学品实验室等教学设施、设备和专用场地。

(三)机动车驾驶员培训教练场经营许可条件

申请从事机动车驾驶员培训教练场经营的,道路运输管理机构应当审查申请人是否符合以下条件:

1.有与经营业务相适应的教练场地。具体要求按照国家标准《机动车驾驶员培训教练场技术要求》(GB/T 30341)相关条款的规定执行。

2.有与经营业务相适应的场地设施、设备,办公、教学、生活设施以及维护服务设施。具体要求按照国家标准《机动车驾驶员培训教练场技术要求》(GB/T 30341)相关条款的规定执行。

3.具备相应的安全条件。安全条件包括场地封闭设施、训练区隔离设施、安全通道以及消防设施、设备等。具体要求按照国家标准《机动车驾驶员培训教练场技术要求》(GB/T 30341)相关条款的规定执行。

4.有相应的管理人员。管理人员包括教练场安全负责人、档案管理人员以及场地设施、设备管理人员。

5.有健全的安全管理制度。安全管理制度包括安全检查制度、安全责任制度、教学车辆安全管理制度以及突发事件应急预案等。

三、机动车驾驶员培训许可程序

(一)普通机动车驾驶员培训业务许可程序

1.要求申请人提交的材料

申请从事普通机动车驾驶员培训业务的,道路运输管理机构应当要求申请人提交以下材料:

(1)《交通行政许可申请书》。

(2)申请人身份证明及复印件。

(3)经营场所使用权证明或产权证明及复印件。租用经营场所的,还应当有书面租赁合同和出租方土地使用证明,租赁期限不少于3年。

(4)教练场地使用权证明或产权证明及复印件。租用教练场地的,还应当有书面租赁合同和出租方土地使用证明,租赁期限不少于3年。

(5)教练场地技术条件说明。

(6)购置教学车辆承诺书(包括教学车辆厂牌型号、技术条件、车型及数量等);若教学车辆属于已购置或者现有的,应提供教学车辆行驶证、综合性能检测报告单及复印件。

(7)各类设施、设备清单。

(8)教学、教练员、学员、质量、安全、结业考核、设施设备管理、教练车管理及档案管理等组织机构设置说明。

(9)管理制度和负责人、管理人员、教练员和其他人员的岗位职责。

(10)拟聘用管理人员、教练员和其他人员名册及身份、资格证明,驾驶操作训练负责人、结业考核人员还应提交安全驾驶经历证明,安全驾驶经历的起算时间自申请材料递交之日起倒计。

(11)其他按规定需提交的相关材料。

2.申请材料形式审查及处置

道路运输管理机构应当对申请材料的完整性进行审查：

（1）申请材料不齐全或者不符合法定形式的，应当要求申请人当场补全或者更正，当场不能补全或更正的，应当场或5个工作日内出具注明日期且加盖道路运输管理机构专用印章的《交通行政许可申请补正通知书》，一次性告知需补正的全部内容。

（2）申请材料齐全有效的，应出具《交通行政许可申请受理通知书》。

（3）申请事项依法不需要取得行政许可或申请事项依法不属于本级道路运输管理机构职权范围的，应出具《交通行政许可申请不予受理决定书》。

3. 实质性审查

对已受理的申请，道路运输管理机构应当对申请材料中关于教练场地、教学车辆以及各种设施、设备的实质内容进行核实。

4. 许可决定

道路运输管理机构对机动车驾驶员培训业务申请予以受理的，应当自受理申请之日起15个工作日内审核完毕，并按照以下程序作出许可或者不予许可的决定：

（1）对符合法定条件的，道路运输管理机构应当依法作出准予行政许可的决定，并向申请人出具《交通行政许可决定书》，明确许可事项。

（2）对不符合法定条件的，道路运输管理机构作出不予许可的决定，向申请人出具《不予交通行政许可决定书》，说明理由，并告知申请人享有依法申请行政复议或者提起行政诉讼的权利。

5. 许可结果公告

许可决定书下达后，道路运输管理机构应当将许可结果在其网站或办公场所予以公布，接受社会监督、查阅。

6. 证件发放

对作出许可决定的,道路运输管理机构应当在10个工作日内向被许可人核发机动车驾驶员培训许可证件。

(二)道路运输驾驶员从业资格培训许可程序

1.申请从事道路运输驾驶员从业资格培训业务的,道路运输管理机构应当要求申请人提交以下材料:

(1)《交通行政许可申请书》。

(2)申请人身份证明及复印件。

(3)从事普通驾驶员培训业务的《道路运输经营许可证》正、副本及复印件。

(4)现有教练员名册及《机动车驾驶培训教练员证》副证原件及复印件。

(5)经营场所使用权证明或产权证明及复印件。

(6)教练场地使用权证明或产权证明及复印件。

(7)教练场地技术条件说明。

(8)教学车辆技术条件、车型及数量证明。

(9)教学车辆购置证明。

(10)拟从事相应道路运输驾驶员从业资格培训教学教练员《机动车驾驶培训教练员证》、学历证明原件及复印件以及其他拟聘用人员名册及资格、职称证明。

(11)从事道路运输从业资格培训业务所需的各类设施、设备清单。

(12)与道路运输驾驶员从业资格培训业务相适应的教学、教练员、学员、质量、安全、结业考核、设施设备管理、教练车管理及档案管理等组织机构设置说明。

(13)与道路运输驾驶员从业资格培训业务相适应的管理制度和负责人、管理人员、教练员和其他人员的岗位职责。

(14)根据规定需要提供的其他相关材料。

2.道路运输驾驶员从业资格培训业务的许可程序,参照普通机动车驾驶员培训许可程序执行。

(三)机动车驾驶员培训教练场经营许可程序

1.申请从事机动车驾驶员培训教练场经营的,道路运输管理机构应当要求申请人提交以下材料:

(1)《交通行政许可申请书》。

(2)申请人身份证明及复印件。

(3)经营场所使用权证明或产权证明及复印件。租用经营场所的,还应当有书面租赁合同和出租方土地使用证明,租赁期限不少于3年。

(4)教练场地使用权证明或产权证明及复印件。租用教练场地的,还应当有书面租赁合同和出租方土地使用证明,租赁期限不少于3年。

(5)教练场地技术条件说明。

(6)各类设施、设备清单。

(7)教练场地、安全、设施设备管理等组织机构设置说明。

(8)拟聘用教练场安全负责人、档案管理人员以及场地设施、设备管理人员等人员名册及身份、资格、职称证明。

(9)管理制度和负责人、管理人员和其他人员的岗位职责。

(10)根据规定需要提供的其他相关材料。

2.机动车驾驶员培训教练场经营的许可程序,参照普通机动车驾驶员培训许可程序执行。

四、机动车驾驶员培训许可证件有效期

(一)从事普通机动车驾驶员培训业务和机动车驾驶员教练场经营业务的许可证件有效期为6年。

(二)从事道路运输驾驶员从业资格培训业务的许可证件有效期为4年。

五、许可事项变更及终止经营办理程序

（一）机动车驾驶员培训机构提出变更许可事项申请，由原作出许可决定的道路运输管理机构受理。道路运输管理机构对申请进行审查，符合法定条件、标准的，依法办理变更手续。

（二）机动车驾驶员培训机构申请变更名称、法定代表人等事项的，应当向原作出许可决定的道路运输管理机构备案。

（三）机动车驾驶员培训机构需要终止经营的，应当在终止经营之日起提前30日向原作出许可决定的道路运输管理机构申请办理行政许可注销手续。道路运输管理机构收到终止经营申请后，无特别理由的，应当为机动车驾驶员培训机构办理行政许可注销手续。

（四）机动车驾驶员培训机构终止经营后，道路运输管理机构应当监督机动车驾驶员培训机构妥善处理与学员的关系，保护学员的合法利益。

六、建档

道路运输管理机构对机动车驾驶员培训申请作出行政许可后，应当将有关材料存入业户档案中，条件具备的，可同时存电子档案。具体应包括以下内容：

（一）《交通行政许可申请书》；

（二）申请人身份证明复印件；

（三）经营场所使用证明或产权证明复印件；

（四）机动车驾驶员教学场地使用证明或产权证明复印件（如租用教练场地的，还应存档租赁合同复印件和出租方土地使用证明复印件）；

（五）教练场技术平面图及技术条件说明；

（六）教练员从业资格证复印件；

（七）各种管理人员、负责人名册、资格、职称复印件；

（八）组织机构设置图；

(九)岗位职责;

(十)管理制度;

(十一)需补全或更正申请材料的,存档《交通行政许可申请补正通知书》;

(十二)《交通行政许可受理通知书》;

(十三)道路运输管理机构审核意见;

(十四)《交通行政许可决定书》;

(十五)道路运输行政许可文书(证件)送达回证;

(十六)机动车驾驶员培训许可证件复印件;

(十七)其他存档材料。

第二节 教练员管理

一、机动车驾驶培训教练员资格

(一)机动车驾驶培训教练员资格实行全国统一考试制度。

(二)省级道路运输管理机构按照交通运输部制定的考试大纲、考试题库、考核标准、考试工作规范和程序组织实施机动车驾驶教练员资格考试。

(三)机动车驾驶培训教练员资格考试每年举行两次。

二、《机动车驾驶培训教练员证》核发与管理

(一)省级道路运输管理机构应对经全国统一的机动车驾驶培训教练员资格考试合格的人员核发《机动车驾驶培训教练员证》。

(二)经考试合格,教练员可同时具备理论教练员和驾驶操作教练员资格,并在《机动车驾驶培训教练员证》中的准教类别栏目中注明。

(三)《机动车驾驶培训教练员证》的有效期为6年。机动车驾驶培训教练员应当在《机动车驾驶培训教练员证》有效期届满前30日到原发证机关办理换证手续。

（四）《机动车驾驶培训教练员证》不得转让、转借。

三、教练员管理

道路运输管理机构应加强对机动车驾驶培训教练员的管理,规范其教学行为。

（一）教练员从事教学活动时,应当随身携带《机动车驾驶培训教练员证》。在道路上学习驾驶时,随车指导的教练员应当持有相应的《机动车驾驶培训教练员证》。

道路运输管理机构应当对从事机动车驾驶员培训的教练员持证情况进行检查,对无《机动车驾驶培训教练员证》或准教车型与实际教学车型不一致,从事培训教学的,予以制止。

（二）督促教练员自觉按照统一的教学大纲规范施教,并如实填写《教学日志》和《中华人民共和国机动车驾驶员培训记录》。已实行计算机计时培训管理系统的省份,应按实际教学情况记录学时。

（三）督促机动车驾驶员培训机构加强对教练员的职业道德教育和驾驶新知识、新技术的再教育,对教练员每年进行至少一周的脱岗培训,提高教练员的职业素质。

（四）督促机动车驾驶员培训机构加强对驾驶培训教练员的管理和教练员教学情况的监督检查,定期对教练员的教学水平和职业道德进行评议,公布教练员的教学质量排行情况,督促教练员提高教学质量,积极推进规范化教学。

（五）省级道路运输管理机构应当制定机动车驾驶培训教练员教学质量信誉考核办法,对机动车驾驶培训教练员实行教学质量信誉考核制度。机动车驾驶培训教练员教学质量信誉考核内容应当包括教练员的基本情况、教学业绩、教学质量排行情况、参加再教育情况、不良记录等。

（六）省级道路运输管理机构应当建立教练员档案,使用统一的数据库和管理软件,实行计算机联网管理,并依法向社会公开教练员信息。

(七)道路运输管理机构对教练员在教学过程中有下列情形之一的,应当责令限期整改;逾期整改不合格的,予以通报:

1. 未按照全国统一的教学大纲进行教学的;
2. 未填写《教学日志》或弄虚作假的;
3. 对培训记录弄虚作假的;
4. 教学过程中有道路交通安全违法行为,或者造成交通事故的;
5. 存在索取、收受学员财物或谋取其他不当利益行为的;
6. 未按照规定参加驾驶新知识、新技能再教育等的。

(八)教练员具有下列情形之一的,未到原发证道路运输管理机构办理有关注销手续,原发证机关道路运输管理机构应当注销其《机动车驾驶培训教练员证》,公告作废并登记归档:

1. 持证人死亡的;
2. 持证人提出注销申请的;
3. 年龄超过60周岁的(不含理论教练员);
4. 机动车驾驶证被注销或被吊销的;
5. 超过从业资格证有效期180日未申请换证的。

原发证的道路运输管理机构发现上述情形之一,未办理注销手续的,应当公告《机动车驾驶培训教练员证》作废。

(九)教练员具有下列不具备安全条件情形之一的,道路运输管理机构应当吊销其《机动车驾驶培训教练员证》:

1. 机动车驾驶培训教练员身体健康状况不符合有关从业要求且没有主动申请注销从业资格的;
2. 机动车驾驶培训教练员发生重大以上交通事故,且负同等以上(含同等)责任的;
3. 发现重大事故隐患,不立即采取消除措施,继续作业的。

被吊销的《机动车驾驶培训教练员证》应当由发证机关公告作废并登记归档。

第三节 机动车驾驶员培训管理

一、机动车驾驶员培训监督管理

道路运输管理机构应当加强对机动车驾驶员培训机构的监督检查,规范培训行为,查处违法行为。

(一)查处违反机动车驾驶员培训许可的行为。

(二)查处不按规定进行机动车驾驶员培训的行为。

(三)查处不履行相应培训服务的行为等。

二、教学监督管理

道路运输管理机构应当加强对机动车驾驶员培训教学的监督,保证培训质量。

(一)应当经常深入教学第一线,检查督促机动车驾驶员培训机构严格执行公安部、交通运输部发布的《机动车驾驶培训教学与考试大纲》,按照要求填写《教学日志》和《培训记录》,对已实行计算机计时培训管理系统的省份,应按实际教学情况记录学时。

(二)机动车驾驶员培训机构在道路上进行培训活动时,应严格遵守公安交通管理部门指定的路线和时间,并在教练员随车指导下进行,与教学无关的人员不得乘坐教学车辆。所配备的教学车辆应当符合国家有关技术标准要求,并装有副后视镜、副制动踏板、灭火器及其他安全防护装置。

(三)机动车驾驶员培训机构应按规定向完成培训学习的学员颁发由省级道路运输管理机构按照全国统一式样印制并编号的《机动车驾驶员培训结业证书》。

(四)机动车驾驶员培训机构应按有关规定报送《培训记录》以及

有关统计资料。《培训记录》应当由获得相应《机动车驾驶培训教练员证》的教练员审核签字。道路运输管理机构应当根据机动车驾驶员培训机构执行教学大纲、颁发《结业证书》等情况,对《培训记录》及统计资料进行严格审查。

(五)督促机动车驾驶员培训机构建立学员档案。学员档案应当包括《学员登记表》、《教学日志》、《培训记录》、《结业证书》复印件、如已实行计算机计时管理系统的省份,应保存相应学员IC卡及其电子信息加入学员档案等。学员档案保存期不少于4年。

(六)道路运输管理机构应当应用机动车驾驶员计时培训系统,加强培训过程管理,确保培训学时和培训质量。机动车驾驶员计时培训系统要与道路运输管理机构和公安机关交通管理部门相关系统对接,实现信息共享。

(七)道路运输管理机构应当督促机动车驾驶员培训机构安装使用符合《机动车驾驶员计时培训系统计时终端技术规范》(交通运输部公告2013年第49号)要求的计时终端[车载计时计程终端、理论(模拟)计时终端],确保计时终端按照《机动车驾驶员计时培训系统平台技术规范》和《机动车驾驶员计时培训系统计时终端技术规范》要求上传培训记录信息,并保持终端正常工作。鼓励采用驾驶模拟器和多媒体教学,有条件的可通过网络等形式配合教学。

(八)道路运输管理机构应当根据教学大纲要求,按照培训机构教练员、教练车、教学场地、教学设施设备配备等规模情况和质量信誉考核情况,定期开展培训机构培训能力评估,根据培训能力及培训、服务质量核定其招生人数,并向社会公布。

三、教学车辆管理

(一)省级道路运输管理机构负责制定并组织实施教学车辆的统一标识。

(二)道路运输管理机构应当监督机动车驾驶员培训机构使用符

合标准并取得牌证、具有统一标识的教学车辆。

(三)道路运输管理机构应当要求机动车驾驶员培训机构按照国家有关规定对教学车辆进行定期维护和检测,保持教学车辆性能完好,满足教学和安全行车的要求,并按照国家有关规定及时更新。

(四)道路运输管理机构应当查处机动车驾驶员培训机构使用报废的、检测不合格的和其他不符合国家规定的车辆从事机动车驾驶员培训业务以及随意改变教学车辆用途的行为。

(五)道路运输管理机构应当监督机动车驾驶员培训机构建立教学车辆档案。教学车辆档案应当包括车辆基本情况、维护和检测情况、技术等级记录、行驶里程记录等。教学车辆档案应当保存至车辆报废后1年。

四、经营行为监督管理

(一)机动车驾驶员培训机构应当将机动车驾驶员培训许可证件悬挂在经营场所的醒目位置,公示其经营类别、培训范围、收费项目、收费标准、教练员、教学场地等情况。

(二)机动车驾驶员培训实行学时制,按照学时合理收取费用。机动车驾驶员培训机构应当将学时收费标准报所在地道路运输管理机构备案。

(三)机动车驾驶员培训机构应当在注册地开展培训业务,不得采取异地培训、恶意压价、欺骗学员等不正当手段开展经营活动,不得允许社会车辆以其名义开展机动车驾驶员培训经营活动。

五、机动车驾驶员培训质量信誉考核

(一)省级道路运输管理机构应当建立机动车驾驶员培训机构质量信誉考评体系,制定机动车驾驶员培训监督管理的量化考核标准。

(二)设区的市级以上道路运输管理机构应当严格按照标准对机动车驾驶员培训机构进行考核,对机动车驾驶员培训机构的培训质量、考试合格率、诚信经营等进行分析、排名,并定期向社会公布考核和排名结果。

(三)机动车驾驶员培训机构质量信誉考核应当包括以下内容:

1. 培训机构的基本情况;

2. 教学大纲执行情况;

3.《结业证书》发放情况;

4.《培训记录》填写情况;

5. 培训质量情况,包括考试合格率、事故责任倒查等内容;

6. 服务质量情况,包括信访投诉、公示执行等内容;

7. 教练员的质量信誉考核情况,包括考核结果、培训业绩、考试情况、不良记录等内容;

8. 安全生产情况,包括教学安全、车辆行车安全、车辆交通安全违法行为等内容;

9. 规范管理情况,包括建立学员、教练员、教练车档案。

第十一章　道路运输从业人员管理工作规范

第一节　从业资格管理

一、从业人员分类

道路运输从业人员包括以下几类：

（一）道路旅客运输从业人员。道路旅客运输从业人员包括经营性道路旅客运输驾驶员。

（二）道路货物运输从业人员。道路货物运输从业人员包括经营性道路货物运输驾驶员。

（三）道路危险货物运输从业人员。道路危险货物运输从业人员包括道路危险货物运输驾驶员、道路危险货物运输装卸管理人员、道路危险货物运输押运人员、道路危险货物运输专职安全管理人员、剧毒化学品道路运输驾驶员、剧毒化学品道路运输装卸管理人员、剧毒化学品道路运输押运人员、剧毒化学品道路运输专职安全管理人员、爆炸品道路运输驾驶员、爆炸品道路运输装卸管理人员、爆炸品道路运输押运人员、爆炸品道路运输专职安全管理人员。

（四）放射性物品道路运输从业人员。放射性物品道路运输从业人员包括放射性物品道路运输驾驶员、放射性物品道路运输装卸管理人员、放射性物品道路运输押运人员、放射性物品道路运输专职安全管理人员。

（五）机动车检测维修从业人员。机动车检测维修从业人员包括技术负责人员、质量检验人员、机修技术人员、电器维修技术人员、钣金（车身修复）技术人员、涂漆（车身涂装）技术人员、车辆技术评估（含检测）技术人员。

(六)机动车驾驶培训从业人员。机动车驾驶培训从业人员包括理论教练员、普通机动车驾驶培训驾驶操作教练员、道路客货运输从业资格培训教练员、道路危险货物运输从业资格培训教练员、放射性物品道路运输从业资格培训教练员、机动车残疾人驾驶培训教练员。

(七)出租汽车从业人员。出租汽车从业人员包括出租汽车驾驶员。

(八)道路运输经理人。道路运输经理人包括道路旅客运输及客运站经理人、道路货物运输及站场经理人、机动车检测维修经理人、机动车驾驶培训经理人。

(九)其他道路运输从业人员。其他道路运输从业人员包括道路旅客运输乘务员、机动车驾驶员培训机构教学负责人、机动车驾驶员培训机构结业考核人员、机动车检测维修企业价格结算员、机动车检测维修企业业务接待员。

(十)汽车租赁从业人员(预留)。汽车租赁从业人员包括客运汽车租赁业务员、货运汽车租赁业务员。

(十一)城市公共汽(电)车运输从业人员。城市公共汽(电)车运输从业人员包括城市公共汽(电)车运输驾驶员、城市公共汽(电)车运输乘务员、城市公共汽(电)车运输调度员。

(十二)城市轨道交通运输从业人员。城市轨道交通运输从业人员包括城市轨道交通运输车辆驾驶员、城市轨道交通运输行车调度员、城市轨道交通运输行车值班员。

二、从业条件

(一)经营性道路客、货运输从业人员从业条件

1.经营性道路旅客运输驾驶员

道路运输管理机构应当审核客运驾驶员是否符合下列条件:

(1)取得相应的机动车驾驶证1年以上;

(2)年龄不超过60周岁;

(3)3年内无重大以上交通责任事故;

(4)掌握相关道路旅客运输法规、机动车维修和旅客急救基本知识;

(5)经考试合格,取得相应的从业资格证件。

2.经营性道路货物运输驾驶员

道路运输管理机构应当审核货运驾驶员是否符合下列条件:

(1)取得相应的机动车驾驶证;

(2)年龄不超过60周岁;

(3)掌握相关道路货物运输法规、机动车维修和货物装载保管基本知识;

(4)经考试合格,取得相应的从业资格证件。

(二)道路危险货物运输人员从业条件

1.道路危险货物运输驾驶员

道路运输管理机构应当审核危险货物运输驾驶员是否符合下列条件:

(1)取得相应的机动车驾驶证1年以上;

(2)年龄不超过60周岁;

(3)3年内无重大以上交通责任事故;

(4)取得经营性道路旅客运输或者货物运输驾驶员从业资格2年以上;

(5)接受相关法规、安全知识、专业技术、职业卫生防护和应急救援知识的培训,了解危险货物性质、危害特征、包装容器的使用特性和发生意外时的应急措施;

(6)经考试合格,取得相应的从业资格证件。

2.道路危险货物运输装卸管理人员和押运人员

道路运输管理机构应当审核危险货物运输装卸管理人员和押运人员是否符合下列条件:

（1）年龄不超过60周岁；

（2）具有初中以上学历；

（3）接受相关法规、安全知识、专业技术、职业卫生防护和应急救援知识的培训，了解危险货物性质、危害特征、包装容器的使用特性和发生意外时的应急措施；

（4）经考试合格，取得相应的从业资格证件。

（三）放射性物品道路运输从业人员从业条件

1. 放射性物品道路运输驾驶员

道路运输管理机构应当审核放射性物品道路运输驾驶员是否符合下列条件：

（1）取得相应的机动车驾驶证1年以上；

（2）年龄不超过60周岁；

（3）3年内无重大以上交通责任事故；

（4）取得经营性道路旅客运输或者货物运输驾驶员从业资格2年以上；

（5）接受相关法规、安全知识、专业技术、职业卫生防护和应急救援知识的培训，了解放射性货物性质、危害特征、包装容器的使用特性、掌握辐射防护用品及检测仪器的基本常识；熟悉放射性物品道路运输从业人员及车辆、设备基本要求；熟悉放射性物品道路运输托运及承运规定；熟悉放射性物品警示标志；掌握所运放射性物品的装卸作业规程和发生意外时的应急措施；

（6）经考试合格，取得相应的从业资格证件。

2. 放射性物品道路运输装卸管理人员和押运人员

道路运输管理机构应当审核放射性物品道路运输装卸管理人员和押运人员是否符合下列条件：

（1）年龄不超过60周岁；

（2）具有初中以上学历；

(3)接受相关法规、安全知识、专业技术、职业卫生防护和应急救援知识的培训,了解放射性货物性质、危害特征、包装容器的使用特性、掌握辐射防护用品及检测仪器的基本常识;熟悉放射性物品道路运输从业人员及车辆、设备基本要求;熟悉放射性物品道路运输托运及承运规定;熟悉放射性物品警示标志;掌握所运放射性物品的装卸作业规程和发生意外时的应急措施;

(4)经考试合格,取得相应的从业资格证件。

(四)机动车检测维修从业人员从业条件

道路运输管理机构应当审核机动车维修技术人员是否分别符合下列条件:

1.技术负责人员

(1)具有机动车维修或者相关专业大专以上学历,或者具有机动车维修或相关专业中级以上专业技术职称;

(2)熟悉机动车维修业务,掌握机动车维修及相关政策法规和技术规范。

2.质量检验人员

(1)具有高中以上学历;

(2)具有与本企业承修车型相适应的机动车驾驶证,并安全驾驶1年以上;

(3)熟悉机动车维修检测作业规范,掌握机动车维修故障诊断和质量检验的相关技术,熟悉机动车维修服务收费标准及相关政策法规和技术规范。

3.从事机修、电器、钣金、涂漆的技术人员

(1)具有初中以上学历;

(2)熟悉所从事工种的维修技术和操作规范,并了解机动车维修及相关政策法规。

4.车辆技术评估(含检测)

(1)具有高中以上学历;

(2)具有相应机动车驾驶证;

(3)熟悉所从事岗位相应的检测技术和操作规范,了解机动车维修检测的相关政策法规。

(五)机动车驾驶培训从业人员从业条件

道路运输管理机构应当审核教练员是否分别符合下列条件:

1. 理论教练员

(1)取得相应的机动车驾驶证,具有2年以上安全驾驶经历;

(2)具有汽车、机械、运输管理等相关专业中专以上学历或汽车及相关专业中级以上技术职称;

(3)掌握道路交通安全法规、驾驶理论、机动车构造、交通安全心理学、常用伤员急救等安全驾驶知识,了解车辆环保和节约能源的有关知识,了解教育学、教育心理学的基本教学知识,具备编写教案、规范讲解的授课能力。

2. 普通机动车驾驶培训驾驶操作教练员

(1)取得相应的机动车驾驶证,符合安全驾驶经历和相应车型驾驶经历的要求;

(2)年龄不超过60周岁;

(3)具有中专或者高中以上学历;

(4)掌握道路交通安全法规、驾驶理论、机动车构造、交通安全心理学和应急驾驶的基本知识,熟悉车辆维护和常见故障诊断、车辆环保和节约能源的有关知识,具备驾驶要领讲解、驾驶动作示范、指导驾驶的教学能力。

3. 道路客货运输从业资格培训教练员

(1)具有汽车及相关专业大专以上学历或者汽车及相关专业高级以上技术职称;

(2)掌握道路旅客运输法规、货物运输法规以及机动车维修、货

物装卸保管和旅客急救等相关知识,具备相应的授课能力;

(3)具有2年以上从事普通机动车驾驶员培训的教学经历,且近2年无不良的教学记录。

4.道路危险货物运输从业资格培训教练员

(1)具有化工及相关专业大专以上学历或者化工及相关专业高级以上技术职称;

(2)掌握危险货物运输法规、危险化学品特性、包装容器使用方法、职业安全防护和应急救援等知识,具备相应的授课能力;

(3)具有2年以上化工及相关专业的教学经历,且近2年无不良的教学记录。

(六)出租汽车运输从业人员从业条件

申请参加出租汽车驾驶员从业资格考试的,应当符合下列条件:

1.取得相应的机动车驾驶证3年以上;

2.近3年内无重大以上且负同等以上责任的交通事故。

(七)道路运输经理人从业条件

道路运输经理人从业资格分为道路旅客运输及客运站经理人、道路货物运输及站场经理人、机动车检测维修经理人和机动车驾驶培训经理人4个类别。

1.遵守法律、法规和规章,恪守职业道德;

2.对所在企业3年内无重特大安全事故或对重特大安全事故不负主要领导责任;

3.高中或者中专毕业,累计从事道路运输企业经营管理工作满3年,或者相关企业经营管理工作满5年;属于大专及大专以上毕业,累计从事道路运输企业经营管理工作满1年,或者相关企业经营管理工作满3年。

(八)其他道路运输从业人员从业条件

其他道路运输从业人员的从业条件,由省级道路运输管理机构确定。

三、道路运输从业人员从业资格证办理程序

（一）受理申请

1. 经营性道路客货运输驾驶员从业资格考试申请的受理

设区的市级道路运输管理机构受理户籍地或者暂住地在本辖区内的经营性道路客货运输驾驶员从业资格考试的申请，并对申请人提交的下列材料进行审查：

（1）《经营性道路客货运输驾驶员从业资格考试申请表》；

（2）身份证明及复印件；

（3）机动车驾驶证及复印件；

（4）由公安机关交通管理部门出具的3年内无重大以上交通责任事故且每年的交通违法记录未记满12分的证明（小型货车除外）；

（5）近期一寸免冠证件照片2张。具备条件的可以现场采集从业人员的照片、指纹等数字身份信息。

2. 道路危险货物、放射性物品运输人员从业资格考试申请的受理

（1）道路危险货物、放射性物品运输驾驶员

设区的市级交通运输主管部门受理户籍地或者暂住地在本辖区内的道路危险货物、放射性物品运输驾驶员从业资格考试的申请，并对申请人提交的下列材料进行审查：

①《道路危险货物运输从业人员从业资格考试申请表》或《放射性物品道路运输从业人员从业资格考试申请表》；

②身份证明及复印件；

③机动车驾驶证及复印件；

④道路货物运输驾驶员从业资格证件或者道路旅客运输驾驶员从业资格证件及复印件；

⑤相关培训证明及复印件；

⑥由公安机关交通管理部门出具的3年内无重大以上道路交通责任事故;

⑦近期一寸免冠证件照片2张。具备条件的可以现场采集从业人员的照片、指纹等数字身份信息。

(2)道路危险货物、放射性物品运输装卸管理人员和押运人员

设区的市级交通运输主管部门受理户籍地或者暂住地在本辖区内的道路危险货物、放射性物品运输装卸管理人员和押运人员从业资格考试的申请,并对申请人提交的下列材料进行审查:

①《道路危险货物运输从业人员从业资格考试申请表》或《放射性物品道路运输从业人员从业资格考试申请表》;

②身份证明及复印件;

③学历证明及复印件;

④相关培训证明及复印件;

⑤近期一寸免冠证件照片2张。具备条件的可以现场采集从业人员的照片、指纹等数字身份信息。

3. 机动车维修技术人员从业资格考试申请的受理

设区的市级道路运输管理机构受理户籍地或者暂住地在本辖区内的机动车维修技术人员从业资格考试的申请,并对申请人提交的下列材料进行审查:

(1)《机动车维修技术人员从业资格考试申请表》;

(2)身份证明及复印件;

(3)学历证明及复印件,申请参加技术负责人员从业资格考试的,也可以提供技术职称证明及复印件;

(4)申请质量检验人员从业资格考试的,还应当同时提供机动车驾驶证及复印件、一年以上安全驾驶经历证明和维修技术工作经历证明;

(5)近期一寸免冠证件照片2张。具备条件的可以现场采集从

业人员的照片、指纹等数字身份信息。

4.机动车驾驶培训教练员从业资格考试申请的受理

省级道路运输管理机构受理户籍地或者暂住地在本辖区内的机动车驾驶培训教练员从业资格考试的申请,并对申请人提交的下列材料进行审查:

(1)《机动车驾驶培训教练员从业资格考试申请表》;

(2)身份证明及复印件;

(3)机动车驾驶证及复印件;

(4)学历证明或者技术职称证明及复印件;

(5)安全驾驶经历证明;

(6)相应车型驾驶经历证明;

(7)申请参加道路客货运输驾驶员从业资格培训教练员和危险货物运输驾驶员从业资格培训教练员从业资格考试的,还应当提供相应的教学经历证明;

(8)近期一寸免冠证件照片2张。具备条件的可以现场采集从业人员的照片、指纹等数字身份信息。

5.出租汽车驾驶员从业资格考试申请的受理

设区的市级道路运输管理机构受理所在地的出租汽车驾驶员从业资格考试的申请,并对申请人提交的下列材料进行审查:

(1)《出租汽车驾驶员从业资格证申请表》;

(2)身份证明及复印件;

(3)机动车驾驶证及复印件;

(4)由有关部门或者单位出具的近3年内无重大以上且负同等以上责任的交通事故证明;

(5)近期一寸免冠证件照片2张。具备条件的可以现场采集从业人员的照片、指纹等数字身份信息。

6.道路运输经理人从业资格考试申请的受理

设区的市级道路运输管理机构对申请人提交的下列材料进行审查并提出初审意见后报省级道路运输管理机构。省级道路运输管理机构审核后,对符合报名条件的申请人安排考试。

(1)《道路运输经理人从业资格考试报名表》;

(2)身份证明及复印件;

(3)学历证明及复印件;

(4)所在单位出具的本人工作经历证明原件;

(5)所在单位出具的3年内无重特大事故中负主要领导责任的证明原件;

(6)省级道路运输管理机构要求提供的其他材料;

(7)近期一寸免冠证件照片2张。具备条件的可以现场采集从业人员的照片、指纹等数字身份信息。

7. 其他道路运输人员从业资格考试申请的受理

其他道路运输人员从业资格考试申请的受理,由省级道路运输管理机构规定。

(二)从业资格考试的组织与安排

1. 设区的市级道路运输管理机构负责组织实施经营性道路客货运输驾驶员、出租汽车驾驶员从业资格考试,每月组织一次考试。

2. 设区的市级人民政府交通运输主管部门负责组织实施道路危险货物、放射性物品运输从业人员从业资格考试,每季度组织一次考试。

3. 设区的市级道路运输管理机构负责组织实施机动车维修技术人员从业资格考试,每季度组织一次考试。

4. 省级道路运输管理机构负责组织实施道路运输经理人和机动车驾驶培训教练员从业资格考试,每年组织两次考试。

5. 其他道路运输从业人员从业资格考试管理权限由省级道路运输管理机构确定。

（三）考试成绩公布

在考试结束10个工作日内，交通运输主管部门或道路运输管理机构应当公布考试成绩。

（四）从业资格证发放

对考试合格人员，交通运输主管部门或道路运输管理机构应当自公布考试成绩之日起10个工作日内颁发相应的道路运输从业人员从业资格证件。

道路运输从业人员从业资格考试成绩有效期为1年，考试成绩逾期作废。

四、从业资格档案

（一）交通运输主管部门或者道路运输管理机构应当建立道路运输从业人员从业资格管理档案。

（二）道路运输从业人员从业资格管理档案应当包括以下内容：

1. 从业资格考试申请材料；
2. 从业资格考试及从业资格证件记录；
3. 从业资格证件换发、补发、变更、转籍、注册登记等记录；
4. 违章、事故及诚信考核、继续教育记录等。

（三）交通运输主管部门和道路运输管理机构应当向社会提供道路运输从业人员相关从业信息的查询服务。

五、从业资格考核

（一）交通运输主管部门和道路运输管理机构应当将道路运输从业人员的违章行为记录在《中华人民共和国道路运输从业人员从业资格证》的违章记录栏内，并通报发证机关。

（二）从业资格证件发证机关应当将违章记录作为道路运输从业人员诚信考核和计分考核的依据，并存入管理档案。机动车驾驶培训教练员违章记录直接计入教练员档案，并作为诚信考核的重要内容。

（三）道路运输从业人员诚信考核和计分考核周期为12个月，从初次领取从业资格证件之日起计算。

（四）省级交通运输主管部门和道路运输管理机构应当将道路运输从业人员每年的诚信考核和计分考核结果向社会公布，供公众查阅。

六、出租汽车驾驶员的注册

（一）取得从业资格证的出租汽车驾驶员，应当经道路运输管理机构从业资格注册后，方可从事出租汽车客运服务。

（二）出租汽车驾驶员从业资格注册有效期为3年。注册有效期届满需继续从事出租汽车客运服务的，应当在有效期届满30日前，向所在地市、县级道路运输管理机构申请延续注册。

（三）发证机关所在地的市、县级道路运输管理机构审查以下资料后办理注册，并在5日内办理完结注册手续，在从业资格证中加盖注册章。出租汽车驾驶员变更服务单位的，应当重新申请注册。注册时需提交的资料：

1.《出租汽车驾驶员从业资格注册登记表》；

2.从业资格证原件；

3.与出租汽车经营者签订的劳动合同（聘用协议）或者经营合同（个体出租汽车经营者持车辆运营证原件复印件）。

七、从业人员继续教育

（一）从业人员继续教育的对象。持有《中华人民共和国道路运输从业人员从业资格证》的经营性道路客、货运输驾驶员，道路危险货物运输驾驶员，放射性物品道路运输驾驶员，出租汽车驾驶员，机动车驾驶培训教练员。

（二）从业人员继续教育的管理。交通运输部负责指导全国道路运输驾驶员的继续教育工作。县级以上道路运输管理机构负责监督本行政区域内的道路运输驾驶员继续教育工作。

(三)从业人员继续教育的间隔周期和培训学时。道路运输驾驶员继续教育周期为2年,自领证之日算起。道路运输驾驶员在每个周期接受继续教育的时间累计应不少于24学时。

其中出租汽车驾驶员继续教育周期为3年,自从业资格注册之日起算。出租汽车驾驶员在每个连续计算的继续教育周期内,应当接受不少于54学时的继续教育。出租汽车驾驶员累计注册时间满3年的,也应当接受不少于54学时的继续教育。取得从业资格证超过3年未申请注册的,注册后应当在1年内完成不少于27学时的继续教育。

(四)从业人员继续教育的实施主体。经向县级以上道路运输管理机构备案且具有一定规模的道路运输企业(含出租汽车企业,下同)或其他继续教育机构。

(五)从业人员继续教育的形式。

1.经向县级以上道路运输管理机构备案且具有一定规模的道路运输企业组织的继续教育;

2.经许可的道路运输驾驶员从业资格培训机构组织的继续教育;

3.交通运输部或省级交通运输主管部门备案的网络远程继续教育;

4.经省级道路运输管理机构认定的其他继续教育形式。

(六)从业人员继续教育的内容。按交通运输部发布的继续教育大纲和相应的继续教育教材以及省级行政区域编写补充教材为主要内容开展继续教育。

(七)继续教育的确认。是否完成继续教育可采取考核或学时认定等方式,并出具相应的证明材料,具体由省级道路运输管理机构确定。道路运输驾驶员提供完成继续教育的证明材料,向辖区道路运输管理机构申请确认,符合要求的,由道路运输管理机构在其从业资格证件和从业资格管理档案中予以记载。道路运输驾驶员在其从业资格证件有效期内,未按规定完成继续教育的,应当补充完成继续教育后办理换证手续。

(八)继续教育机构的监督。继续教育机构应当建立学员培训档案,将继续教育培训计划、继续教育师资情况、参培学员登记表等纳入档案管理,并接受道路运输管理机构的监督检查。道路运输管理机构应当建立继续教育机构的信用管理数据库,对参与继续教育的教职人员建立信用档案,规范继续教育机构的教学行为,完善监督管理。

(九)机动车维修技术人员、道路运输经理人、其他道路运输从业人员的继续教育由省级道路运输管理机构参照本规范确定。

第二节　从业资格证件管理

一、从业资格证件的种类

从业资格证件分为《中华人民共和国道路运输从业人员从业资格证》、《中华人民共和国机动车驾驶培训教练员证》两种。

(一)经营性道路客货运输驾驶员、道路危险货物运输从业人员、放射性物品道路运输从业人员、出租汽车驾驶员、机动车维修技术人员、道路运输经理人和其他道路运输从业人员,经考试合格后,取得《中华人民共和国道路运输从业人员从业资格证》。

(二)机动车驾驶培训教练员经考试合格后,取得《中华人民共和国机动车驾驶培训教练员证》。

二、从业资格证件管理权限

(一)交通运输部负责道路运输从业人员从业资格证件的统一印制并编号。

(二)省级道路运输管理机构负责机动车驾驶培训教练员和道路

运输经理人从业资格证件的发放和管理。

（三）设区的市级交通运输主管部门负责道路危险货物运输、放射性物品道路运输从业人员从业资格证件的发放和管理。

（四）设区的市级道路运输管理机构负责经营性道路客货运输驾驶员从业资格证件、出租汽车驾驶员、机动车维修技术人员从业资格证件的发放和管理。

（五）其他道路运输从业人员从业资格证件的发放和管理权限由省级道路运输管理机构确定。

三、从业资格证件的使用与管理

（一）道路运输从业人员从业资格证件全国通用。其中,出租汽车驾驶员到从业资格证发证机关核定的范围外从事出租汽车客运服务的,应当参加当地的区域科目考试。区域科目考试合格的,由当地设区的市级道路运输管理机构核发从业资格证。

（二）道路运输从业人员从业资格证件有效期为 6 年。道路运输从业人员应当自从业资格证件有效期届满 30 日前到原发证机关办理换证手续。

（三）已获得从业资格证件的人员需要增加从业资格类别的,应当向原发证机关提出申请,并按照规定参加相应培训和考试。

（四）道路运输从业人员从业资格证件遗失、毁损、污损的,应当到原发证机关办理证件补发（换发）手续。

（五）道路运输从业人员服务单位变更的,应当到交通运输主管部门或者道路运输管理机构办理从业资格证件变更手续。

（六）从业资格证件备案程序。经营性道路客货运输驾驶员、道路危险货物运输从业人员、放射性物品道路运输从业人员在发证机关所在地以外从业,且从业时间超过 3 个月的,应当填写《道路运输从业人员从业资格证件备案表》,由持证人本人或其所在服务单位,到服务地管理部门申请备案。凡经备案的从业人员,纳入服务地管理部门属地管理。服务地管理部门应当及时向发证机关通报从业人员备案及动态管理信息。从业人员服务单位变更的,应当到交通运输主管部门或道路运输管理机构办理变更手续。

(七)从业资格证件档案转籍程序。从业人员因户籍所在地、暂住(居住)地变更或者服务地管理部门要求,且自初次取得从业资格证件满1年的,可申请从业资格管理档案转籍。

申请人应当填写《道路运输从业人员从业资格管理档案转籍申请表》,持其从业资格证件向档案转出地管理部门提出申请。档案转出地管理部门受理其转籍申请后,对符合条件的申请应予以办理并将从业资格管理档案在转籍手续办结后30日内移交至档案转入地管理部门。档案转入地管理部门应当按照从业资格管理档案标准对档案予以审核。档案审核合格的,在10日内核发从业资格证件,并收回转出地管理部门原核发的从业资格证件,存入从业资格管理档案。档案审核不合格的,应书面告知申请人,并将档案退回档案转出地管理部门补充材料直至合格。

同时具备多种从业资格类别的,在申请转籍时应当一并转出。申请人违反相关从业资格管理规定且尚未接受处罚的,受理机关应当在其接受处罚后办理相应的转籍手续。申请人被道路运输管理机构列入黑名单的,一律不予办理转籍手续。

四、从业资格证件的注销管理

(一)道路运输从业人员有下列情形之一的,由发证机关注销其从业资格证件:

1. 持证人死亡的;

2. 持证人申请注销的;

3. 经营性道路客货运输驾驶员、道路危险货物运输从业人员、机动车驾驶培训教练员(不含理论教练员)年龄超过60周岁的,出租汽车驾驶员从业资格证持证人达到法定退休年龄的;

4.经营性道路客货运输驾驶员、道路危险货物运输驾驶员、放射性物品道路运输驾驶员、出租汽车驾驶员、机动车维修经营质量检验人员、机动车驾驶培训教练员的机动车驾驶证被注销或者被吊销的;

5.超过从业资格证件有效期180日未申请换证的;

6.道路运输经理人在经营管理中有严重违法行为或所在企业发生重特大事故负主要领导责任的。

(二)凡被注销的从业资格证件,应当由发证机关予以收回,公告作废并登记归档;无法收回的,从业资格证件自行作废。

五、从业资格证件的吊销

道路运输从业人员有下列不具备安全条件情形之一的,由发证机关吊销其从业资格证件:

(一)经营性道路客货运输驾驶员、道路危险货物运输从业人员、放射性物品道路运输从业人员、机动车驾驶培训教练员身体健康状况不符合有关机动车驾驶和相关从业要求且没有主动申请注销从业资格的;

(二)经营性道路客货运输驾驶员、道路危险货物运输驾驶员、放射性物品道路运输从业人员、出租汽车驾驶员、机动车驾驶培训教练员发生重大以上交通事故,且负主要责任的;

(三)机动车维修技术人员发生重大生产安全事故,且负主要责任的;

(四)发现重大事故隐患,不立即采取消除措施,继续作业的。

被吊销的从业资格证件应当由发证机关公告作废并登记归档。

被吊销从业资格的,3年内不得重新申请。

第三节　道路运输驾驶员诚信考核

一、道路运输驾驶员诚信考核实施主体

县级以上道路运输管理机构负责组织实施本行政区域内的道路

运输驾驶员诚信考核工作。

二、诚信考核范围

道路运输驾驶员诚信考核包括经营性道路客货运输驾驶员、道路危险货物运输驾驶员和放射性物品道路运输驾驶员的诚信考核。

三、诚信考核内容

诚信考核具体对道路运输驾驶员在道路运输活动中的安全生产、遵守法规和服务质量等情况进行综合评价。

四、诚信考核等级与计分

(一)道路运输驾驶员诚信考核等级分为优良、合格、基本合格和不合格,分别用 AAA 级、AA 级、A 级和 B 级表示。

(二)道路运输驾驶员诚信考核内容包括:

1.安全生产情况:安全生产责任事故情况;

2.遵守法规情况:违反道路运输相关法律、行政法规、规章的有关情况;

3.服务质量情况:服务质量事件和有责投诉的有关情况。

(三)道路运输驾驶员诚信考核实行计分制,考核周期为 12 个月,满分为 20 分,从道路运输驾驶员初次领取从业资格证件之日起计算。一个考核周期届满,经签注诚信考核等级后,该考核周期内的计分予以清除,不转入下一个考核周期。

根据道路运输驾驶员违反诚信考核指标的情况,一次计分的分值分别为:20 分、10 分、5 分、3 分、1 分五种。

(四)对道路运输驾驶员的道路运输违法行为,处罚与计分同时执行。

道路运输驾驶员一次有两个以上违法行为的,计分时应当分别计算,累加分值。

(五)道路运输驾驶员对道路运输违法行为处罚不服,申请行政复议或者提起行政诉讼后,经依法裁决变更或者撤销原处罚决定的,相应计分分值予以变更或者撤销,相应的诚信考核等级按规定予以调整。

（六）道路运输驾驶员诚信考核等级,由道路运输管理机构按照下列标准进行评定：

1. 道路运输驾驶员具备以下条件的,诚信考核等级为AAA级：

（1）上一考核周期的诚信考核等级为AA级及以上；

（2）考核周期内累计计分分值为0分。

2. 道路运输驾驶员具备以下条件的,诚信考核等级为AA级：

（1）未达到AAA级的考核条件；

（2）上一考核周期的诚信考核等级为A级及以上；

（3）考核周期内累计计分分值未达到10分。

3. 道路运输驾驶员具备以下条件的,诚信考核等级为A级：

（1）未达到AA级的考核条件；

（2）考核周期内累计计分分值未达到20分。

4. 道路运输驾驶员考核周期内累计计分有20分及以上记录的,诚信考核等级为B级。

五、诚信考核计分分值标准

（一）道路运输驾驶员有下列情形之一的,一次计20分：

1. 从事道路运输经营活动,发生重大以上道路交通事故,且负同等责任的；

2. 转让、出租从业资格证件的；

3. 超越从业资格证件核定范围,从事道路运输活动的；

4. 驾驶未取得《道路运输证》的危险货物运输车辆,从事道路危险货物运输的；

5. 本次诚信考核过程中或者上一次诚信考核等级签注后,发现其有弄虚作假、隐瞒相关诚信考核情况,且情节严重的。

(二)道路运输驾驶员有下列情形之一的,一次计10分:

1. 从事道路运输经营活动,发生重大以上道路交通事故,且负次要责任的;

2. 驾驶无《道路运输证》的车辆,从事道路旅客或者货物运输经营活动的;

3. 驾驶无包车客运标志牌、包车票、包车合同的车辆,从事客运包车经营的;

4. 驾驶未取得《超限运输车辆通行证》的车辆,从事超限运输经营活动的;

5. 擅自涂改、伪造、变造从业资格证件上相关记录的;

6. 有受到省级及以上交通运输主管部门或者道路运输管理机构通报批评的服务质量记录的。

(三)道路运输驾驶员有下列情形之一的,一次计5分:

1. 驾驶无道路客运班线经营许可的车辆,从事班车客运经营的;

2. 超越《道路运输证》上注明的经营类别或者经营范围,从事道路运输经营活动的;

3. 驾驶擅自改装的车辆,从事道路运输经营活动的;

4. 驾驶客运班车不按批准的客运站点停靠或者不按规定的线路、班次行驶的;

5. 驾驶客运包车未按照约定的时间、起始地、目的地和线路行驶的;

6. 未配合汽车客运站执行车辆安全例行检查以及出站检查制度,擅自驾驶客车出站的;

7. 在旅客运输途中擅自变更运输车辆或者将旅客移交他人运输的;

8. 驾驶的危险货物运输车辆未按照危险化学品的特性采取必要安全防护措施的;

9.有受到设区的市级交通运输主管部门或者道路运输管理机构通报批评的服务质量记录的。

(四)道路运输驾驶员有下列情形之一的,一次计3分:
1.没有采取必要措施防止货物脱落、扬撒的;
2.驾驶未按规定维护、检测的车辆,从事道路运输经营活动的;
3.驾驶未按规定投保承运人责任险的车辆,从事道路旅客或者危险货物运输经营活动的;
4.无正当理由超过规定时间30日以上未签注诚信考核等级的;
5.超过规定时间30日以上未参加继续教育培训的;
6.有受到县级交通运输主管部门或者道路运输管理机构通报批评的服务质量记录的。

(五)道路运输驾驶员有下列情形之一的,一次计1分:
1.未按规定携带《道路运输证》、《道路运输从业人员从业资格证》,从事道路运输经营活动的;
2.未按规定随车携带《道路客运班线经营许可证明》,从事班线客运经营的;
3.未在规定位置放置客运标志牌,从事道路旅客运输经营活动的;
4.服务单位变更,未申请办理从业资格证件变更手续的;
5.道路危险货物运输和经营性道路旅客运输驾驶员未按规定填写行车日志的;
6.超过规定时间,未签注诚信考核等级,且未达30日的;
7.超过规定时间,未参加继续教育培训,且未达30日的。

六、诚信考核实施与管理

(一)设区的市级道路运输管理机构应当建立道路运输驾驶员诚信档案,并及时将道路运输驾驶员的相关信息和材料存入其诚信档案。根据道路运输驾驶员的从业资格类别,道路运输驾驶员诚信档案主要内容包括：

1. 基本情况，包括道路运输驾驶员的姓名、性别、身份证号、住址、联系电话、服务单位、初领驾驶证日期、准驾车型、从业资格证号、从业资格类别、从业资格证件领取时间和变更记录以及继续教育情况等；

2. 安全生产记录，包括有关部门抄告的以及交通运输主管部门和道路运输管理机构掌握的责任事故的时间、地点、事故原因、事故经过、死伤人数、经济损失等事故概况以及责任认定和处理情况；

3. 遵守法规情况，包括本行政区域内查处的和本行政区域外抄告的道路运输驾驶员违反道路运输相关法规的情况；

4. 服务质量记录，包括经交通运输主管部门或者道路运输管理机构通报的服务质量事件的时间、社会影响等情况，以及有责投诉的投诉人、投诉内容、责任人、受理机关及处理情况；

5.《道路运输驾驶员诚信考核表》。

（二）道路运输驾驶员基本情况信息保存到从业资格证件注销或者吊销后3年。安全生产、遵守法规、服务质量信息和《道路运输驾驶员诚信考核表》保存期不少于3年。

（三）县级以上道路运输管理机构对道路运输驾驶员实施监督检查时，应当按照计分分值标准将其违章信息和计分分值填写在从业资格证件的"违章和计分记录"栏内，注明日期，由执法人员签字，加盖道路运输管理机构执法专用印章，并及时将相关信息录入道路运输驾驶员数据库。

实行电子化从业资格证件的，相关信息直接存入电子证件和道路运输驾驶员数据库。

（四）道路运输管理机构应当畅通投诉渠道，收集并汇总道路运输驾驶员的有关诚信信息，存入道路运输驾驶员诚信档案和道路运输驾驶员数据库。

不具备法律效力的证据或者正在处理的涉及驾驶员违反道路运输法规的相关情况,不作为道路运输驾驶员诚信考核的依据。

(五)省级道路运输管理机构应当建立道路运输驾驶员信息抄告和信息共享机制,定期将本辖区查处的外省地道路运输驾驶员的违法行为和计分情况,抄告相应的省级道路运输管理机构。

收到抄告信息的省级道路运输管理机构应当及时将相关信息录入道路运输驾驶员数据库。

(六)道路运输驾驶员在考核周期内累计计分达到20分的,应当在计满20分之日起15日内,到档案所在地有培训资格的机构,接受不少于18个学时的道路运输法规、职业道德和安全知识的继续教育。继续教育结束后,道路运输驾驶员凭继续教育合格证明到设区的市级道路运输管理机构办理清除计分手续。

设区的市级道路运输管理机构应当审核并收存继续教育合格证明,在驾驶员从业资格证件的"继续教育记录"栏内标注继续教育起止时间,并将相关信息录入道路运输驾驶员数据库,清除继续教育前的计分。在本次诚信考核周期内,道路运输驾驶员诚信考核等级为B级。

(七)道路运输驾驶员应当在诚信考核周期届满后20日内,持本人的从业资格证件到档案所在地设区的市级道路运输管理机构签注诚信考核等级,并填写《道路运输驾驶员诚信考核表》。

道路运输驾驶员发生重大以上道路交通事故,且在诚信考核周期届满后20日内尚未有责任认定结论的,道路运输驾驶员应当自收到公安机关交通管理部门出具的交通事故认定书后15日内,到档案所在地设区的市级道路运输管理机构办理诚信考核等级签注手续。

道路运输驾驶员需要向道路运输管理机构提供有关诚信信息的,应当提交相应的证明材料。

（八）设区的市级道路运输管理机构在收到《道路运输驾驶员诚信考核表》后,应当对道路运输驾驶员从业资格证件上的违章和计分记录、道路运输驾驶员数据库中的记录、《道路运输驾驶员诚信考核表》及相关证明材料进行核实和计分汇总,并在其从业资格证件和《道路运输驾驶员诚信考核表》的"诚信考核记录"栏中标注诚信考核起止时间,签注诚信考核等级,加盖道路运输驾驶员诚信考核专用印章。

诚信考核周期内,发生重大以上道路交通事故尚未有责任认定结论的,道路运输管理机构应当待事故责任明确后,签注诚信考核等级。

（九）道路运输管理机构应当向社会公布本辖区内道路运输驾驶员历次考核周期的计分分值、诚信考核等级以及下一次签注诚信考核等级的时间等相关信息和查询方式,提供查询便利。

（十）单位和个人对公布的诚信考核信息有异议的,可以在公告之日起 15 日内,向道路运输管理机构进行书面举报或举证,并提供相关证明材料。举报人应当如实签署姓名或者单位名称,并附联系方式。道路运输管理机构应当为举报人保密,不得向其他单位或者个人泄漏举报人的姓名及有关情况。

七、奖惩措施

（一）道路运输经营者应当及时掌握本单位道路运输驾驶员的诚信考核等级,并作为培训、辞退道路运输驾驶员,调整道路运输驾驶员工资和奖励的重要依据。

（二）道路运输经营者应当加强对诚信考核等级为 B 级的道路运输驾驶员的教育和管理。对存在重大安全隐患的,应当及时调离驾驶员工作岗位。

（三）道路运输管理机构应当鼓励道路运输经营者以及其他相关的社团组织对诚信考核等级为 AAA 级的道路运输驾驶员进行表

彰奖励。

（四）道路运输经营者不得安排诚信考核等级为 B 级的道路运输驾驶员承担具有重大政治和国防战备意义、社会影响大、安全风险高的运输生产任务；不得安排其承担"黄金周"和春运期间的道路旅客运输任务。

（五）道路运输驾驶员有下列情形之一的，道路运输管理机构应当将其列入黑名单，并向社会公告：

1. 在考核周期内累计计分达到 20 分，且未按照规定参加继续教育培训的；

2. 无正当理由超过规定时间未签注诚信考核等级的；

3. 从业资格证件被吊销的。

（六）道路运输驾驶员存在以下情形之一的，道路运输管理机构应当根据《国务院关于特大安全事故行政责任追究的规定》，按照其不具备安全生产条件，依法撤销其从业资格证件：

1. 连续 3 个考核周期诚信考核等级均为 B 级的；

2. 在 1 个考核周期内累计计分有 3 次以上达到 20 分的。

（七）道路运输经营者在 1 个年度内，所属取得从业资格证件的道路运输驾驶员累计有 20% 以上诚信考核等级为 B 级的，道路运输管理机构应当向其下发整改通知书，责令限期整改，并不得将其作为道路运输行业表彰评优的对象。

道路运输经营者连续 2 个年度，所属取得从业资格证件的道路运输驾驶员均累计有 20% 以上诚信考核等级为 B 级的，道路运输管理机构还应当向社会公告，且 1 年内不得批准其新增运力。

第四节 从业行为管理

道路运输管理机构应当加强对道路运输从业人员从业行为的监督与管理，督促道路运输从业人员遵守以下规定：

(一)在从业资格证件许可的范围内从事道路运输活动。

(二)从事道路运输活动时,携带相应的从业资格证件,遵守国家相关法规和道路运输安全操作规程,不违法经营、违章作业。

(三)道路危险货物运输驾驶员除可以驾驶道路危险货物运输车辆外,还可以驾驶原从业资格证件许可的道路旅客运输车辆或者道路货物运输车辆。

(四)经营性道路旅客运输驾驶员和道路危险货物运输驾驶员按照规定填写行车日志。

(五)道路危险货物运输驾驶员按照道路交通安全主管部门指定的行车时间和路线运输危险货物。

(六)道路危险货物运输装卸管理人员按照安全作业规程对道路危险货物装卸作业进行现场监督,确保装卸安全。

(七)道路危险货物运输押运人员对道路危险货物运输进行全程监管。

(八)道路危险货物运输从业人员严格按照行业标准《汽车运输危险货物规则》(JT 617)、《汽车运输、装卸危险货物作业规程》(JT 618)操作,不得违章作业。

(九)在道路危险货物运输过程中发生燃烧、爆炸、污染、中毒或者被盗、丢失、流散、泄漏等事故时,道路危险货物运输驾驶员、押运人员应当立即向当地公安部门和所在运输企业或者单位报告,说明事故情况、危险货物品名和特性,并采取一切可能的警示措施和应急措施,积极配合有关部门进行处置。

(十)承担放射性物品道路运输承担的驾驶人员、装卸管理人员和押运人员应当按照托运人所提供的资料了解所运输的放射性物品的性质、危害特性、包装物或者容器的使用要求、装卸要求以及发生突发事件故时的处置措施。

(十一)放射性物品运输中发生核与辐射事故的,承运人、托运人应当按照核与辐射事故应急响应指南的要求,结合本企业安全生产应急预案的有关内容,做好事故应急工作,并立即报告事故发生地的县级以上人民政府环境保护主管部门。

(十二)出租汽车驾驶员在运营过程中,应当遵纪守法、文明行车、优质服务。出租汽车驾驶员不得有拒载、议价、途中甩客、故意绕道行驶等行为。

(十三)道路运输经理人应当恪守职业道德,接受继续教育,不断提高自身职业素养和企业经营管理水平。在道路运输企业经营管理活动中,应当依法经营、保证质量,并承担相应责任。

(十四)机动车维修技术人员按照维修规范和程序作业,不擅自扩大维修项目,不使用假冒伪劣配件,不擅自改装机动车,不承修已报废的机动车,不利用配件拼装机动车。

(十五)机动车驾驶培训教练员按照全国统一的培训大纲实施教学,规范填写教学日志和培训记录,不擅自减少学时和培训内容。

(十六)1000公里以上的跨省长途客运车辆凌晨2时至5时停止运行或实行接驳运输。

(十七)客运驾驶人24小时累计驾驶时间原则上不超过8小时,日间连续驾驶不超过4小时,夜间连续驾驶不超过2小时,每次停车休息时间不少于20分钟。

(十八)道路运输驾驶员、出租车驾驶员、教练员不得对安装在车辆上的卫星定位装置等进行屏蔽和随意切断,应保证其在行车过程中有效运行。

(十九)道路客运驾驶员要提醒乘客正确使用安全带。

第五节 从业资格考核员、考点和保密规定

一、从业资格考核员

(一)从业资格考核员的分类。考核员分为理论知识考核员和应

用能力考核员。根据考试大纲,凡有操作项目的均设应用能力考核员。

(二)从业资格考核员管理。交通运输部负责指导全国考核员队伍建设工作,具体工作由交通运输部职业资格中心承担。省级交通运输主管都门负责指导本地区考核员队伍建设工作,省级道路运输管理机构负责本地区考核员的培训和监督检查工作。设区的市级交通运输主管部门和道路运输管理机构按照职责具体负责本地区考核员的管理工作。

(三)考核员应当具备的条件。

1. 理论知识考核员应当具备的条件:

(1)具有良好的职业道德;

(2)熟悉道路运输有关法律、法规和规章,掌握道路运输相关业务、安全生产等知识;

(3)具有大专以上学历;

(4)具有良好的语言表达能力;

(5)身体健康,年龄不超过60周岁。

2. 应用能力考核员应当具备的条件:

(1)具有良好的职业道德;

(2)熟悉道路运输有关法律、法规和规章,掌握道路运输相关业务、安全生产等知识;

(3)具有大专以上学历;

(4)具有良好的语言表达能力;

(5)身体健康,年龄不超过60周岁;

(6)持有机动车驾驶证;

(7)3年内无负同等及以上责任的重大以上交通责任事故记录。

(四)考核员的申请及提供的资料。拟担任考核员须由所在单位推荐并提供下列材料:

1.《道路运输从业资格考试考核员登记表》；

2.身份证、学历证明复印件各1份；

3.近期1寸彩色免冠照片4张；

4.拟担任应用能力考核员的还应当提供机动车驾驶证复印件和3年内无负同等及以上责任的重大以上交通责任事故记录证明各1份。

（五）考核员的培训、考试及发证。市级道路运输管理机构对申请资料初审后，汇总上报省级道路运输管理机构审核。省级道路运输管理机构统一组织本地区考核员培训、考核，对考核合格者，发放考核员证书。

（六）考核员的聘用。设区的市级交通运输主管部门或者道路运输管理机构根据道路运输从业资格考试类别在取得考核员证书的人员中聘任，发放考核员胸卡。考核员聘任期限为3年。考核员聘任期满后，参加省级道路运输管理机构组织的不少于16学时的有关法律、法规、规章和服务等内容的继续教育后方可续聘。

（七）考核员的解聘与资格撤销。考核员有下列情形之一的予以解聘和撤销资格：

1.减少考试项目或者降低考试标准的；

2.发现考试中存在舞弊现象未制止的；

3.给未经考试或者考试不合格的考生签注合格的；

4.不遵守考试回避制度的；

5.签注考试成绩合格的考生发生负有主要及以上责任的重大以上交通责任事故，考核员在责任倒查中被发现有违规违纪行为的；

6.其他违反考试相关规定的。

二、从业资格考试考点管理

（一）从业资格考试考点管理。交通运输部负责指导全国考点管理工作，具体工作由交通运输部职业资格中心承担。省级交通运输主管部门负责指导本地区考点管理工作,省级道路运输管理机构负责本地区考点管理的监督检查工作。设区的市级交通运输主管部门和道路运输管理机构按照职责具体负责本地区考点建设和管理工作。

(二)从业资格考试考点的分类。考点分为理论知识考点和应用能力考点两类。理论知识考点分为计算机理论知识考点和纸质理论知识考点。应用能力考点分为经营性道路旅客运输驾驶员应用能力考点和经营性道路货物运输驾驶员应用能力考点。

(三)各类从业资格考试考点的基本条件。

1.计算机理论知识考点应当具备的条件。

(1)具有良好采光、通风条件的封闭考场,考场人均使用面积不少于1.2平方米;

(2)具有服务器、相关系统软件及不间断电源(UPS电源)等设备,具体硬件和软件等配置要求;

(3)具有能监控到考场各方位、不留盲点的监控设备和监控室,其中监控摄像头分辨率不低于30万像素,具有将录像数据保存不少于20天的存储设备;

(4)具有待考人员休息场所,能提供必要的医疗等便民服务,待考区与考场应当间隔适当距离;

(5)具有专人负责考试系统的日常维护;

(6)其有完善的考试安全保密、档案和应急管理等制度。

2.纸质理论知识考点应当具备的条件。

(1)具有良好采光、通风条件的封闭考场;

(2)封闭考场的座位须单人、单桌排列,间距不少于0.8米;

(3)具有能监控到考场各方位、不留盲点的监控设备和监控室,其中监控摄像头分辨率不低于30万像素,具有将录像数据保存不少于120天的存储设备;

（4）具有准确统一的计时条件；

（5）具备存放试卷等保密资料的专用机要室和保险柜，专用机要室须符合国家有关保密规定的要求；

（6）具有用于清点接收和装袋寄送试卷等资料的考务工作场地；

（7）具有待考人员休息场所，能提供必要的医疗等便民服务，待考区与考场应当间隔适当距离；

（8）具有完善的安全保密、档案和应急管理等制度。

3.经营性道路旅客运输驾驶员应用能力考点应当具备的条件。

（1）具有不小于200平方米的考场；

（2）车长不小于9米的大型普通载客汽车不少于1台，车长不小于4米的小型普通载客汽车不少于1台，所有考试用车技术状况应当符合营运车辆等级评定二级及以上技术条件；

（3）急救箱不少于2个，心肺复苏橡胶人体不少于2个，车用消防设施不少于2套；

（4）具有待考人员休息场所，能提供必要的医疗等便民服务，待考区与考场应当间隔适当距离；

（5）具有完善的安全保密、档案和应急管理等制度。

4.经营性道路货物运输驾驶员应用能力考点应当具备的条件。

（1）具有不小于200平方米的考场；

（2）车长不小于9米、轴距不小于5米的重型普通载货汽车不少于1台，所有考试用车技术状况应当符合营运车辆等级评定二级及以上技术条件；

（3）轮胎更换专用工具不少于2套，车用消防设施不少于2套；

（4）具有待考人员休息场所，能提供必要的医疗等便民服务，待考区与考场应当间隔适当距离；

（5）具有完善的安全保密、档案和应急管理等制度。

5. 从业资格考试考点的申请。申请单位填写《道路运输从业资格考试考点设置表》，经设区的市级交通运输主管部门或者道路运输管理机构现场审核，符合要求的颁发道路运输从业资格考试考点标牌。

6. 从业资格考试考点的整改与撤销。考点出现下列情形之一，由设区的市级交通运输主管部门或者道路运输管理机构责令整改，拒不整改或者整改无效的，撤销考点。

（1）1个考核年度内由于考点设施设备等自身原因，导致3次以上考试无法正常进行的；

（2）擅自变更考点设施的；

（3）由于考点自身原因，造成生产安全事故的；

（4）在工作中弄虚作假、谋取私利，造成社会不良影响的；

（5）违反国家安全保密有关管理规定的；

（6）违反国家有关考试其他相关规定的。

三、从业资格考试安全保密管理

（一）从业资格考试安全保密的管理。交通运输部负责全国道路运输从业资格考试安全保密的指导工作，具体工作由交通运输部职业资格中心承担。省级交通运输主管部门负责本地区道路运输从业资格考试安全保密的指导工作。省级道路运输管理机构负责本地区道路运输从业资格考试安全保密工作的监督检查。设区的市级交通运输主管部门和道路运输管理机构按照职责负责本地区的道路运输从业资格考试的安全保密工作。

（二）涉密对象和涉密人员。道路运输从业资格考试启用前的考试试卷（包括备用卷）、标准答案为机密级国家秘密。道路运输从业资格考试考务工作中直接接触考试启用前的考试试卷（包括备用卷）、标准答案的人员均为涉密人员。

（三）涉密载体及管理。以文字、数据、符号、图形、音像等各种方式记载道路运输从业资格考试启用前的考试试卷（包括备用卷）、标准答案的纸介质、磁介质、光介质等存储介质（包括硬盘、移动存储器、光盘、软盘和录像带等）均为涉密载体，必须存入保密室或者保密柜，并且按照国家有关保密规定进行管理。

（四）使用涉密载体时应当符合以下要求：

1. 禁止在涉密信息系统与非涉密信息系统之间交叉使用；

2. 统一配发、统一编号、统一管理。

（五）使用涉密计算机时应当符合以下要求：

1. 禁止将涉密计算机与非涉密计算机或者互联网物理连接；

2. 禁止在涉密计算机上安装无线网卡，禁止使用无线键盘、无线鼠标及其他无线互联的外围设备操作涉密计算机。

第十二章 外商投资道路运输管理工作规范

第一节 外商投资道路运输业务申请材料

一、外商投资道路运输业的范围

外商在中华人民共和国境内投资道路旅客运输经营、道路货物运输经营和道路运输相关业务。道路运输相关业务包括站（场）经营、机动车维修经营。

外商投资企业在境内再投资道路旅客运输经营的，应按照《外商投资道路运输业管理规定》等有关规定进行审批、管理。

香港特别行政区、澳门特别行政区和台湾省的投资者以及海外华侨在中国内地投资道路运输业的适用《外商投资道路运输业管理规定》。

二、外商投资道路运输业的形式

外商投资道路运输业有外商独资、中外合资、中外合作以及并购、外商投资企业再投资等形式。

三、交通运输行政管理部门的职责

交通运输部主管全国的外商投资道路运输业管理工作。

省级地方人民政府交通运输主管部门负责本辖区的外商投资道路运输业的立项及相关事项的批准。

设区的市级交通运输主管部门负责本行政区域的外商投资道路运输业的立项及相关事项申请工作，包括提出初审意见，报省级交通运输主管部门审批。

四、外商投资道路运输业的投资政策

外商投资道路运输业应当符合国务院交通运输主管部门制定的

道路运输发展政策和企业资质条件,并符合拟设立外商投资道路运输企业所在地的交通运输主管部门制定的道路运输业发展规划的要求。

投资各方应当以自有资产投资并具有良好的信誉。

五、外商投资道路运输业的立项审批

立项是指外商在中华人民共和国境内投资道路运输业,设立外商投资道路运输企业(即设立新的道路运输企业),也称为外商投资道路运输业的前置许可。立项还包括外商并购国内已有的内资道路运输企业、外商投资企业再投资道路旅客运输企业。

(一)中外合资形式投资客运、客运站(场)经营,还应符合以下条件:

1. 主要投资者中至少一方必须是在中华人民共和国境内从事5年以上道路旅客运输业务的企业;

2. 外资股份比例不得多于49%;

3. 企业注册资本的50%用于客运基础设施的建设与改造;

4. 投放的车辆应当是中级及以上的客车。

(二)外商独资、中外合资、中外合作形式投资货运经营、货运站(场)经营、机动车维修经营。

(三)香港服务提供者和澳门服务提供者在内地西部地区设立独资企业经营道路旅客运输业务。

六、外商投资道路运输业的立项申请

设立外商投资道路运输企业,应由拟设企业向其所在地的设区的市级交通运输主管部门提出立项申请,并提交以下材料(提交外文资料须同时附中文翻译件,所有复印件须加盖投资企业公章或法人签字):

(一)申请书。申请书内容包括企业类型、投资总额、注册资本、投资主体、投资股比、经营范围、经营规模(包括车辆类型、车辆数量)、经营期限。

(二)项目建议书。

(三)投资者的法律证明文件(投资者的工商登记证明及法人、自然人的合法身份证明)。

(四)投资者资信证明。资信证明应包括两方面的内容:一是投资者主要账户所在银行为其出具以往信誉良好、无不良纪录、无违约行为等的证明;二是出具投资者目前具有投资能力(如存款余额)证明。

(五)投资者以土地使用权、设施和设备等投资的,应提供资产评估证明。

(六)拟设立企业名称预先核准通知书及复印件。

(七)拟设立中外合资、中外合作企业的,提交投资各方签署的合作意向书。

(八)拟设立外商投资道路旅客运输业务的,应同时提交投资者所在地的设区的市级交通运输主管部门出具的在中华人民共和国境内从事5年以上道路旅客运输业务的证明,以及拟购车辆承诺书。

(九)香港服务提供者和澳门服务提供者拟在内地西部地区设立独资道路旅客运输企业、道路客运站的,应同时提供《香港服务提供者证明书》或《澳门服务提供者证明书》。

七、外商投资道路运输业的增项审批

增项分为以下3种形式:

(一)外商投资道路运输企业(已立项的外商投资道路运输企业)增项是指,外商投资道路运输企业申请在交通运输部(或省交通运输厅)原立项批件的基础上,扩大经营范围或者扩大经营规模或者同时扩大经营范围、经营规模的(即外商投资道路运输企业扩大经营范围或者扩大经营规模超出原核定标准的)。

(二)外商投资企业的增项是指,外商投资企业(如生产水泥、服装的)申请扩大经营范围从事道路运输业。

(三)外商投资道路运输企业设立分公司从事道路运输业。

八、外商投资道路运输业的增项申请

增项申报分为以下3种形式:

(一)外商投资道路运输企业增项的,应由企业向其所在地的设区的市级交通运输主管部门提出增项申请,并提交以下材料(提交外文资料须同时附中文翻译件,所有复印件须加盖投资企业公章或法人签字):

1. 申请书[申请扩大经营范围、经营规模(车辆类型及车辆数量)等情况];

2. 交通运输部(或省交通运输厅)外商投资道路运输业的所有批件(包括立项批件或已有的增项、变更、分公司等批件)复印件;

3. 企业法人营业执照复印件;

4. 外商投资企业批准证书复印件;

5. 外商投资企业立项批件复印件;

6. 资信证明。

(二)外商投资企业增项的,应由拟设企业向其所在地的设区的市级交通运输主管部门提出立项申请,并提交以下材料(提交外文资料须同时附中文翻译件,所有复印件须加盖投资企业公章或法人签字):

1. 申请书[申请从事道路运输的经营范围、经营规模(车辆类型及车辆数量)、经营期限等情况];

2. 企业法人营业执照复印件;

3. 外商投资企业批准证书复印件;

4. 外商投资企业立项批件复印件;

5. 资信证明。

(三)外商投资道路运输企业设立分公司从事道路运输业的,应由拟设企业向其所在地的设区的市级交通运输主管部门提出立项申请,并提交以下材料(提交外文资料须同时附中文翻译件,所有复印件须加盖投资企业公章或法人签字):

1. 申请书[申请分公司的经营范围、经营规模(车辆类型及车辆数量)等情况,其中分公司的经营范围、经营期限不得超出总公司《道路运输经营许可证》上核定的经营范围、经营期限];

2. 总公司所有外商投资道路运输业的批件(包括立项批件或已有的增项、变更、分公司等批件)复印件;

3. 总公司企业法人营业执照复印件;

4. 总公司外商投资企业批准证书复印件;

5. 总公司外商投资企业立项批件复印件;

6. 总公司的资信证明。

外商投资道路运输企业拟在企业(总公司)所在地省级交通运输主管部门辖区以外设立分公司从事道路运输业的,企业(总公司)所在地省级交通运输主管部门应当书面征得分公司所在地省级交通运输主管部门同意后,按照外商投资道路运输企业扩大经营规模的有关规定进行审批。

九、外商投资道路运输业的变更

外商投资道路运输企业变更包括拟合并、分立、迁移和变更投资主体、注册资本、投资股比。外商投资道路运输企业变更,应由该企业向其所在地的市级交通运输主管部门提出变更申请并提交以下材料(提交外文资料须同时附中文翻译件,所有复印件须加盖投资企业公章或法人签字):

(一)申请书;

(二)交通运输部(或省交通运输厅)外商投资道路运输业的所有批件(包括立项批件或已有的增项、变更、分公司等批件)复印件;

(三)企业法人营业执照复印件;

(四)外商投资企业批准证书复印件;

(五)外商投资企业立项批件复印件;

(六)资信证明。

第二节 外商投资道路运输许可程序及相关术语

一、外商投资道路运输业的审批时限

交通运输主管部门按下列程序对外商投资道路运输业立项、增项和变更申请进行审核和审批:

(一)市级交通运输主管部门自收到申请材料之日起15个工作日内,依据本规定提出初审意见,并将初审意见和申请材料报省级交通运输主管部门。

(二)省级交通运输主管部门自收到上报材料之日起30个工作日内,对申请材料进行审核。符合规定的,颁发立项等批件;不符合规定的,退回申请,书面通知申请人并说明理由。

(三)省级交通运输主管部门制发的外商投资道路运输业批件应当明确批件有效期限。立项批件有效期一般为18个月,其他批件有效期一般为6个月。取得外商投资道路运输业批件后在有效期内未完成工商注册等级手续的,批件自行失效。

二、外商投资道路运输业的申请者办理相关手续

根据《外商投资道路运输业管理规定》,申请人收到批件后持此批件和相关材料到其他有关部门办理相关手续。

申请人在收到外商投资企业批准证书后,应当在30日内持立项批件和批准证书,向拟设立企业所在地道路运输管理机构申请领取《道路运输经营许可证》,并依法办理工商登记后,方可按核定的经营范围从事道路运输经营活动。县级以上道路运输管理机构应当根据《中华人民共和国道路运输条例》设定的许可权限及外商投资道路运输业批件核定的经营范围,为企业颁发《道路运输经营许可证》并配发营运车辆《道路运输证》,或者根据许可权限及外商投资道路运输业批件核定的变更事项,为企业办理相应的变更手续。

三、外商投资道路运输业的变更手续

申请人收到变更的外商投资企业批准证书后,应当在30日内持变更批件、变更的外商投资企业批准证书和其他相关的申请材料向原道路运输经营许可部门和工商行政管理部门办理相应的变更手续。

四、外商投资道路运输业的备案

(一)申请人在办理完有关手续后,应将企业法人营业执照、外商投资企业批准证书以及道路运输经营许可证影印件报省级交通运输主管部门备案。

(二)外商投资企业更名后,应到省级交通运输主管部门(原许可部门)备案。

五、外商投资道路运输业的经营期限

外商投资道路运输企业的经营期限一般不超过12年,但投资额中有50%以上的资金用于客货运输站场基础设施建设的,经营期限可为20年。

六、外商投资道路运输业的延期

(一)经营业务符合道路运输产业政策和发展规划,经原审批机关批准,可以申请延长经营期限,每次延长的经营期限不超过20年。

(二)申请延长经营期限的外商投资道路运输企业,应当在经营期满6个月前向企业所在地的市级交通运输主管部门提出申请,由省级交通运输主管部门批复。

七、外商投资道路运输业的停业手续

外商投资道路运输企业停业、歇业或终止,应当及时到省级交通运输主管部门、商务主管部门和工商行政管理部门办理相关手续。

八、外商投资道路运输业审批情况报备

省级交通运输主管部门应当于每年 3 月 31 日前将本省上年度《外商投资道路运输业审批明细表》报交通运输部运输司。

九、外商投资道路运输业的相关术语

（一）外商投资企业

外商投资企业是指外国企业、外国经济组织和外国个人在中国投资举办的能够独立承担民事责任，具有中国企业法人资格的经济实体。外商投资企业根据投资方式、分配方式、风险方式、回收投资方式、承担责任方式、清算方式的不同又分为中外合资经营企业、中外合作经营企业和外资企业（也称外商独资经营企业）。

（二）中外合资企业

中外合资企业是指外国公司、企业和其他经济组织或个人，经批准在中华人民共和国境内，同中国的公司、企业或其他经济组织共同投资、共同经营、共担风险、共负盈亏从事某种经营活动的企业。

（三）中外合作企业

中外合作企业是指外国公司、企业和其他经济组织或个人，经批准在中华人民共和国境内，同中国的企业或其他经济组织共同举办的，按合同规定的各方投资条件、收益分配、风险责任和经营方式等进行经营的非股权式的经济组织。中外合作企业一般是由中国合作者提供土地（使用权）、自然资源、劳动力或现有厂房、设备和相应的水电设施等，外国合作者提供资金、先进设备和技术、材料等。

（四）外资企业

外资企业又称外商独资企业，是指经批准在中华人民共和国境内设立的，全部资本由外国企业和其他经济组织或个人投资的企业（不包括外国的企业和其他经济组织在中华人民共和国境内设立的分支机构）。

外商投资道路运输业审批明细表

填报单位：　　　　　　　　　　　　　　　　　　　年度：

经营范围	批 件 数 量				运力规模（辆）	
	立项批件数量	变更批件数量	港澳投资批件数量	台湾投资批件数量	港澳投资企业运力规模（辆）	台湾投资企业运力规模（辆）
总计						
客运经营						
货运经营						
运输站（场）					—	—
机动车维修经营					—	—

填表人：　　　　　　　　　　　　　　　　　　　填报日期：

(五)香港服务提供者、澳门服务提供者

服务提供者是根据世界贸易组织《服务贸易总协定》(GATS)和其他自由贸易协定的规定和惯例而采用的称谓。一项服务的生产、分销、销售的主体,就是服务提供者,即提供这项服务的任何"人",包括"自然人"或"法人"。香港服务提供者或澳门服务提供者中的"自然人"就是香港、澳门的永久居民,"法人"就是在香港、澳门根据当地法律注册或登记设立的香港公司、澳门公司。当其为"自然人"的时候,应提供有关材料证明其为香港、澳门的永久性居民或永久性居民中的中国公民;当其为"法人"的时候,应在香港、澳门根据当地法律注册或登记设立,并在香港、澳门已从事一定年限的实质性商业经营。

第十三章　国际道路运输管理工作规范

第一节　国际道路运输管理职责

一、交通运输部的主要职责

交通运输部履行以下国际道路运输管理职责：

（一）根据国务院授权，代表中国政府与有关国家政府签订政府间汽车运输协定、议定书等国际条约和法律文件；

（二）制定国际道路运输发展政策、中长期规划和规范性文件并组织实施；

（三）与有关国家相关部门商定开通国际道路运输线路和国际汽车运输行车许可证交换数量；

（四）与有关国家相关部门协调解决中外汽车运输协定、议定书等条约实施过程中出现的问题；

（五）提出口岸国际道路运输管理机构的设置意见；

（六）负责突发事件的国际道路运输组织协调工作；

（七）负责国际道路运输线路的审批和管理工作；

（八）组织制定国际道路运输单证及标志式样。

二、省级交通运输主管部门的主要职责

省级交通运输主管部门履行以下国际道路运输管理职责：

（一）实施我国政府与有关国家政府签订的汽车运输协定、议定书等国际条约；

（二）制定本行政区域国际道路运输发展规划；

（三）根据交通运输部或省级人民政府授权，与周边国家政府相关主管部门或地方政府进行会谈，协商双边汽车运输合作事宜；

（四）受交通运输部委托，与有关国家政府交通运输主管部门进行工作洽谈，协调解决国际道路运输有关问题；

（五）审核本行政区域与周边国家间的国际道路运输线路，并按照规定报交通运输部审批；

（六）会同地方政府，向交通运输部和省级人民政府提出本行政区域内口岸国际道路运输管理机构的设置意见等。

三、省级道路运输管理机构的主要职责

省级道路运输管理机构履行以下国际道路运输管理职责：

（一）负责国际道路运输经营行政许可；

（二）负责国际汽车运输行车许可证的印制、交换、发放和使用管理；

（三）印制、发放国际汽车运输单证、国籍识别标志；

（四）与有关国家执行机构交换有关运输企业、车辆、驾驶员等信息，协调解决国际道路运输有关问题；

（五）受理外国运输车辆进入我国境内进行超限运输或危险品运输的申请及国际汽车运输特别行车许可证的发放；

（六）维护国际道路运输市场秩序；

（七）报送国际道路运输统计资料等。

四、口岸国际道路运输管理机构的主要职责

口岸国际道路运输管理机构应作为省级道路运输管理机构的派出机构履行以下国际道路运输管理职责：

（一）查验国际道路运输行车许可证、国籍识别标志、国际道路运输有关牌证；

（二）监督检查国际道路运输的经营活动；

（三）协调出入口岸运输车辆的通关事宜；

（四）受省级道路运输管理机构委托在口岸发放国际道路运输单证；

(五)负责有关统计工作;

(六)负责了解出入口岸运输车辆通关情况等。

第二节 国际道路运输经营许可

一、国际道路运输经营许可事项及实施主体

(一)省级道路运输管理机构负责实施国际道路运输经营许可。

(二)国际道路运输经营许可事项包括国际道路旅客运输(定期国际道路旅客运输、不定期国际道路旅客运输)、国际道路货物运输(普通货物运输、货物专用运输、大型物件运输)和国际道路危险货物运输。

二、国际道路运输经营许可条件

申请从事国际道路运输经营活动的,省级道路运输管理机构应当审查申请人是否具备下列条件:

(一)已经取得国内《道路运输经营许可证》的企业法人。

(二)从事国内道路运输经营满3年,且近3年内未发生重大以上道路交通责任事故。

(三)人员符合以下条件:

1.驾驶人员取得相应的机动车驾驶证和营运驾驶员从业资格证,年龄不超过60周岁;

2.从事旅客运输的驾驶人员3年内无重大以上交通责任事故记录;

3.从事危险货物运输的押运人员、装卸管理人员取得从业资格证。

(四)有与其经营业务相适应并经检测合格的国际道路客货运输车辆。

1.投入国际道路运输经营的客货运输车辆技术性能应当符合国

家标准《营运车辆综合性能要求和检验方法》(GB 18565)的要求。

2. 投入国际道路运输经营的客货运输车辆技术等级应当达到行业标准《营运车辆技术等级划分和评定要求》(JT/T 198)规定的一级。

3. 投入国际道路运输经营的客货运输车辆外廓尺寸、轴荷和载质量应当符合国家有关标准和车辆拟到达国家的有关标准要求,或符合中外政府商定的车辆技术标准要求。

4. 投入国际道路旅客运输经营的客车类型等级应当达到行业标准《营运客车类型划分及等级评定》(JT/T 325)规定的中级以上。

5. 从事国际道路大型物件运输经营的超重型车辆,应当与所运输的大型物件相适应。超重型车辆是指运输长度在14米以上或宽度在3.5米以上或高度在3米以上货物的车辆,或者运输质量在20吨以上的单体货物或不可解体的成组(捆)货物的车辆。

6. 从事国际道路冷藏保鲜、罐式容器等专用运输的专用车辆,应当与运输货物相适应,专用容器、设备、设施应当固定在专用车辆上。

7. 从事国际道路集装箱运输的车辆,应当与运输的集装箱相适应,并有固定集装箱的转锁装置。

8. 从事国际道路危险货物运输的危险品运输车辆,除了应当符合国内道路危险货物运输要求外,还应当符合车辆拟到达国家的有关法律规定。

(五)有健全的国际道路运输安全生产管理制度。

国际道路运输安全生产管理制度包括以下几个方面:

1. 国际道路运输安全生产责任制度;

2. 国际道路运输安全生产操作规程;

3. 国际道路运输安全生产监督检查制度;

4. 驾驶员和车辆安全生产管理制度;

5. 国际道路运输应急预案等。

三、国际道路运输经营许可程序

（一）要求提交的申请材料

1. 申请从事国际道路运输经营的,应当向所在地省级道路运输管理机构提出申请,并提交以下材料：

（1）《国际道路运输经营许可申请表》；

（2）《道路运输经营许可证》及复印件；

（3）法人营业执照及其复印件；

（4）企业近3年内无重大以上交通责任事故的证明；

（5）拟投入国际道路运输经营的车辆的《道路运输证》,或机动车行驶证、机动车综合性能检测报告单、车辆技术等级评定表,或拟投入车辆承诺书,承诺书包括车辆数量、类型及等级、技术性能、座位数或吨位数、车辆外廓尺寸以及购置时间等内容；

（6）已聘用或拟聘用驾驶员的机动车驾驶证和从业资格证及其复印件,驾驶员近3年内无重大以上道路交通责任事故的证明；

（7）国际道路运输安全生产管理制度文本。

2. 申请从事定期或不定期国际道路旅客运输的企业,应当具备从事国内一类客运班线经营的条件,提供国际道路旅客运输的可行性报告。内容应包括市场需求预测、对方国家相关法律法规规定、车辆技术标准要求、具体的运输线路（起讫站点、通过口岸）、沿线公路等级、公路里程、服务设施、经过的主要城市、旅游景点、运营班次、预计票价、有关国家对开运输承运人情况以及经济社会效益分析等内容。

3. 申请从事国际道路危险货物运输的,还应当提交押运人员、装卸管理人员的从业资格证。

4. 已取得国际道路运输经营许可,申请新增定期或不定期国际道路旅客运输线路的,应当提交下列材料：

（1）《道路运输经营许可证》及复印件；

(2)新增定期或不定期国际道路旅客运输的可行性报告,内容与上述"2."所述内容相同;

(3)拟投入车辆的《道路运输证》,或机动车行驶证、机动车综合性能检测报告单、车辆技术等级评定表,或拟投入车辆承诺书,承诺书包括车辆数量、类型及等级、技术性能、座位数、车辆外廓尺寸以及购置时间等内容;

(4)已聘用或者拟聘用驾驶员的机动车驾驶证和从业资格证及其复印件,驾驶员近3年内无重大以上道路交通责任事故的证明。

(二)申请材料形式审查及处置

省级道路运输管理机构应当按照以下要求对申请材料的完整性进行审核:

1. 申请材料不齐全或者不符合法定形式的,应当要求申请人当场补全或者更正,当场不能补全或者更正的,应当场或在5个工作日内出具注明日期且加盖道路运输管理机构专用印章的《交通行政许可申请补正通知书》,一次性告知需补正的全部内容。

2. 申请材料齐全有效的,应出具《交通行政许可申请受理通知书》。

3. 申请事项依法不需要取得行政许可或申请事项依法不属于本级道路运输管理机构职权范围的,应出具《交通行政许可申请不予受理决定书》。

(三)许可前公示和现场审查

1. 对已受理的国际道路运输经营申请,省级道路运输管理机构应当将申请的有关情况在其网站或办公场所进行公示,公示期限为5日。

2. 公示期间或结束后,受理申请的省级道路运输管理机构应当组织有关人员对申请人申请从事国际道路运输经营的有关条件和所提供的申请材料的真实性进行实地审查。

(四)许可决定

省级道路运输管理机构对申请人提交的材料进行审查后,应当自受理申请之日起20个工作日内,根据公开、公平、公正的原则,经集体研究讨论,作出许可或不予许可的决定。

1. 边境口岸地省级道路运输管理机构作出许可决定

边境口岸地省级道路运输管理机构对国际道路运输经营申请作出许可决定的,按照以下程序办理:

(1)对符合法定条件的国际道路运输经营申请作出准予行政许可决定的,向申请人出具《国际道路运输经营许可决定书》,并明确许可事项;

(2)对不予行政许可的,向申请人出具《不予交通行政许可决定书》,并说明理由;

(3)因需要延长许可申请处理时间的,须经省级道路运输管理机构负责人批准,向申请人出具《延长交通行政许可期限通知书》,并说明理由,但延长时间不得超过10个工作日。

2. 非边境口岸地省级道路运输管理机构作出许可决定

非边境口岸地省级道路运输管理机构对国际道路运输经营申请作出许可决定的,按照以下程序办理:

(1)在作出许可决定前,应当与运输线路拟通过边境口岸所在地的省级道路运输管理机构发函协商,协商内容如下:

①申请经营国际道路运输及新增国际道路运输线路的,非口岸地省级道路运输管理机构应向运输线路拟通过口岸地的省级道路运输管理机构通报拟申请企业名称、运输线路、公路里程(公里)、起讫站点、途经线路、中途停靠站点、日发班次、车辆类型及数量、经营方式等相关内容,同时附上加盖省级道路运输管理机构公章的《国际道路运输线路经营申请表》复印件;

②变更原许可事项的,还应向边境口岸地省级道路运输管理机

构通报申请企业申请变更的理由、拟申请变更的许可事项及内容等,并附上原《国际道路旅客运输班线经营许可决定书》复印件或原《变更国际道路运输行政许可事项决定书》复印件。

(2)边境口岸地省级道路运输管理机构应当自收到非边境口岸地省级道路运输管理机构的函件之日起15个工作日内,对符合法定条件、完整有效的申请事项,依法作出"同意"或"不同意"的审定意见并函复非边境口岸地省级道路运输管理机构。超过时间未函复的,视为同意。对不符合法定条件、申请材料信息出现错漏,须及时与非边境口岸地省级道路运输管理机构沟通或函复说明。

(3)与边境口岸地省级道路运输管理机构协商一致,并对符合法定条件的国际道路运输经营申请作出准予行政许可决定的,向申请人出具《国际道路运输经营许可决定书》,并明确许可事项。

(4)与边境口岸地省级道路运输管理机构协商不成的,由非边境口岸地省级交通运输主管部门报交通运输部裁定。交通运输部按照规定的程序作出许可或者不予许可的决定,通知申请人所在地省级交通运输主管部门,同时抄送相关边境口岸地省级交通运输主管部门,并由申请人所在地省级道路运输管理机构按照规定颁发许可证件或者出具《不予交通行政许可决定书》。

(5)对不予行政许可的,向申请人出具《不予交通行政许可决定书》,并说明理由。

(6)因需要延长许可申请处理时间的,须经省级道路运输管理机构负责人批准,向申请人出具《延长交通行政许可期限通知书》,并说明理由,但延长时间不得超过10个工作日。

(五)《道路运输经营许可证》发放

1. 申请从事国际道路运输的《道路运输经营许可证》,由省级道路运输管理机构核发。

2. 省级道路运输管理机构在作出行政许可决定后,应当在10个工作日内向被许可人颁发新的《道路运输经营许可证》,并在《道路运输经营许可证》上注明国际道路运输,或国际道路旅客运输,或国际道路货物运输经营范围。

3. 申请从事国际道路运输经营的当事人,如还有其他道路运输经营项目,则须到省级道路运输管理机构换发《道路运输经营许可证》。省级道路运输管理机构在换发新的《道路运输经营许可证》时,应当收回原县级或市级道路运输管理机构核发的《道路运输经营许可证》,并将其退回原核发《道路运输经营许可证》的道路运输管理机构,存入道路运输经营业户的管理档案中。

(六)监督履行投入运输车辆承诺

被许可人作出投入运输车辆承诺的,道路运输管理机构应当监督被许可人按照承诺书的承诺期限投入运输车辆。超过承诺期限未履行投入运输车辆承诺的,道路运输管理机构应当通知被许可人180日内投入车辆;超过承诺期限180日还不履行投入运输车辆承诺的,其经营条件已不具备,自动终止经营资格,道路运输管理机构应当撤销其出具的《国际道路运输经营许可决定书》,并收回《道路运输经营许可证》。

(七)配发《道路运输证》

省级道路运输管理机构应当核实被许可人购置的车辆或者已有的车辆,符合条件的,配发《道路运输证》。

(八)《道路运输经营许可证》和《道路运输证》中"经营范围"的填写

1. 从事国际道路旅客运输经营的,其"经营范围"按照省级道路运输管理机构行政许可决定的内容,分别填写"定期国际道路旅客运输"、"不定期国际道路旅客运输"。

2. 从事国际道路货物运输经营的,其"经营范围"按照省级道路运输管理机构行政许可决定的内容,分别填写"国际道路普通货物运输"、"国际道路货物专用运输(项目)"、"国际道路大型物件运输(类别)"、"国际道路危险货物运输(类别、项别)"。其中：

(1)"国际道路货物专用运输"的"项目"中,应当在括号内分别标注相应项目"集装箱"、"冷藏保鲜"、"罐式"。

(2)"国际道路大型物件运输"的"类别"中,应当在括号内分别标注一、二、三、四类。

(3)"国际道路危险货物运输"的"类别"、"项别"中,应当在括号内分别按国家标准《危险货物分类和品名编号》(GB 6944)的规定标注相应类别和项别。危险货物分为 1～9 类,每一类中又分为若干项。

四、国际道路运输企业设立子公司许可程序

国际道路运输企业设立子公司的,应当向省级道路运输管理机构提出申请,省级道路运输管理机构应当按照国际道路运输企业许可程序予以办理。

五、国际道路运输企业设立分公司报备程序

(一)国际道路运输企业设立分公司的,如总公司与分公司属同一省级道路运输管理机构管辖的,按照以下程序办理：

1. 国际道路运输企业应当向原《道路运输经营许可证》核发机关报备,提供分公司登记注册的营业执照等相关证件。

2. 省级道路运输管理机构在原《道路运输经营许可证》副本上"分支机构"栏予以注明,同时向分公司核发新的《道路运输经营许可证》副本,并出具分公司备案证明。

(二)国际道路运输企业设立分公司的,如总公司与分公司分属不同的省级道路运输管理机构管辖的,按以下程序办理：

1. 国际道路运输企业应当向分公司注册地的省级道路运输管理机构报备,并提供总公司《企业法人营业执照》、《道路运输经营许可证》正本复印件和《道路运输经营许可证》副本(原件)。

2.经核实,国际道路运输企业提供的材料真实,且符合从事国际道路运输经营活动条件的,省级道路运输管理机构应出具分公司备案证明,并向分公司核发《道路运输经营许可证》副本,同时函告总公司注册地省级道路运输管理机构。

3.分公司在取得所在地省级道路运输管理机构核发的分公司备案证明、分公司《道路运输经营许可证》副本后,按照有关规定办理工商、税务登记手续。

4.分公司需新增运输车辆的,分公司所在地的省级道路运输管理机构审核车辆条件后,符合要求的,配发《道路运输证》。也可根据实际情况,委托车籍所在地市级道路运输管理机构审核车辆条件后配发国际道路运输车辆《道路运输证》。

六、国际道路运输企业经营许可变更

(一)国际道路运输企业变更许可事项、扩大经营范围的,按照有关许可规定办理。

(二)国际道路运输企业变更名称、法定代表人、地址等的,应当向作出原许可决定的省级道路运输管理机构备案,并提交以下材料:

1.变更事项报告;

2.变更后的《营业执照》复印件;

3.原《道路运输经营许可证》正本及副本。

省级道路运输管理机构根据变更的事项重新更换新的《道路运输经营许可证》。

(三)国际道路运输企业扩大经营范围需按国际道路运输经营许可程序重新申请办理。

(四)许可变更后,原证件发放的省级道路运输管理机构应当按照证件发放程序重新换发《道路运输经营许可证》、《道路运输证》,同时收回原证件,并书面告知车籍所在地道路运输管理机构。也可根据实际情况,委托车籍所在地市级道路运输管理机构配发国际道路运输车辆《道路运输证》。

七、国际道路旅客运输线路经营许可变更

（一）国际道路旅客运输线路变更许可事项按照有关许可规定办理。

（二）国际道路运输企业变更起讫站点、途经线路、中途停靠站点、日发班次、临时途经、延期投入运营等线路许可事项的，应当向作出原许可决定的省级道路运输管理机构申请，并提交以下材料：

1.《变更国际道路运输行政许可事项申请书》；

2. 原《国际道路旅客运输班线经营许可决定书》或原《变更国际道路运输行政许可事项决定书》复印件；

3. 原《国际道路客运线路标志牌附卡》复印件；

4. 现有营运车辆《道路运输证》、机动车行驶证复印件；

5. 经办人的身份证明和委托书。

（三）申请有变更起点站、讫点站、中途停靠站点的，还要提交"进站方案"。方案应包括拟进始发站、讫点站、中途停靠站点的名称、发班班次、发班时间等内容。已与起讫站和停靠站签订进站协议的，应当提供进站协议。

八、国际道路运输经营许可报备

省级交通运输主管部门应每半年将国际道路运输经营许可情况向交通运输部备案，备案内容包括取得国际道路运输经营许可企业的基本情况、许可内容等。

九、国际道路运输企业终止经营

（一）国际道路运输企业拟终止经营的，应当在终止经营之日起提前30日告知原许可的省级道路运输管理机构，并由道路运输管理机构收回《道路运输经营许可证》、《道路运输证》等证件。

（二）如属核减经营范围的，省级道路运输管理机构应当为国际道路运输企业换发《道路运输经营许可证》正、副本等证件,并书面告知车籍所在地道路运输管理机构。

(三)如属终止经营的,省级道路运输管理机构应当在国际道路客运经营者终止经营后10日内,收回国际道路运输企业的《道路运输经营许可证》正、副本,《道路运输证》和《国际道路旅客运输线路标志牌》等有关证件,办理注销手续,书面告知车籍所在地道路运输管理机构,并在其网站或办公场所予以公布。

(四)国际道路客运经营者在取得国际道路客运经营许可证件后,无正当理由超过180日不投入运营或者运营后未经批准连续180日以上停运的,视为自动终止经营,原许可的省级道路运输管理机构应在10日内收回其《道路运输经营许可证》等证件,并予以公布。

十、定期国际道路旅客运输班线经营期满延续经营程序

(一)国际道路客运班线经营期限届满,需要延续客运班线经营的,应当在届满之日起提前60日重新提出申请。

(二)原许可的道路运输管理机构应当在该班线有效期届满前按照新增定期国际道路旅客运输班线的许可程序办理,作出许可或者不予许可的决定。

(三)予以许可的,重新办理有关手续;逾期未作出决定的,视为准予延续。

(四)国际道路客运班线经营期限届满仍未提出延续经营申请并办理相关手续的,视为放弃,客运班线经营权自动终止。

十一、暂停国际道路客运班线经营程序

(一)国际道路客运班线经营者在经营期限内申请暂停经营的,省级道路运输管理机构应当要求国际道路客运经营者提前30日提交《国际道路客运班线暂停申请表》。

(二)原许可的省级道路运输管理机构接到申请后,应当根据客运市场运行情况,作出准予或不准予暂停的决定。

（三）准予暂停的，应当在《国际道路客运班线暂停申请表》上签注"同意"的意见，并暂时收回《道路运输证》和《国际道路旅客运输线路标志牌》，在其网站或办公场所予以公布；恢复经营时，退还有关证件。

（四）不准予暂停的，应当在《国际道路客运班线暂停申请表》上签注"不同意"的意见，并说明理由。

（五）国际道路客运班车每年的报停时间累计不得超过口岸开关天数的一半。

十二、开通国际道路运输线路程序

开通国际道路旅客、货物运输线路，按照以下程序办理：

（一）道路运输企业根据市场需要向所在地省级道路运输管理机构提出拟开通国际道路运输线路的书面申请报告，并提交对拟开通的国际道路运输线路的可行性报告。省级国际道路运输管理机构对企业申请报告及拟开通的国际道路运输线路进行审核，并向省级交通运输主管部门提出审核意见。

（二）对国外政府或有关部门、运输企业正式提出的拟开通的国际道路运输线路，由运输线路经过口岸所属地的省级道路运输管理机构组织对线路进行调研，并形成调研报告或可行性报告报省级交通运输主管部门审核。

（三）省级交通运输主管部门审核同意后报省级人民政府批准，对拟开通运输线路尚未对外开放的，应发函征求当地省军区作战部门同意后报省级人民政府批准。运输线路跨省军区管辖范围的，报请省级人民政府征求大军区作战部门或报请交通运输部征求总参谋部作战部意见。

（四）省级人民政府批准同意后，应当由省级交通运输主管部门报交通运输部审批，并提供以下材料：

1. 省级交通运输主管部门关于开通国际道路运输线路的请示；

2.开通国际道路运输线路的可行性报告；

3.省级人民政府和军方对开通国际道路运输线路的意见。

（五）交通运输部审批同意后，组团或授权省级交通运输主管部门与有关国家的相关部门进行会谈，签署会谈纪要或协议，向社会公告拟开通的运输线路。

（六）公告发出后，由省级道路运输管理机构采取招投标方式确定运输经营企业，投标企业不足 2 家的，可以由省级道路运输管理机构指定符合条件的运输企业参与运输线路经营。

十三、建档

省级道路运输管理机构对国际道路运输经营申请作出行政许可后，应当将以下材料存入业户管理档案中：

（一）《国际道路运输经营申请表》；

（二）原国内《道路运输经营许可证》复印件；

（三）法人营业执照复印件；

（四）委托办理的，需存档经办人的身份证明复印件和授权委托书；

（五）企业近 3 年内无重大以上交通责任事故的证明；

（六）已聘用或拟聘用驾驶人员的机动车驾驶证和从业资格证复印件，驾驶人员近 3 年内无重大以上道路交通责任事故的证明；

（七）投入车辆情况：已购置车辆的，需存档机动车辆照片、机动车辆行驶证复印件、机动车综合性能检测报告单、车辆技术等级评定表、车辆类型等级评定表和车辆强制保险凭证复印件；拟投入车辆的，需存档拟投入车辆的承诺书；

（八）国际道路运输安全生产管理制度文本；

（九）需补全或更正申请材料的，存档《交通行政许可申请补正通知书》；

（十）《交通行政许可受理通知书》；

（十一）道路运输管理机构的审核意见（包括同意或不同意的意见）；

（十二）《国际道路运输行政许可决定书》或《不予交通行政许可决定书》；

（十三）道路运输行政许可文书（证件）送达回证；

（十四）《道路运输经营许可证》复印件；

（十五）《道路运输证》复印件；

（十六）其他需存档的材料。

第三节　国际道路运输车辆管理

一、国际道路运输车辆技术管理

（一）道路运输管理机构应当督促国际道路运输企业建立车辆技术管理制度，按照国家标准《汽车维护、检测、诊断技术规范》（GB 18344）等有关标准对国际道路运输车辆进行定期维护和检测，确保运输车辆技术状况良好。

（二）道路运输管理机构应当督促国际道路运输企业按规定到机动车综合性能检测站进行检测，并依据检测报告，对照行业标准《营运车辆技术等级划分和评定要求》（JT/T 198）评定车辆技术等级。对从事国际道路运输的车辆，其车辆技术等级应当达到一级。

从事国际道路旅客运输的客运车辆，其车辆类型等级还应当达到行业标准《营运客车类型划分及等级评定》（JT/T 325）规定的中级以上。

（三）对达到国家规定的报废标准或者经检测不符合国家标准要求的国际道路运输车辆，道路运输管理机构应当及时收回《道路运输证》或变更其《道路运输证》的经营范围。

二、国际道路运输车辆审验

国际道路运输车辆实施定期审验制度，审验工作由市级以上道路运输管理机构实施。

(一)审验时间

国际道路运输车辆每年审验一次,具体审验时间由各省自行确定。

(二)审验内容

1. 车辆技术状况;

2. 车辆技术档案;

3. 车辆维护和检测情况;

4. 车辆结构及尺寸变动情况;

5. 客货运车辆、危险货物运输车辆按规定安装、使用符合国家标准的 GPS 或行车记录仪设备情况;

6. 国际道路运输企业为其运输车辆投保机动车交通事故责任保险和为旅客或危险货物投保承运人责任险情况;

7. 车辆违章记录;

8. 其他按规定需审验的内容。

(三)审验程序

1. 省级道路运输管理机构发布国际道路运输车辆审验公告。

2. 国际道路运输企业应当按规定填写《国际道路运输车辆审验表》,该表可向车籍地设区的市级道路运输管理机构领取,或在机动车综合性能检测站领取,或在道路运输管理机构网站上下载。

3. 国际道路运输企业应当在规定时间内到机动车综合性能检测站对运输车辆进行检测。

4. 机动车综合性能检测站按照国家标准《营运车辆综合性能要求和检验方法》(GB 18565)和《道路车辆外廓尺寸、轴荷及质量限值》(GB 1589)的规定进行检测,出具全国统一式样的检测报告。

5. 市级道路运输管理机构对车辆检测报告等进行审核,评定车辆技术等级和客车类型等级,检查车辆结构及尺寸是否变动,是否存在违法行为等。审验合格的,在《道路运输证》"车辆审验及技术等级记录"栏内加盖注有"一级"车辆技术等级的年度审验专用章;客运车辆还须在《道路运输证》"备注"栏内打印或加盖客车类型等级的实际评定情况,但类型等级应当是中级以上;审验不符合要求的,应当责令限期改正。限期改正后仍不符合要求的,原发证道路运输管理机构应当收回《道路运输证》。

6.审验结束后,市级道路运输管理机构应当及时在审验台账中作相应记录,对审验资料进行整理并装入车辆管理档案。《道路运输证》上有违章记录的,应当将违章记录转登至国际道路运输企业的业户档案中。

7.对已通过审验的国际道路客货运输车辆,市级道路运输管理机构应当按照审验公告规定的时间,向省级道路运输管理机构报送本辖区的《国际道路客货运输车辆年度审验备案表》和相关资料。

8.省级道路运输管理机构接到市级道路运输管理机构报送的《国际道路客货运输车辆年度审验备案表》和相关资料后,对其车辆和资料进行审定,对符合规定要求的车辆,发布国际道路运输车辆审验公告,并抄送口岸各联检部门,统一规范国际道路运输车辆的出入境秩序。对不符合规定要求,没有通过审验的车辆,收回车辆的《道路运输证》。

三、国际道路运输车辆异动

(一)新增国际道路客货运输车辆

1.新增货车的,按以下程序办理:

(1)国际道路货物运输企业应当填写《国际道路运输车辆申请表》。

(2)省级道路运输管理机构应当要求国际道路货物运输企业提供《道路运输经营许可证》副本、机动车行驶证及复印件、机动车综合性能检测报告单、车辆技术等级评定表、车辆类型等级评定表、机动车驾驶证和从业资格证复印件等。

（3）符合条件的,省级道路运输管理机构配发《道路运输证》。

（4）国际道路运输企业应当建立车辆技术档案。

2.新增或更新客车的,按以下程序办理：

（1）国际道路旅客运输企业应当填写《国际道路运输车辆申请表》。

（2）在经营期限内,国际道路旅客运输企业申请新增、更新客运车辆的,原许可的省级道路运输管理机构应当要求国际道路旅客运输企业提交车辆新增或更新方案、《道路运输经营许可证》副本、机动车行驶证及复印件、机动车综合性能检测报告单、车辆技术等级评定表、车辆类型等级评定表、经营性道路旅客运输驾驶员机动车驾驶证和从业资格证复印件等材料,考虑市场供求状况等因素,在10个工作日内作出准予或不准予的决定。

（3）更新车辆与原车辆客车等级类型、技术等级相当,或者比原车辆技术类型、等级更高的,应当准予更新。

（4）符合条件的,省级道路运输管理机构通知车籍地市级道路运输管理机构配发《道路运输证》。

（5）更新车辆比原车辆技术等级低的,应当不予更新。

（6）新增或更新客车结束后,国际道路运输企业应当建立该车技术档案。

（二）减少国际道路客货运输车辆

对达到国家规定的报废标准或经检测不符合国家标准要求的客货运输车辆,以及国际道路运输企业拟退出国际道路客货运输经营的车辆,原发证道路运输管理机构应当收回车辆的《道路运输证》。

（三）转籍或过户国际道路客货运输车辆

国际道路客货运输车辆转籍、过户的,按照以下程序办理：

1. 国际道路运输企业要求将国际道路客货运输车辆转籍、过户的,应当向原发证道路运输管理机构提出申请。

2. 道路运输管理机构接到申请后,原发证道路运输管理机构应当收回车辆的《道路运输证》等,并向国际道路运输企业出具其客货车辆转籍、过户证明,并将车辆变动情况登记在国际道路运输企业的车辆档案中。

3. 对国际道路客货运输车辆转籍、过户,属不同管辖区域的,原发证的道路运输管理机构应当向转入地的道路运输管理机构移交车辆管理档案。

4. 国际道路客货运输车辆转籍、过户后,拟继续从事国际道路客货运输经营的,其客货运输车辆的新所有人应当凭客货运输车辆转籍、过户证明和车辆档案,向道路运输管理机构重新申请办理《道路运输证》。

5. 国际道路客货运输车辆转籍、过户后,未办理相关经营手续继续从事国际道路客货运输经营的,视为无《道路运输经营许可证》或《道路运输证》从事道路运输经营活动。

(四)国际道路客货运输车辆报停

国际道路客货运输车辆报停,按照以下程序办理:

1. 国际道路运输企业拟报停运输车辆的,需持拟报停车辆的《道路运输证》到原发证机构办理车辆报停手续,道路运输管理机构暂时收回车辆的《道路运输证》等。

2. 国际道路客货运输车辆报停后拟恢复运营的,国际道路运输企业应当向道路运输管理机构申请领回车辆的《道路运输证》。

(五)国际道路运输车辆被终止经营

国际道路运输企业因违反规定被吊销《道路运输经营许可证》的,原发证道路运输管理机构应当收回车辆的《道路运输证》以及其他运营标志。

四、国际道路运输车辆档案管理

(一)道路运输管理机构应当建立国际道路客货运输车辆管理档案。国际道路客货运输车辆管理档案坚持"一车一档",具体包括以下内容:

1.车辆基本情况,包括机动车行驶证、《道路运输证》复印件及车辆照片;

2.二级维护和检测情况;

3.技术等级记录;

4.类型等级记录;

5.车辆变更记录;

6.交通事故记录;

7.车辆审验记录;

8.其他按规定要求归档的资料等。

(二)道路运输管理机构应当监督国际道路运输企业建立国际道路客货运输车辆技术档案。国际道路客货运输车辆技术档案坚持"一车一档",具体包括以下内容:

1.车辆基本情况,包括机动车行驶证、《道路运输证》复印件及车辆照片;

2.主要部件更换情况;

3.修理和二级维护记录(含出厂合格证);

4.技术等级评定记录;

5.类型等级记录;

6.车辆变更记录;

7.行驶里程记录;

8.交通事故记录;

9.车辆审验记录;

10.其他按规定要求归档的资料。

（三）国际道路运输车辆管理档案和技术档案内容记载应当及时、完整和准确，不得随意更改。

（四）道路运输管理机构应当督促国际道路运输企业将交通事故等动态信息及时报送备案。

第四节　国际道路运输管理

一、对我国国际道路运输企业管理

各级道路运输管理机构应当加强对国际道路运输企业的监督与管理。从事国际道路运输的车辆应当按照规定的口岸通过，进入对方国家境内后，应当按照规定的线路运行。

（一）定期国际道路旅客运输管理

1. 国际客运班车应按照许可的线路、班次、站点运行，在规定的途经站点进站、上下旅客，无正当理由不得改变行驶线路。

2. 国际道路客运经营者应对从业人员进行经常性的安全、外事纪律、职业道德、业务知识及相关操作规程培训，并做好培训记录。

3. 检查国际客运车辆是否在车厢内显著位置公示道路运输管理机构监督电话、票价和里程表。

4. 国际道路客运经营者应采取有效措施，防止驾驶人员疲劳驾驶。

5. 国际道路旅客运输车辆在装运行包时，行李舱须封闭，不得客货混装。

6. 严禁国际道路旅客运输车辆装运危险货物。

7. 国际道路旅客运输车辆必须配备完善的消防、安全设备，驾驶人员须能熟练使用。

（二）不定期国际道路旅客运输管理

国际客运包车应当按照约定的时间、起始地、目的地和线路运行，并持有包车票或者包车合同，不得按班车模式定线经营，不得招揽包车合同外的旅客乘车。

（三）国际道路货物运输管理

1. 国际道路货物运输企业应当加强对从业人员进行经常性的安全、外事纪律、职业道德教育和业务知识、操作规程培训。

2. 国际道路货物运输企业应当在营运车辆上安装、使用行驶记录仪。

3. 道路运输管理机构应当在货运站、货物集散地实施监督检查，发现货物运输车辆有超载行为的，应当予以制止，装载符合标准后方可放行。

4. 严禁使用货物运输车辆运输旅客。

5. 国际道路货物运输企业和货物托运人应当按照《合同法》的要求，订立道路货物运输合同。

6. 国际道路货物运输经营者应采取有效措施，防止货物脱落、扬撒等情况发生。

7. 严禁普通货物与危险货物混装，严禁未经许可的运输车辆承运危险货物。

8. 国际道路货物运输企业应当建立健全车辆安全生产管理制度，提高车辆的安全性，加强对国际道路货物运输车辆的安全管理。

二、对外国国际道路运输企业管理

（一）外国国际道路运输企业的车辆在我国境内行驶，应当具有本国的车辆登记号牌、登记证件，驾驶人员应当持有与其驾驶的车辆类别相符的本国或国际驾驶证件。

（二）外国国际道路运输企业的车辆在我国境内应当在规定的站点上下旅客或者按照运输合同商定的地点装卸货物，并按照我国道路运输管理机构指定的停靠站（场）停放。

（三）进入我国境内从事国际道路运输的外国运输车辆，应当符合我国有关运输车辆外廓尺寸、轴荷以及载质量的规定。我国与外国签署有关运输车辆外廓尺寸、轴荷以及载质量具体协议的,按协议执行。

(四)进入我国境内运载不可解体大型物件的外国国际道路运输企业的车辆超限的,应当遵守我国超限运输车辆行驶公路的相关规定,办理相关手续并取得特别行车许可证后,方可在我国境内运输。

(五)进入我国境内运输危险货物的外国国际道路运输企业的车辆,应当符合我国危险货物运输有关法律、法规和规章的规定,办理相关手续并取得特别行车许可证后,方可在我国境内运输。

(六)禁止外国国际道路运输企业从事我国国内道路旅客和货物运输经营。

(七)禁止外国国际道路运输企业在我国境内自行承揽货物或者招揽旅客。

(八)持有我国核发的特别行车许可证的外籍运输车辆,在离开我国国境前,应将特别行车许可证交还给口岸国际道路运输管理机构。

三、国际道路运输企业质量信誉考核

国际道路运输企业质量信誉考核工作由省级道路运输管理机构组织,具体参照国内道路客货运输企业质量信誉考核规定执行。

四、国际道路运输价格及费收管理

(一)国际道路旅客运输的价格,按交通运输部或者省级交通运输主管部门与相关国家政府交通运输主管部门或授权部门签订的有关协议执行;没有协议的,按口岸所在地省级物价、交通运输主管部门核定的运价执行。

(二)国际道路货物运输的价格,由国际道路货物运输企业自行确定。

(三)对进出我国境内从事国际道路运输的外国运输车辆的收

费,应当按照我国与相关国家政府签署的有关协定或协议执行。协定或协议没有规定的,按各自国家的有关法律规定执行。

五、国际道路运输市场管理

道路运输管理机构应当加强国际道路客货运输管理,规范经营行为,维护公平竞争,保障各方当事人的合法权益。

(一)查处违反国际道路运输经营许可的行为。

(二)查处违反国际道路运输经营规范的行为。

(三)查处违反国际道路运输车辆管理规定的行为。

(四)查处违反国际道路运输从业人员管理规定的行为等。

六、国际道路运输企业档案管理

省级道路运输管理机构应当建立国际道路运输企业管理档案。企业管理档案应包括以下内容:

(一)《国际道路运输经营申请表》;

(二)法定代表人身份证明复印件;

(三)委托办理的,需存档经办人的身份证明复印件和授权委托书;

(四)企业近3年内无重大以上交通责任事故的证明;

(五)投入国际道路运输车辆情况;

(六)国际道路运输从业人员情况;

(七)国际道路运输安全生产管理制度文本;

(八)需补全或更正申请材料的,存档《交通行政许可申请补正通知书》;

(九)《交通行政许可受理通知书》;

(十)道路运输管理机构的审核意见;

(十一)《国际道路运输行政许可决定书》;

(十二)道路运输行政许可文书(证件)送达回证;

(十三)《道路运输经营许可证》复印件;

(十四)《道路运输证》复印件;

(十五)《企业法人营业执照》、《税务登记证》复印件;

(十六)国际道路运输企业质量信誉考核资料;

(十七)国际道路运输车辆异动资料;

(十八)违法行为记录等。

第五节　国际道路运输单证与标志管理

一、国际道路运输单证与标志种类

国际道路运输单证和标志包括五类:

(一)国际汽车运输行车许可证;

(二)国际道路运输国籍识别标志;

(三)国际道路旅客运输行车路单;

(四)国际道路货物运单;

(五)国际道路旅客运输线路标志牌。

二、国际道路运输单证与标志管理权限

国际道路运输单证与标志由省级道路运输管理机构按交通运输部统一格式印制、发放、管理和监督使用。

三、国际汽车运输行车许可证

(一)分类

国际汽车运输行车许可证分为国际汽车运输普通行车许可证和国际汽车运输特别行车许可证两种。

1. 国际汽车运输行车许可证

用于旅客运输(含定期、不定期)和货物(含行包)运输,一车一证,在规定期限内往返一次或多次有效,车辆回国后,由口岸国际道路运输管理机构回收。普通行车许可证由省级国际道路运输管理机构或授权的口岸国际道路运输管理机构发放和填写。

2.国际汽车运输特别行车许可证

用于大型物件运输或危险货物运输,一车一证,在规定期限内往返一次有效。特别行车许可证由省级国际道路运输管理机构或授权的口岸国际道路运输管理机构发放和填写。

(二)印制、发放管理

国际汽车运输行车许可证由省级道路运输管理机构按照交通运输部统一式样印制(实行承印轮值制的行车许可证,由本省承印时,需与其他省区根据上年度同期的使用量协商确定中方各省年度分次需用行车许可证的种类和数量),并根据两国交通运输主管机关协商确定的年度行车许可证交换种类和数量定期交换。

1.省级道路运输管理机构和口岸国际道路运输管理机构,应当建立健全行车许可证登记台账。

2.省级道路运输管理机构应当按规定发放行车许可证,并要求国际道路运输企业按规定使用。

3.口岸国际道路运输管理机构应当对行车许可证进行检查。

(三)使用管理

1.我国从事国际道路运输的车辆进出有关国家境内,应当持有有关国家的国际汽车运输行车许可证;外国从事国际道路运输的车辆进出我国境内,应当持有我国国际汽车运输行车许可证。

2.国际汽车运输行车许可证不得转让、伪造、倒卖。

3.国际汽车运输行车许可证一车一证,在有效期内使用。运输车辆为半挂汽车列车、全挂汽车列车时,仅向牵引车发放国际汽车运输行车许可证。

4.非边境省区的国际道路运输企业,应当向拟通过口岸所在地的省级道路运输管理机构申领国际汽车运输行车许可证。口岸所在地省级道路运输管理机构根据企业运输车辆数、班次、线路以及上年使用情况发放或委托口岸国际道路运输管理机构发放。

四、国际道路运输国籍识别标志

(一)我国国际道路运输国籍识别标志为"CHN"。

(二)我国国际道路运输国籍识别标志分为长期性和一次性两种:长期性国籍识别标志宜为铝制标志牌,长期从事国际道路运输的客货车辆每车应使用一副标志牌,固定在车前、车后显著位置,也可在车辆左右两侧的适当位置进行喷涂,每侧仅限一个;一次性国籍识别标志为纸质标志卡,短期从事国际道路运输的客货车辆每车使用一面纸质标识卡,放置于驾驶室前风窗玻璃右侧,具体参照国家标准《中华人民共和国国际道路运输车辆国籍识别标志》(GB/T 24419)。

(三)我国国际道路运输国籍识别标志由省级国际道路运输管理机构或者由其委托的口岸国际道路运输管理机构发放。

五、国际道路旅客(旅游)运输行车路单

(一)从事定期和不定期国际道路旅客运输的车辆应当使用国际道路旅客运输行车路单。一车一单,在规定期限内往返一次有效,车辆回国后,由口岸国际道路运输管理机构收回存档。

(二)行车路单由省级国际道路运输管理机构或其委托的口岸国际道路运输管理机构发放。

(三)驾驶员在出(入)国境前应当认真核对行车路单上的各项内容是否完整、准确,实际乘坐人数与行车路单所附旅客清单是否相符,如有不符的情况要及时向口岸国际道路运输管理机构及海关、边检部门报告。

六、国际道路货物运单

(一)从事国际道路货物运输的车辆应当使用国际道路货物运单,一车一单,在规定期限内往返一次有效。

(二)国际道路货物运单由承托双方填写并签字盖章,随车同行。

(三)国际道路货物运单由省级国际道路运输管理机构或者其委

托的口岸国际道路运输管理机构发放。

七、国际道路旅客运输线路标志牌

（一）国际道路旅客运输线路标志牌分定期、不定期两种，只限于从事定期、不定期国际道路旅客运输车辆使用。

（二）国际道路旅客运输线路标志牌由省级道路运输管理机构制作、发放和管理。

第六节　口岸国际道路运输管理机构查验项目

一、口岸国际道路运输管理机构标识规范

（一）各口岸国际道路运输管理机构应当在口岸查验现场统一悬挂"中国运输管理"的标识。

（二）"中国运输管理"标识根据不同毗邻国家，统一使用中、外两种文字书写，并套印路徽标志。标识大小、字体由各省级交通运输主管部门统一规定。

二、查验内容

口岸国际道路运输管理机构在履行职责过程中，应当查验以下内容：

（一）查验国际汽车运输行车许可证。

1. 查验运输车辆是否按照规定使用国际汽车运输行车许可证；

2. 国际汽车运输行车许可证内容是否按照使用规则填写；

3. 查验和登记行车许可证的真伪、有效期、运输线路等内容。

（二）查验国际道路运输车辆的国籍识别标志。查验国际道路运输车辆是否按照规定悬挂、喷涂或粘贴国籍识别标志。

（三）查验国际道路旅客（旅游）运输线路标志牌。查验国际道路旅客运输车辆的线路标志牌是否按照规定悬挂，文字指示是否准确。

（四）查验《中华人民共和国国际道路旅客运输行车路单》和《国

际道路货物运单》。

（五）查验国际道路运输车辆驾驶人员资格。查验中方驾驶人员是否持有中方道路运输管理机构核发的从业资格证,是否真实有效。

（六）检查有无客货混载行为。

（七）检查危险货物运输车辆是否配备押运人员。

（八）检查货物运输车辆是否按照规定悬挂危险货物运输标志。

（九）检查运输车辆是否符合国家标准《道路车辆外廓尺寸、轴荷及质量限值》(GB 1589)规定的标准等。

（十）检查是否按照我国和有关国家政府间签署的双边、多边汽车运输协定和《中华人民共和国道路运输条例》及《国际道路运输管理规定》的规定,携带有效的国际道路旅客运输、危险货物运输承运人责任险保单等。

（十一）检查车辆的《道路运输证》。

（十二）配合口岸海关、边检部门检查车辆是否装有枪支、弹药、核原料、走私品等违禁物品。配合口岸检验检疫部门防止疫情通过运输车辆进入我国境内。

第十四章 道路运输证件管理工作规范

第一节 《道路运输经营许可证》核发

一、《道路运输经营许可证》核发原则

道路运输管理机构按照以下要求核发《道路运输经营许可证》：

(一)《道路运输经营许可证》按照"一户一证"的原则核发。经营类型分为旅客运输类、货物运输(含危险货物运输)类、机动车维修类、机动车驾驶员培训类、运输站场类。

(二)属以下情况的,核发《道路运输经营许可证》正本和副本：

1. 经许可的具有道路运输经营资格的法人单位(含子公司)；

2. 经许可的具有道路运输经营资格的个体经营者；

3. 经许可的具有道路运输经营资格的非道路运输类大中型企业内部独立核算的单位；

4. 经许可的道路运输相关业务经营者。

(三)道路客货运输企业设立的道路客货运输分公司不核发《道路运输经营许可证》正本,由许可机关核发《道路运输经营许可证》副本,作为在分公司经营地道路运输管理机构备案及配发《道路运输证》的依据。

二、《道路运输经营许可证》发放程序

(一)《道路运输经营许可证》按照谁许可、谁出具道路运输许可决定书,并凭许可决定书在10个工作日内核发《道路运输经营许可证》的程序执行。

(二)涉及多级道路运输管理机构许可的道路客货运输经营许可事项,按照谁许可、谁核发道路运输相关许可决定书的原则,集中到最高一级的道路运输管理机构核发《道路运输经营许可证》。最高一级道路运输管理机构核发《道路运输经营许可证》时,应将下一级道路运输管理机构许可的经营范围一并填入。

（三）已取得相应经营许可的经营者,申请扩大经营范围,且需要到上级道路运输管理机构申请经营许可的,应向上级道路运输管理机构提出申请。上级道路运输管理机构对符合法定条件的申请作出许可决定后,换发新的《道路运输经营许可证》时,应当收回原《道路运输经营许可证》,并将原核发的《道路运输经营许可证》与新的《道路运输经营许可证》复印件,一并寄送至原核发《道路运输经营许可证》的道路运输管理机构,存入道路运输经营业户的管理档案中。

三、《道路运输经营许可证》有效期

（一）从事道路客、货运输及客、货运站场类经营业务的许可证件有效期为4年。

（二）从事一、二类汽车维修业务以及一类摩托车维修业务的经营许可证有效期为6年,从事三类汽车维修业务、二类摩托车维修业务以及其他机动车维修业务的经营许可证有效期为3年。

（三）从事普通机动车驾驶员培训业务和机动车驾驶员培训教练场经营业务的许可证件有效期为6年,从事道路运输驾驶员从业资格培训业务的许可证件有效期为4年。

（四）从事国际道路运输经营业务的许可证件有效期为4年。

（五）同时从事多项业务,且其相应的证件有效期不一致的,以有效期较长的许可证件有效期为准。

四、《道路运输经营许可证》证件换发、补发

（一）道路运输经营者应在其《道路运输经营许可证》有效期届满之日起提前10个工作日,持原证件(正、副本)到原发证机关换发新证。

（二）道路运输管理机构应当按照有关法规规定的时限为道路运输经营者换发《道路运输经营许可证》。换证时应对其经营资质条件进行复核，对违章处理情况进行审查，符合条件的，予以换发。换证工作可结合年度道路运输经营者信誉考核工作一并进行。

（三）《道路运输经营许可证》正、副本因损坏、污损，需换发新证的，道路运输经营者应向原发证机关提出申请，发证机关收回原证件，按原证件编号换发新证。

（四）《道路运输经营许可证》丢失需补发的，道路运输经营者应向原发证机关申请，并在所在地的报刊刊登遗失声明，发证机关予以补发新证，并重新编号。

（五）《道路运输经营许可证》损坏、污损换证及遗失补证的，其证件有效期一律填写换、补证日期至原证件有效期截止日期。

第二节　《道路运输经营许可证》和《非经营性道路危险货物运输许可证》填写

一、基本要求

（一）各类《道路运输经营许可证》正、副本均应按所列项目如实填写。

（二）主要信息应采用标准宋体字打印。

二、《道路运输经营许可证》正本的填写

（一）许可证字号基本格式及编号规则

《道路运输经营许可证》编号基本格式为"×交运管许可×字×××××××××××号"，其中：

1. 第1个"×"为省（自治区、直辖市）的简称，具体为一位汉字；

2. 第2个"×"为市（地、州）的简称，具体为一至二位汉字；

3. 第3~14个"×"为许可证件编号，共12位数字，其中前6位数为行政区划代码,按道路运输经营者所在地填写行政区划代码,后6位数从000001号起,依自然数编号。

(二)"业户名称"及"地址"栏的填写

1."业户名称"栏填写的名称应与其工商部门的企业名称预先核准通知书或《企业法人营业执照》上的名称相同。个体业户填写申办人姓名。

2."地址"栏填写经营者的经营场所地址或个体经营者居住或经营地地址的全称,如:××省(自治区、直辖市)××市(州)××县(市、区)××街(镇、乡)××村(组)。

(三)"经营范围"栏的填写

1.道路旅客运输经营范围按照以下规范填写。

填写"县内班车客运"、"县际班车客运"、"市际班车客运"、"省际班车客运"、"县内包车客运"、"县际包车客运"、"市际包车客运"、"省际包车客运"中的一项或者多项。旅游客运按照"县内旅游客运"、"县际旅游客运"、"市际旅游客运"、"省际旅游客运"填写一项或多项,也可纳入班车客运或包车客运中填写。

2.道路货物运输经营范围按照以下规范填写。

填写"普通货运"、"货物专用运输(项目)"、"大型物件运输(类别)"、"危险货物运输(类别、项别)"、"非经营性危险货物运输(类别、项别)"中一项或者多项。其中:

(1)货物专用运输应当在括号内分别标注"集装箱"、"冷藏保鲜"、"罐式"。

(2)大型物件运输分为一、二、三、四类,在括号内标注相应类别。

(3)"危险货物运输"的"类别"、"项别"内容,按国家标准《危险货物分类和品名编号》(GB 6944)的规定标注。

①第1类为爆炸品,分别为1类1项、1类2项、1类3项、1类4项、1类5项、1类6项;

②第2类为气体,分别为2类1项、2类2项、2类3项;

③第3类为易燃液体;

④第4类为易燃固体、易于自燃的物质、遇水放出易燃气体的物质,分别为4类1项、4类2项、4类3项;

⑤第5类为氧化性物质和有机过氧化物,分别为5类1项、5类2项;

⑥第6类为毒性物质和感染性物质,分别为6类1项、6类2项;

⑦第7类为放射性物质;

⑧第8类为腐蚀性物质;

⑨第9类为杂项危险物质和物品。

(4)从事道路危险货物运输的,若许可被许可人运输几个类别的多个项别,应将许可的类别、项别全部填写;如许可被许可人运输某一类别的全部项别或者该类别不分项别的,直接填写类别;若只允许被许可人运输特定危险货物的,可按国家标准《危险货物品名表》(GB 12268)直接标注危险货物的品名。

3. 国际道路运输经营范围按照以下规范填写。

填写"国际定期班车客运"、"国际不定期班车客运"、"国际货物运输"、"国际危险货物运输"中的一项或多项,具体填写参照国内道路旅客运输、货物运输的规定执行。

4. 道路运输站场经营范围按照以下规范填写。

(1)从事客运站经营的,填写"客运站经营"。

(2)从事货运站经营的,填写"货运站(场)经营"。

5. 机动车维修经营范围按照以下规范填写。

填写"一类机动车维修(项目种类)"、"二类机动车维修(项目种类)"、"三类机动车维修(项目种类)"、"其他机动车维修"、"一类摩托车维修"、"二类摩托车维修"中的一类。其中:

(1)一、二类机动车维修的括号内"项目种类"标注"大中型客车维修"、"大中型货车维修"、"小型车辆维修"中的一项或者多项,一类机动车维修的括号内"项目种类"可标注"危险货物运输车辆维修"。

(2)三类机动车维修的括号内"项目种类"标注"发动机修理"、"车身维修"、"电气系统维修"、"自动变速器维修"、"车身清洁维护"、"涂漆"、"轮胎动平衡及修补"、"四轮定位检测调整"、"供油系统维护及油品更换"、"喷油泵和喷油嘴维修"、"曲轴修磨"、"汽缸镗磨"、"散热器(水箱)维修"、"空调维修"、"车辆装潢(篷布、坐垫及内装饰)"、"车辆玻璃安装"中的一项或多项。

(3)其他机动车维修按上述要求在括号内标注。

6.机动车驾驶员培训经营范围按照以下规范填写。

填写"普通机动车驾驶员培训(级别、车型种类)"、"道路运输从业资格培训(培训项目)"、"机动车驾驶员培训教练场经营"中的一项或多项。其中：

(1)"普通机动车驾驶员培训"括号内的"级别"填写一级、二级、三级中的一项；括号内的"车型种类"填写"大型客车 A1"、"牵引车 A2"、"城市公交车 A3"、"中型客车 B1"、"大型货车 B2"、"小型汽车 C1、C2"、"低速汽车 C3、C4"、"摩托车 D、E、F"、"其他车型 M、N、P"一项或多项。

(2)"道路运输从业资格培训"的括号内"培训项目"填写"道路旅客运输驾驶员"、"道路货物运输驾驶员"、"道路危险货物运输驾驶员"和"其他从业人员"中的一项或者多项。

(四)"证件有效期"的填写及印章使用

1.《道路运输经营许可证》有效期填写自发证之日起至规定的期满前一日止。

2."核发机关"加盖许可机关行政公章或能够代表许可机关的许可专用章。

三、《道路运输经营许可证》副本的填写

《道路运输经营许可证》副本与《道路运输经营许可证》正本配套使用。《道路运输经营许可证》副本填写项目与《道路运输经营许可证》正本相同的,按正本填写要求填写。

除与正本相同项目外,副本中还设置有"经济性质"、"分支机构及地址"、"变更记录"、"检查(考核)记录"等栏目。

(一)"经济性质"栏的填写

根据经营者的企业名称预先核准通知书或者工商登记证书的相关内容,进行填写。

(二)"分支机构及地址"栏的填写

填写分支机构(指道路运输经营者所设的子公司或分公司)的名称和分支机构经营所在地地址全称。

(三)"变更记录"的填写

道路运输经营者变更名称、地址、分支机构的,持原《道路运输经营许可证》正、副本到原许可机关办理有关手续。

原许可机关经审查符合规定的,予以变更,并换发《道路运输经营许可证》正、副本,同时在新发许可证副本的变更记录栏目内注明变更事项,由经办人签章,并加盖发证机关印章,"证件有效期"填写变更之日至原许可证件有效期截止日期。

(四)"检查(考核)记录"栏的填写

1."检查(考核)记录"主要记载经营者重大违章处理、质量信誉考核及经营资格与条件的检查情况。

2."检查(考核)记录"由许可机关或者其他道路运输管理机构按规定进行考核、检查后填写,并加盖检查(考核)机关专用章。

四、《道路危险货物运输许可证》核发、填写规范

(一)对申请从事非经营性道路危险货物运输的,由设区的市级道路运输管理机构按规定核发《道路危险货物运输许可证》。

（二）《道路危险货物运输许可证》有效期为 4 年，其运输范围填写和证件换、补发参照《道路运输经营许可证》正、副本有关道路危险货物运输的要求执行。

第三节 《道路运输证》配发及管理

一、《道路运输证》配发原则

《道路运输证》全国实行统一式样，由交通运输部制，并按照以下原则发放：

（一）从事道路旅客运输、道路货物运输车辆的《道路运输证》，按一车一证的原则，由县级以上道路运输管理机构配发。

（二）从事经营性和非经营性危险货物运输的车辆，其《道路运输证》由车籍地市（地、州）级道路运输管理机构配发。

（三）从事国际道路运输的车辆，其《道路运输证》由许可的省级道路运输管理机构配发，各地也可视情由许可的省级道路运输管理机构委托车籍地的市级道路运输管理机构配发。

（四）货车挂车原则上应当单独办理《道路运输证》，但货车主车（牵引车）与货车挂车号牌一致时，可在主车的《道路运输证》的"备注"栏中注明，挂车不另发证。

IC 卡《道路运输证》应符合行业标准《IC 卡道路运输证件》（JT/T 825）的要求，配发流程按照交通运输部的有关规定执行。

二、《道路运输证》配发程序

（一）取得《道路运输经营许可证》的经营者，申请配发《道路运输证》，应当向配发《道路运输证》的道路运输管理机构提交相应证明材料。道路运输管理机构对材料进行核实后，依据其有关车辆信息、经营范围等内容配发《道路运输证》。

（二）申请配发《道路运输证》，需提交以下材料：

1.《道路运输证申领登记表》。

2.法人单位应提交《道路运输经营许可证》正本复印件;道路客货运输企业分公司应提交分公司《道路运输经营许可证》副本(原件)。

3.经办人身份证明及复印件。经营者为企业的,还应提供单位开具的介绍信或委托书。

4.车辆的机动车行驶证及复印件。

5.9厘米×6.2厘米车辆45度角的统一式样的防伪彩色照片2张,一张用于证件制作,一张存入车辆管理档案中。

6.机动车综合性能检测机构出具的检测合格证明。

7.营运车辆技术等级评定结果,客运车辆还应提供配发《道路运输证》的道路运输管理机构作出的客车类型等级核定结论。

8.营运客车、危险货物运输车辆、重型载货汽车的安装使用动态监控设备证明材料。

9.营运客车、危险货物运输车辆的投保承运人责任险证明材料。

10.危险货物运输罐体车辆应提供当地质量技术监督部门出具的罐体质量检测合格证明原件及复印件。

11.总质量3500千克以上的车辆的燃料消耗量达标车型参数及配置核查合格材料。

12.从业人员身份证明及从业资格证明复印件,危险货物运输车辆应提供危货运输驾驶人员、装卸管理人员和押运人员从业资格证复印件。

三、《道路运输证》的管理

(一)《道路运输证》换发、补发。

1.《道路运输证》有效期为3年,到期换发,具体换证工作由各省(自治区、直辖市)结合当年的车辆审验工作进行。

2.《道路运输证》污损的,道路运输经营者向原发证的道路运输管理机构提出换发申请,发证机关应当收回旧证,按原证件编号换发新证。

3.《道路运输证》灭失的,道路运输经营者应当向原发证机关提出申请,并在所在地报刊刊登遗失声明,无报刊的在运管机构网站刊登遗失声明,发证机关予以补办新证、重新编号,在业户档案及车辆管理档案中注销原证件号码,登记新的号码。

4.《道路运输证》换发期间,为不影响道路运输经营者的正常经营,由道路运输管理机构留下《道路运输证》主证,凭《道路运输证》副证继续准予运输,并在《道路运输证》副证中注明事由和有效期。有效期最长不得超过1个月。

5.《道路运输证》补发期间,为不影响道路运输经营者的正常经营,凭《道路运输证》副证继续准予运输,并在《道路运输证》副证中注明事由和有效期。有效期最长不得超过1个月。

6.道路运输经营者因违法行为被暂时保存《道路运输证》的,车籍地的道路运输管理机构不得为其补办新的《道路运输证》。

(二)车辆转籍、过户《道路运输证》的配发程序。

1.车辆转籍、过户的,道路运输经营者应当向原发证道路运输管理机构提交车辆异动情况报告,交回《道路运输证》以及有关营运标志。

2.原发证道路运输管理机构在核实其已交回有关证件、营运标志后,应将车辆异动情况登记在车辆原所属的业户档案中。

3.车辆转籍或过户后,拟继续从事道路运输经营的,应当到转入地道路运输管理机构重新办理《道路运输证》。

(1)车辆转籍、过户后,转入车辆的道路运输经营者申领《道路运输证》的,应当向道路运输管理机构提交配发《道路运输证》所要求的材料。

(2)重新配发《道路运输证》的机关仍为原发证机关的,应当将车辆管理档案归入转入车辆的道路运输经营者的车辆管理档案中;发证机关发生变化的,原发证机关应当将车辆管理档案完整移交新发证机关。

(三)车辆报停、报废、终止经营以及被责令停止经营、被吊销道路运输经营许可时,《道路运输证》按以下规定处置:

1. 车辆报停的,道路运输经营者须持《道路运输证》及有关营运标志到证件配发机关办理报停手续,暂交回《道路运输证》及有关营运标志;恢复运输时,按规定到证件配发机关办理有关手续并领回相关证件、营运标志。

2. 车辆报废的,道路运输经营者应将《道路运输证》及有关营运标志交回原证件配发机关。

3. 车辆申请终止经营的,道路运输经营者应当向当地道路运输管理机构提出申请,经审查批准后,交回《道路运输证》及有关营运标志,并由道路运输管理机构办理注销手续。

4. 道路运输经营者因违法行为被责令停止经营的,停业期间,道路运输管理机构应当收回其车辆的《道路运输证》及有关营运标志;恢复经营后,退还《道路运输证》及有关营运标志。

5. 道路运输经营者因违法行为被吊销道路运输经营资格的,道路运输管理机构应当收回其车辆的《道路运输证》及有关营运标志。

6. 车辆报废、终止经营及被取消经营资格的,其经营许可证件由上级道路运输管理机构审批核发的,应当抄报上级道路运输管理机构,其营运标志属上级道路运输管理机构核发的,应当随抄报文件一并上交。

(四)无效《道路运输证》。

根据《中华人民共和国道路运输条例》及有关规定,以下几种情形属无效《道路运输证》:

1. 无法辨认的《道路运输证》；

2. 非法取得的《道路运输证》；

3. 超过有效期的《道路运输证》；

4. 涂改的《道路运输证》；

5. 私自转让的《道路运输证》；

6. 没有按照交通运输部统一格式和发证程序发放的《道路运输证》；

7. 报废车辆的《道路运输证》等。

第四节 《道路运输证》填写

一、基本要求

《道路运输证》与《道路运输经营许可证》填写的基本要求一致。

二、《道路运输证》主证的填写

（一）证件编号基本格式及编号规则。

《道路运输证》编号基本格式"×交运管×字××××××××××××号"，其中：

1. 第1个"×"为发证机关所在省（自治区、直辖市）的简称，具体为一位汉字；

2. 第2个"×"为发证机关所在地的市（地、州）的简称，具体为一至二位汉字；

3. 第3~14个"×"为《道路运输证》编号，共12位数字码，前6位数为车籍地行政区域代码，后6位数为《道路运输证》发放自然序号。

（二）"业户名称"按《道路运输经营许可证》上的业户名称填写。

（三）"地址"按《道路运输经营许可证》上的地址填写。

在分公司所在地配发《道路运输证》的，填写分公司《道路运输经营许可证》副本上的地址。

（四）"车辆号牌"按照机动车行驶证所标注车牌号码填写，并注明车辆号牌的颜色。

（五）"经营许可证号"填写《道路运输经营许可证》编号的后12位阿拉伯数字。

（六）"车辆类型"根据机动车行驶证上注明的厂牌型号完整填写。

（七）"吨（座）位"的填写。

1. 货车按机动车行驶证上核定的载质量填写；

2. 普通客车按机动车行驶证上"核定载客"栏标明的人数填写；中级、高级客车按客车类型划分和等级评定结论中核定的车辆座（卧）位数填写；

3. 机动车行驶证上既载明核定载客人数，又标明核定载质量的，应在吨（座）位栏中，同时填写载客人数及载质量。

（八）"车辆尺寸"填写车辆长、宽、高尺寸，依据机动车行驶证上核定的尺寸填写。

（九）"经营范围"的填写。

1. 从事旅客运输的，按照许可的经营范围，分别填写"县内班车客运"、"县际班车客运"、"市际班车客运"、"省际班车客运"、"县内包车客运"、"县际包车客运"、"市际包车客运"、"省际包车客运"、"县内旅游客运"、"县际旅游客运"、"市际旅游客运"、"省际旅游客运"、"国际定期班车客运"、"国际不定期班车客运"中的一项或者多项。

2. 从事普通货物运输、危险货物运输以及国际道路货物运输、国际道路危险货物运输的，填写的经营（运输）范围应与《道路运输经营许可证》或者《道路危险货物运输许可证》核定的经营（运输）范围一致。

（1）从事普通货物运输的车辆，填写"普通货运"。

（2）从事货物专用运输的车辆，填写"货物专用运输（项目）"，其中括号内的"项目"填写"集装箱"、"冷藏保鲜"、"罐式"中的一项。

(3)从事大件货物运输的车辆,填写"大件货物运输(类别)",其中,括号中的"类别"填写"(一)"、"(二)"、"(三)"、"(四)"中的一项;同时许可从事普通货物运输和货物专用运输的,应加填相应的经营范围。

3.从事道路危险货物运输经营的,按照以下规范填写:

(1)从事道路危险货物运输车辆的《道路运输证》,其经营范围只能填写允许承运的危险货物运输类别、项别,但可以是多项。

(2)罐式专用车辆及不允许运输普通货物的其他专用车辆,只能填写允许承运的危险货物运输类别、项别。

(3)允许承运普通货物和危险货物的车辆,填写"普通货运"和允许承运的"危险货物运输(类别、项别)"。

4.从事非经营性道路危险货物运输的,填写"非经营性危险货物运输(类别、项别)"。

(十)"核发机关"栏填写发证当天日期,并加盖配发机关证件专用章。

三、《道路运输证》副证的填写

《道路运输证》副证中与主证相同的栏目,与主证填写内容相同。"经济类型"按其《道路运输经营许可证》副本上"经济性质"的内容填写。《道路运输证》副证中的"备注"、"车辆审验及技术等级记录"、"违章记录"等栏目按以下规范填写:

(一)"备注"栏的填写

1.从事非经营性道路危险货物运输的,应当在"备注"栏加盖交通运输部规定的统一式样的"非经营性危险货物运输专用章"。

2.配发《道路运输证》的道路运输管理机构核定营运客车类型等级的,应当将核定结论填写在"备注"栏内。配发《道路运输证》后,客车类型等级状况发生变化的,发证机关应将新的客车类型等级核定结论填写在"备注"栏内,并加盖发证机关证件专用章。

3.其他需要备注的内容。

4.备注栏填写车辆发动机号、车架号及营运证件有效期限。

(二)"车辆审验及技术等级记录"栏的填写

1."车辆审验及技术等级记录"是将车辆技术等级评定与车辆审验记录合并,在审验专用章中间镶入车辆技术等级,车辆技术等级分别为"一级"、"二级"或"三级"。

2.车辆技术等级评定与车辆审验一年一次,审验合格的,道路运输管理机构根据车辆技术等级评定结果,在"车辆审验及技术等级记录"栏中加盖相应的审验专用章,并填写审验有效期至××××年××月××日,有效期为审验合格日期推算至一周年的前一日。

(三)"违章记录"栏填写

"违章记录"填写车辆违章行为、处罚依据、查处日期,并加盖实施检查的道路运输管理机构印章。

(四)"核发机关"栏的填写

"核发机关"栏与《道路运输证》主证中"核发机关"填写的要求相同。

第五节 从业资格证填写

一、从业资格证式样

从业资格证式样按照交通运输部的统一规定执行。具体要求如下:

(一)封面

1.材料采取证件革,颜色为老蓝平纹。

2.字体字号。"中华人民共和国道路运输从业人员"为二号宋体,烫金压凹;"从业资格证"为零号长标宋体,烫金压凹;"行徽"为烫金压凹。

(二)封底

"中华人民共和国交通运输部制"为小二号长宋体,压凹。

(三)尺寸

成品尺寸:宽80毫米,高115毫米。

(四)印章

1. 从业资格证使用直径为20毫米(少数民族地区名称:过长的可用25毫米)的红色圆章,内嵌"××市交通局(道路运输管理处)从业资格证专用章"字样。由发证机关在发证机关栏内加盖"证件专用章",印章由各设区的市级以上交通运输主管部门或道路运输管理机构自行刻制。

2. 证件钢印为直径30毫米的钢质圆章,内嵌"××市交通局(道路运输管理处)从业资格证专用章"字样。

二、填写规范

(一)从业资格证"从业资格类别"栏分别填写以下内容:

1. 客运驾驶员;

2. 货运驾驶员;

3. 危货驾驶员;

4. 危货装卸员;

5. 危货押运员;

6. 危货安全员;

7. 剧毒品驾驶员;

8. 剧毒品装卸员;

9. 剧毒品押运员;

10. 剧毒品安全员;

11. 爆炸品驾驶员;

12. 爆炸品装卸员;

13. 爆炸品押运员；

14. 爆炸品安全员；

15. 放射品驾驶员；

16. 放射品装卸员；

17. 放射品押运员；

18. 放射品安全员；

19. 维修·技术负责；

20. 维修·质检；

21. 维修·机修；

22. 维修·电器；

23. 维修·钣金；

24. 维修·涂漆；

25. 维修·技术评估；

26. 理论教练员；

27. 操作教练员；

28. 客货教练员；

29. 危货教练员；

30. 放射品教练员；

31. 残疾人教练员；

32. 出租车驾驶员；

33. 客运经理人；

34. 货运经理人；

35. 维修经理人；

36. 驾培经理人；

37. 租赁业务员；

38. 客运乘务员；

39. 驾培负责人；

40. 驾培考核员；

41. 维修结算员；

42. 维修接待员；

43. 公交驾驶员；

44. 轨道驾驶员；

45. 轨道调度员；

46. 轨道值班员。

(二)从业资格证基本编码规则。

1. 从业资格证号采用居民身份证号。

2. 从业资格类别。

(1)按照现有从业人员从业类别进行划分。依据《道路运输从业人员管理规定》(交通部令2006年第9号)对道路运输从业人员类别的界定,并结合《放射性物品道路运输管理规定》(交通运输部令2010年第6号)、《出租汽车驾驶员从业资格管理规定》(交通运输部令2011年第13号)、《道路危险货物运输管理规定》(交通运输部令2013年第2号)等规章对道路运输从业人员种类的扩展以及行业发展的需要,将道路运输行业划分为道路旅客运输、道路货物运输、道路危险货物运输、放射性物品道路运输、机动车检测维修、机动车驾驶培训、道路运输经理人、出租汽车运输、城市公共汽电车运输、城市轨道交通运输、其他道路运输11类。其他道路运输从业人员除按《道路运输从业人员管理规定》分类外,增加了汽车租赁业务员。

(2)从业资格类别汉字简称由汉字全称简化而成。示例:"客运驾驶员"表示"经营性道路旅客运输驾驶员"。

(3)从业资格类别数字代码由5位数字构成,仅记录于信息化管理系统中。前3位参照行业标准《道路运输电子政务平台编目编码规则》(JT 415,以下简称JT 415)规定的道路运输行业分类代码保持一致,后2位为职业编码。示例:"01001"表示经营性道路旅客运输驾驶员,其中"010"表示道路旅客运输(与 JT 415 一致),"01"表示驾驶员。

JT 415 未将城市公共汽电车运输和城市轨道交通运输区分开来,未设立道路运输经理人、其他道路运输等行业分类,因此另行制定了前3位编码。

(三)专业编码规则。

1. 01001　经营性道路旅客运输驾驶员
2. 02001　经营性道路货物运输驾驶员
3. 03001　道路危险货物运输驾驶员
4. 03002　道路危险货物运输装卸管理人员
5. 03003　道路危险货物运输押运人员
6. 03004　道路危险货物运输专职安全管理人员
7. 03005　剧毒化学品道路运输驾驶员
8. 03006　剧毒化学品道路运输装卸管理人员
9. 03007　剧毒化学品道路运输押运人员
10. 03008　剧毒化学品道路运输专职安全管理人员
11. 03009　爆炸品道路运输驾驶员
12. 03010　爆炸品道路运输装卸管理人员
13. 03011　爆炸品道路运输押运人员
14. 03012　爆炸品道路运输专职安全管理人员
15. 03013　放射性物品道路运输驾驶员
16. 03014　放射性物品道路运输装卸管理人员
17. 03015　放射性物品道路运输押运人员
18. 03016　放射性物品道路运输专职安全管理人员
19. 04001　技术负责人员
20. 04002　质量检验人员

21. 04003 机修技术人员

22. 04004 电器维修技术人员

23. 04005 钣金(车身修复)技术人员

24. 04006 涂漆(车身涂装)技术人员

25. 04007 车辆技术评估(含检测)技术人员

26. 05001 理论教练员

27. 05002 驾驶操作教练员

28. 05003 道路客货运输从业资格培训教练员

29. 05005 道路危险货物运输从业资格培训教练员

30. 05006 放射性物品道路运输从业资格培训教练员

31. 05007 机动车残疾人驾驶培训教练员

32. 09001 出租汽车驾驶员

33. 11001 道路旅客运输及客运站经理人

34. 11002 道路货物运输及站场经理人

35. 11003 机动车检测维修经理人

36. 11004 机动车驾驶培训经理人

37. 12001 汽车租赁业务员

38. 12002 道路旅客运输乘务员

39. 12008 机动车驾驶员培训机构教学负责人

40. 12009 机动车驾驶员培训机构结业考核人员

41. 12010 机动车检测维修企业价格结算员

42. 12011 机动车检测维修企业业务接待员

43. 13001 城市公共汽电车运输驾驶员

44. 14001 城市轨道交通运输车辆驾驶员

45. 14002 城市轨道交通运输行车调度员

46. 14003 城市轨道交通运输行车值班员

(四)从业资格证只能打印,禁止手写或者涂改。

IC卡从业资格证的发放及相关标准按照交通运输部的有关规定执行。

第六节 道路运输证件申领、发放与销毁

一、编制道路运输证件用量计划

（一）设区的市级道路运输管理机构每年11月前组织县级道路运输管理机构提出下年度道路运输证件用量计划。

（二）计划汇总编定后，应及时向省级道路运输管理机构上报。

二、道路运输证件请领印制

（一）设区的市级道路运输管理机构应每季度向省级道路运输管理机构申领证件，填写证件请领单，并按计划请领入库。道路运输从业人员从业资格证由省级道路运输管理机构统一向交通运输部申领。

（二）道路运输证件按权限规定印制。省级道路运输管理机构统一印制好的证件入库时，凭承印厂填写的《道路运输证件印刷交货验收单》（一式两联），一联经保管员签字作为厂家交货凭证，另一联则由保管员、管理员及负责人签字连同印刷厂收款发票并用作为入库记账凭证。

（三）凡证件入库，保管员均应按请领单或交货验收单认真清点核对，包括种类、数量、颜色、首字拼音、编号等，无误签字后正式入库。

三、道路运输证件保管、发放、使用监督

（一）保管

1. 省级道路运输管理机构设证件保管账，按证件的种类立户。

2. 省级道路运输管理机构设发放证件流水卡，按领用单位立户。

（二）发放

1.省级道路运输管理机构凭下级道路运输管理机构的《道路运输证件领用单》并参照各期用量计划发放。

2.双方交付时应认真核对。

(三)使用监督

省级道路运输管理机构应定期对下级道路运输管理机构证件使用情况进行检查。

四、道路运输证件回收、收缴与销毁

(一)回收和收缴

1.对剩余或因故停止使用的证件,省级道路运输管理机构应及时组织返库(回收)。回收凭交回单位填写的《道路运输证件回交清单》,双方清点验收生效。

2.在回收、回缴中发现与原领用数量有差错时,要追查原因,由领用方出具原因说明,方可平账。

(二)销毁

失效、作废证件销毁时,应填写《作废道路运输证件销毁明细表》。经保管员、总库负责人签字报上级领导批准,再由销毁人、监销人以据对物,无误后销毁。被销毁物彻底毁掉后,应在明细表上签字。

第十五章　道路运输行政执法工作规范

第一节　道路运输行政执法人员资格

一、道路运输行政执法人员执法资格条件

从事道路运输行政执法工作的人员,具备以下条件方可参加交通运输行政执法人员资格培训与考试,取得《交通运输行政执法证》:

(一)年龄18周岁以上,身体健康;

(二)具有国民教育序列大专以上学历;

(三)具有交通运输行政执法机构正式编制并拟从事道路运输行政执法工作;

(四)品行良好,遵纪守法;

(五)法律、行政法规和规章规定的其他条件。

已经持有《交通运输行政执法证》但不符合上述规定的第(二)项、第(三)项条件的人员,可以通过申请参加交通运输行政执法人员资格培训和考试,取得《交通运输行政执法证》。

下列人员不得申请参加交通运输行政执法人员资格培训和考试:

(一)曾因犯罪受过刑事处罚的;

(二)曾被开除公职的。

符合下列条件之一的人员申请交通运输行政执法资格,经省级交通运输行政执法主管部门审核合格,可免予参加交通运输行政执法人员资格培训和考试:

(一)在法制管理或交通运输行政执法岗位工作15年以上,且具有大学本科以上学历;

（二）在法制管理或基层执法岗位工作10年以上,且具有法学专业本科以上学历。

二、道路运输行政执法人员及证件的管理

（一）各级道路运输管理机构执法人员应当持有由交通运输部统一制发的《交通运输行政执法证》。

（二）持证人应当按照其所持《交通运输行政执法证》中注明的道路运输管理执法门类在法定职责和辖区范围内从事行政执法工作。

（三）持证人应当妥善保管证件,不得损毁、涂改或者转借他人。

（四）持证人遗失交通运输行政执法证件的,应当立即向其所属主管部门报告,由其所属主管部门逐级报告至发证机关;发证机关审核属实的,于3日内通过媒体发表遗失声明,声明后通过执法证件管理系统补发新证。

（五）持证人有下列情形之一的,所在单位逐级上报至发证机关,由发证机关注销交通运输行政执法证件:

1. 持证人调离执法单位或者岗位的;

2. 持证人退休的;

3. 其他应当注销交通运输行政执法证件的情况。

（六）交通运输行政执法证件执行年度审验制度,未经发证机关年度审验的交通运输行政执法证件自行失效。

（七）持证人有下列情形之一的,由发证机关作出暂扣其交通运输行政执法证件的决定,并由其所在的主管部门收缴其证件:

1. 年度考核为不合格的;

2. 无故不参加岗位培训或考核的;

3. 涂改交通运输行政执法证件或者将交通运输行政执法证件转借他人的;

4. 其他应当暂扣交通运输行政执法证件的情形。

被暂扣交通运输行政执法证件的,在暂扣期间不得从事交通行政执法活动。

(八)持证人有下列情形之一的,由发证机关作出吊销其交通运输行政执法证件的决定,并由其所在县级以上交通运输主管部门收缴其证件:

1.受到刑事处罚、行政拘留或者开除处分的;

2.利用交通运输行政执法权牟取私利、从事违法活动的;

3.利用职务收受贿赂、以权谋私等行为受到行政记大过及以上处分的;

4.以欺诈、贿赂等不正当手段取得交通运输行政执法证件的;

5.因违法执法导致行政执法行为经行政诉讼败诉、行政复议被撤销、变更,并引起国家赔偿,造成严重后果的;

6.违反执法人员工作纪律,造成严重不良社会影响的;

7.连续2年考核等次为不合格的;

8.违反交通运输行政执法禁令,情节严重的;

9.其他应当吊销交通运输行政执法证件的情形。

三、道路运输行政执法行为的基本要求

(一)道路运输管理机构开展行政执法活动时,应当做到查处分离、罚缴分离、监督分离。

(二)道路运输管理机构应当统一执法装备、执法文书、执法证件、执法程序、执法尺度,统一告知权利的方式。

(三)统一执法尺度。

1.道路运输管理机构应当在法律、法规、规章设定的处罚额度内,执行省级交通运输主管部门公布的道路运输行政处罚、行政强制措施尺度。

2.道路运输行政执法过程中,应当适用同一种法律、法规或规章进行处罚,如不能适用同一法律、法规或规章进行处罚的,可适用多个法律、法规、规章进行处罚。法律、法规、规章对同一违法行为规定相同的行政处罚的,原则上应当按照法律适用的基本原则进行合理选择。

3.道路运输行政执法过程中,如果适用设有相应处罚幅度的行政处罚条款,应当按统一的尺度执行。

(四)统一行政强制措施尺度。

在道路运输行政执法过程中,需要采取行政强制措施,应按照统一的行政强制措施尺度执行。

第二节 道路运输行政执法人员行为规范

一、基本行为规范

(一)道路运输行政执法人员的基本要求

1.熟悉有关法律知识和行政执法业务;

2.执法时按规定着装,佩戴统一的执法标志,做到仪容整洁,形象良好;

3.执法过程中举止得当,语言文明,动作规范;

4.严格遵守法定职责和法定程序;

5.依法提取、收集和保存证据,规范制作法律文书;

6.执法过程中做好安全防护,注意自身和他人人身安全和财产安全;

7.自觉接受社会监督。

(二)禁止行为

1.不准超越职权执法;

2.不准徇私舞弊、玩忽职守;

3.不准下达或变相下达罚款指标;

4.不准对同一违法行为重复罚款;

5.不准酒后执法及在执法过程中吸烟和咀嚼食物;

6.不准在同一地点双向同时拦截车辆,避免造成交通堵塞;

7. 不准采取扒车等危险方式执法。

二、着装要求

执法人员执行公务时,应当按照规定统一着装。运政执法着装包括执法服装、执法服饰标志标识及执法服装其他配件。

(一)执法服装主要品种包括:

1. 夏装:制式夹克短袖衬衣、制式短袖衬衣、制式长袖衬衣和夏裤(裙);

2. 春秋装:春秋常服(包括内穿长袖衬衫、制式上衣和西裤)、长袖夹克作训服;

3. 冬装:冬常服(包括内穿长袖衬衫、制式上衣和西裤)、多功能棉衣。

(二)执法服饰标志标识包括:

金属帽徽、肩章(软、硬)、金属肩徽、肩杠,金属脚标,软胸标,金属胸号牌、软脚号牌、金属领花、臂章,金属标志纽扣、领带夹、皮带头。

(三)执法服装其他配件包括:

1. 皮鞋(包括棉鞋、单鞋)、雨靴;

2. 大檐帽、卷檐帽、夏帽、作训帽和安全头盔;

3. 羊毛衫、反光背心、反光雨衣;

4. 领带、手套、皮带、武装带、执勤包。

运政执法着装要求:

(一)执法人员应按季节不同统一着应季执法服装。具体季节着装规定如下:

1. 春季(4月1日至5月31日)和秋季(10月1日至11月30日)穿着春秋常服;

2. 夏季(6月1日至9月30日)穿着夏装,一线执法人员可视情形穿着制式长袖衬衣;

3.冬季(12月1日至次年3月31日)穿着冬常服与多功能棉衣。

市级道路运输管理机构可以根据本地区气候变化等情况,在上述时间内酌情调整换装时间。

(二)执法人员上岗执法时,应当按规定着装。

(三)执法人员各类服装着装要求:

1.春(秋)季:穿着春秋常服,内穿制式长袖衬衣,扎领带,戴大檐帽、卷檐帽(安全头盔);

2.夏季:穿着夏装短衬衫和夏裤(裙),或者制式长袖衬衣,戴夏帽(安全头盔);

3.冬季:穿着冬常服(也可着多功能棉衣),内穿制式长袖衬衣,扎领带,戴大檐帽、卷檐帽(安全头盔)。

(四)执法人员应当按照着装规范穿着执法服装,并按照规定佩戴执法标志。

1.按照统一规定的样式、颜色内外配套着装,穿着整齐,并保持执法服装洁净、平整,不得破损。

2.按照规定佩戴帽徽、肩章、胸牌、领花、臂章等标志,不同制式标志不得混戴。不得佩戴、系挂与执法人员身份或者执行公务无关的标志、物品。

3.不得混穿执法服装和便装。

4.穿着执法服装时,不得披衣、敞怀、卷裤腿、衣领上翻。除工作需要和眼疾外,穿着执法服装时不得戴有色眼镜。

5.穿着夏装时,内衬衣摆必须束在腰带内;穿着春秋装、冬装时,内衬衣下摆不得外露。

6.佩戴胸号牌、武装带时,胸号牌挂在上衣左口袋上沿正中处,武装带扎在上装自上而下第四、五颗纽扣之间。

7.除工作需要或者其他特殊情形外,应当穿制式皮鞋或者其他黑色皮鞋。非工作需要,不得赤脚穿鞋或者赤脚;男性执法人员鞋跟一般不得高于3厘米,女性执法人员鞋跟一般不得高于4厘米。

8.执法人员着装时,除在办公区、宿舍内或者其他不宜戴帽的情形外,应当戴帽。

执法人员应当爱护和妥善保管执法服装、服饰、执法标志及执法服装配件,不得变卖或擅自拆改,不得转借他人使用,不得着执法服装出入娱乐、餐饮场所。

三、执法动作规范

(一)敬礼动作规范

上体正直,右手取捷径迅速抬起,五指并拢自然伸直,中指微接帽檐右角约2厘米处,手心向下,微向外张(约20度),手腕不得弯曲,右大臂略平,与两肩成一线,同时注视受礼者。

(二)指挥车辆动作规范

1.指挥车辆直行:随立正姿势,体侧迎向来车,使用右臂(左臂)向右(向左)平伸、手掌向前。

2.指挥车辆左转弯:随立正姿势,右臂向前平伸,掌心向前。如果需要示意车辆左小转弯时,左臂伸直与身体成30度角,向右前方摆动(掌心向右前方)2~3次。

3.指挥车辆停止:随立正姿势,左臂向上直伸与地面垂直,手掌向前。如需示意车辆靠边停车,右臂与身体成30度角,向左前方摆动2~3次。如需变换指挥方向,疏通进入路口的车辆时,可保持停止信号转动,身体面向示意停车的方向。

四、执法语言规范

道路运输行政执法人员在进行执法时,应当使用规范语言。

(一)应当按照下述语句表明身份:

"您好,我们是××单位道路运输行政执法人员,这是我们的执法证件,现在依法对您进行调查(检查),请您配合。"

(二)当事人对依法进行的调查或检查不予配合,道路运输行政执法人员应当说：

"根据《中华人民共和国行政处罚法》第三十七条的规定，您有如实回答询问，并协助调查或者检查的义务。"

（三）检查证照时，应当说：

"您好！请出示××证。"

（四）核实登记被调查人身份时，应当说：

"请出示您的身份证明。"

（五）开始调查时，应当说：

"请您陈述一下关于××（涉嫌违法的行为）的情况。"

（六）制作询问笔录时，应当说：

"根据我们询问和您陈述的内容，我们正在制作一份询问笔录，请您稍等一下。"

（七）确认询问笔录时，应当说：

"这份笔录是根据您刚才的陈述和我们询问的内容制作的，请您仔细阅读笔录内容并确认。"

（八）请被调查人签名时，应当说：

"核对无误的话，请您在笔录的结束部分写上'以上笔录我已看过，与我所说一致'并签上您的姓名和日期。"

（九）采取行政强制措施时，应当说：

"您的××（列举具体违法行为）涉嫌违反了《××条例》第××条××款的规定，依据《××条例（法）》第××条××款的规定，依法采取××行政强制措施，依据《中华人民共和国行政强制法》第八条、第十八条规定你享有陈述权、申辩权；有权依法申请行政复议或者提起行政诉讼；因行政机关违法实施行政强制受到损害的，有权依法要求赔偿。请您在是否陈述申辩一栏签署意见，并请您在××（指出具体位置）签名，并于7个工作日内到行政强制措施凭证上载明的地址接受处理。"

（十）送达通知书时，应当按照以下语句告知当事人：

"您的××（列举具体违法行为）涉嫌违反了《××条例（法）》第××条和《××规定》第××条的规定，拟依法对您处以××元的罚款，请您在××（指出具体位置）签名，并于7个工作日内到通知书上载明的地址接受处理。"

（十一）应当按照以下语句告知当事人陈述和申辩的权利：

"您有权进行陈述和申辩。"

（十二）当事人拒绝签收法律文书，应当说：

"拒绝签字，法律文书同样生效并视为送达。请您在工作时间到××单位领取有关文书并接受处理，具体地址是××。"

（十三）应当按照以下语句告知听证权利：

"根据法律的规定，您有权要求听证，如果您要求组织听证，请在收到本通知书之日起3个工作日内到××单位提出申请，具体地址是××。"

（十四）应当按照以下语句宣告行政处罚决定书：

"您的（列举具体违法行为）违反了《××条例》第××条××款的规定，现依据《××条例》第××条××款的规定，对您处以××元的罚款，请您在××（指出具体位置）签名，并于15个工作日内到处罚决定书上载明的××银行缴纳罚款，具体地址是××。如有异议，请于60个工作日内到××人民政府或××交通运输局申请行政复议或者在3个月内向××法院提起行政诉讼。"

（十五）对当事人作出相应处理或者经调查未发现当事人有道路运输违法行为的，应当说：

"请注意遵守道路运输法规。谢谢合作。"

（十六）当事人提出当场缴纳罚款时，如不符合当场收缴规定的，应当说：

"对不起，依据法律规定，我们不能当场收缴罚款。"

(十七)当事人提出意见或者建议的,应当说:

"感谢您对我们工作提出意见(建议),我们将努力改进。"或者"感谢您的批评,我们愿意自觉接受监督。"

第三节 道路运输行政执法管辖与回避

一、道路运输行政执法管辖

行政处罚由违法行为发生地的县级以上(含县级,下同)道路运输管理机构管辖。法律、行政法规另有规定的除外。

对当事人的同一违法行为,两个以上道路运输管理机构都有管辖权的,由最先立案的道路运输管理机构管辖。

两个以上道路运输管理机构因管辖权发生争议的,应当协商解决,协商不成的,报请共同上一级道路运输管理机构指定管辖。

道路运输管理机构发现所查处的案件不属于自己管辖时,应当及时将案件移送有管辖权的道路运输管理机构。受移送的道路运输管理机构对管辖权有异议的,应当报请共同上一级道路运输管理机构指定管辖,不得再自行移送。

上级道路运输管理机构认为必要时可以直接查处下级道路运输管理机构管辖的案件。

下级道路运输管理机构认为应当由其管辖的案件属重大、疑难案件,或者由于特殊原因,难以办理的,可以报请上一级道路运输管理机构确定管辖。

报请上一级道路运输管理机构确定管辖权的,上一级道路运输管理机构应当在收到报送材料之日起5个工作日内确定案件的管辖机关。

跨行政区域的行政处罚案件,共同的上一级道路运输管理机构应当做好协调工作。相关道路运输管理机构应当积极配合异地办案的道路运输管理机构查处案件。

道路运输管理机构发现所查处的案件属于其他行政机关管辖的,应当依法移送其他有关机关。

道路运输管理机构发现违法行为涉嫌犯罪的,应当依照有关规定将案件移送司法机关。

二、道路运输行政执法回避

道路运输管理机构负责人、办案执法人员、听证主持人、听证员、书记员有下列情形之一的,应当回避。案件当事人及其法定代理人有权申请回避:

(一)是本案的当事人或者当事人的近亲属的;

(二)本人或者其近亲属与本案有利害关系的;

(三)与本案当事人有其他关系,可能影响案件公正处理的。

办案执法人员的回避,由其所属的道路运输管理机构决定;道路运输管理机构负责人的回避,由所属交通运输行政主管部门决定。

道路运输管理机构负责人、办案执法人员提出回避申请的,应当说明理由。

当事人及其法定代理人要求道路运输管理机构负责人、办案执法人员回避的,应当提出申请,并说明理由。口头提出申请的,道路运输管理机构应当记录在案。

对当事人及其法定代理人提出的回避申请,道路运输管理机构应当在2个工作日内作出决定并通知申请人。

办案执法人员具有应当回避的情形之一,本人没有回避,当事人及其法定代理人也没有申请回避的,有权决定回避的道路运输管理机构负责人可以指令回避。

在行政案件调查过程中,鉴定人和翻译人员需要回避的,参照上述规定。

在道路运输管理机构作出回避决定前,办案执法人员不得停止对行政案件的调查。

被决定回避的道路运输管理机构负责人、办案执法人员、鉴定人和翻译人员,在回避决定作出以前所进行的与案件有关的活动是否有效,由作出回避决定的道路运输管理机构根据案件情况决定。

第四节　道路运输监督检查基本规范

一、监督检查准备工作

(一)制定执法工作方案,重大执法活动前应召开准备工作会议,做好部署、协调、落实工作,注意做好保密工作。

(二)明确检查重点、执法区域及人员职责分工。

(三)执法人员按照有关规定着装整齐,佩戴执法证件。

(四)备齐并检查执法用摄像机、录音笔、执法车辆、示警牌、通信器材等设备。

(五)备齐执法文书、法律法规原文。

(六)保持联系畅通,行动服从统一指挥和调度。

二、道路路口车辆检查

道路运输管理机构在实施监督检查过程中,应当在道路运输企业、客货运输站场、客货集散地等加强源头管理,同时可以在公路路口检查运输车辆,查处道路运输违法行为。道路运输管理机构在公路路口实施监督检查时,应当符合以下要求:

(一)在公路路口现场检查的执法人员不得少于2名。

(二)根据道路条件和交通状况,选择安全和不妨碍通行的地点进行检查,避免引起交通堵塞。

(三)在距离检查现场安全距离范围连续摆放发光或者反光的示警灯、减速提示标牌、反光锥筒等警示标志。

(四)采用徒手指挥和使用停车示意牌(灯)两种方式指挥停车,夜间一律使用停车示意灯进行指挥。

(五)执法人员指挥停车,应站在道路中线的左端,面向来车,在安全距离,连续发出停车检查信号,指挥车辆到达指定的停靠位置。

(六)被检车辆停稳后,执法人员应表明身份,出示执法证件。

(七)在公路路口检查车辆,应当全面收集证据。经查未发现违法行为的,应交还有关证件,立即放行,并做好检查登记;发现有违法行为的,按立案和调查取证程序处理。

三、对道路运输相关业务经营场所的监督检查

(一)各级道路运输管理机构应当定期或不定期对道路运输企业、客货站(场)、机动车维修经营场所、机动车驾驶员培训学校等经营场所进行监督检查。

(二)监督检查必须有2名以上执法人员参与并经执法单位负责人批准方可进行。

(三)在监督检查前,应出示执法证件,告知检查项目,并做好记录。

四、道路运输检查站

(一)设立道路运输检查站,应由省级交通运输主管部门统一规划,报省级人民政府审批。省级道路运输管理机构应当制定统一的检查站工作职责、工作制度和管理措施。

(二)道路运输检查站应悬挂省级人民政府批准设站的公告。

(三)道路运输检查站应配置必要的交通、通信设备和视听器材。

(四)道路运输检查站的调整、撤并、变更由省级道路运输管理机构提出意见并报省级交通运输主管部门后,由省级交通运输主管部门报省级人民政府审批。

(五)道路运输检查站设立所需经费由设立地县级交通运输主管部门解决。

第五节　道路运输行政执法证据规范

一、证据种类与基本要求

证据包括书证、物证、视听材料、证人证言、当事人陈述、鉴定结论、勘验笔录和现场笔录。各类证据按如下要求制作提供：

（一）书证

书证是以其所载文字、符号、图案等表达的思想内容以证明案件事实的书面材料，可以分为原本、正本、副本、记录本、影印本和译本。比如询问笔录、现场笔录、举报记录、营业执照、经营许可证、控告、投诉、信访的信件、领导签批办理的信件、行政调查时的会谈、会议纪要，以及与案件有关的报表、图纸、会计账册、专业技术资料、科技文献等均属于书证范畴。

1.取得书证的原件。原本、正本和副本均属于书证的原件。收集证据原件时，应当收集以下能够印证案情的书证：

（1）反映各种民事经济关系的书证；

（2）可以表明从事经营性活动的文件、资料；

（3）运输经营者及乘客、货主持有的运输合同、各种收据、车票；从事经营性活动的广告、宣传单、客运经营者私自制作的班线牌等，并注明证据的名称、时间、份数和页数；取得原件确有困难的，可以取得与原件核对无误的复印件、照片、节录件等。

2.取得由有关单位或个人保管的书证原件的复制件、影印件的，应当注明出处，由原件保管单位或个人签注"与原件核对无误"字样和提供日期并签名盖章。一份证据多页的，应当在每一页及骑缝处加盖印章或按指印。

3.取得书证原件的节录件的，应当保持文件内容的完整性，节录时不得断章取义。节录件应当注明出处和节录地点、日期，并有节录人的签名。原件保管单位或个人核对无误后加盖印章或签名。

4.取得工商、公安、税务等有关部门出具的证明材料作为证据的,证明材料上应当加盖出具部门的印章并注明日期。

5.被调查对象拒绝在证据复制件、各式笔录及其他需要其确认的证据材料上签章或押印时,道路运输管理机构可以邀请有关基层组织或者被调查对象所在单位、公证机构、法律服务机构、公安机关代表到场,说明情况,在相关证据材料上记明被检查人拒绝确认事由和日期,由道路运输行政执法人员、见证人签名或签章;另外,可以通过现场摄像的方式将被调查对象拒签的情形固定。

(二)物证

物证指以物品、痕迹等客观物质实体的外形、性状、质地、规格等证明案件事实的证据。如伪造的各种票据、营运证件、路线牌等,非法营运车辆、非法教练车、改装车、拼装车、假冒出租车都是物证。

1.提供原物。提供原物确有困难的,可以提供与原物核对无误的复制件或者证明该物证的照片、录像等其他证据。

2.原物为数量较多的种类物的,提供其中的一部分。抽样取证时,应当有被抽样物品的持有人或者见证人在场,并开具抽样取证证据清单。原物复制件、照片、抽样取证证据清单应由持有人或者见证人签字确认。

3.下列不宜提供的实物证据,应当同时附相关证明材料:

(1)鲜活、易腐烂变质或者易失效的商品、货物;

(2)危险货物或危险化学品;

(3)保管困难或者需要保管费用过大的驾驶员培训设备;

(4)保管困难或者需要保管费用过大的维修工具。

(三)计算机数据或者录音、录像等视听资料

视听资料指利用录音、录像、计算机存储等手段将声音、图像及数据等能转化为物理信号用于证明案件事实的资料。道路运输行政执法实践中大量通过录像、录音、拍照、监控摄像、卫星定位装置产生

的运行轨迹等取得的证据均是视听资料。

1. 提供有关资料的原始载体。提供原始载体确有困难的,可以提供复制件。

2. 注明制作方法、制作时间、制作人和证明对象等。

3. 声音资料应当附有该声音内容的文字记录。

(四)证人证言

证人证言是了解行政违法行为的人,以口头或书面的方式向行政机关或组织所作的陈述,是行政处罚中使用比较普遍的证据形式。例如在查处非法营运案件过程中,对于乘客所制作的《询问笔录》就是比较典型的证人证言。

1. 写明证人的姓名、年龄、性别、职业、住址、联系电话、身份证号等基本情况。

2. 有证人的签名,不能签名的,应当以盖章或加盖指印等方式证明。

3. 注明出具日期。

4. 应附有居民身份证复印件等证明证人身份的文件。

(五)当事人陈述

行政处罚案件中当事人陈述主要指行政违法行为人的陈述,包括陈述、申辩、听证程序中当事人所作的辩解。例如在查处非法营运过程中,车辆驾驶人自行书写的营运经过就是典型的当事人陈述。

1. 写明当事人的姓名、年龄、性别、职业、住址、联系电话、身份证号等基本情况。

2. 有当事人的签名,不能签名的,应当以盖章或加盖指印等方式证明。拒绝签名或者盖章的,由询问人在询问笔录上注明情况,并可以邀请在场的其他人员签字。

3. 注明出具日期。

（六）鉴定结论

鉴定结论是指接受委托或者聘请的具有专门知识的人或机构，对案件中某些专门性问题进行鉴定所得出的书面结论。如道路运输行政执法人员对于机动车维修厂使用的假冒伪劣配件送交专门的鉴定机构所制作的《鉴定结论》。

应当载明委托人和委托鉴定的事项、向鉴定部门提交的相关材料、鉴定的依据和使用的科学技术手段、鉴定部门和鉴定人鉴定资格的说明（证明），并应有鉴定人的签名和鉴定部门的盖章。通过分析获得的鉴定结论，应当说明分析过程。

（七）勘验笔录和现场笔录

勘验笔录指行政执法人员对行政违法案件的现场，以及不便移动的物证进行勘查、检查后作出的能够证明案件情况的记录。《现场笔录》是行政机关在依法行使职权作出具体行政行为过程中，对有关的现场、物品、事件、人员进行调查所作的事实性描述记录，由行政执法人员在当事人的参与下制作的，其内容是正在发生或刚刚发生的现场事实，既不能提前做好，也不能在事后予以补记。

勘验笔录应当记载勘验的时间、地点、勘验人、在场人、勘验的经过和结果，由勘验人、当事人、在场人签名。勘验现场时绘制的现场图，应当注明绘制的时间、方位、绘制人姓名和身份等内容。

现场笔录应当载明时间、地点和事件等内容，并由执法人员和当事人签名。当事人拒绝签名或者不能签名的，应当注明原因。有其他人在现场的，可由其他人签名。

二、证据证明效力

（一）证明同一事实的数个证据的证明效力

1. 国家机关以及其他职能部门依职权制作的公文文书优于其他书证。

2. 鉴定结论、现场笔录、勘验笔录、档案材料以及经过公证或者登记的书证优于其他书证、视听资料和证人证言。

3. 原件、原物优于复制件、复制品。

4. 法定鉴定部门的鉴定结论优于其他鉴定部门的鉴定结论。

5. 法庭主持勘验所制作的勘验笔录优于其他部门主持勘验所制作的勘验笔录。

6. 原始证据优于传来证据。

7. 其他证人证言优于与当事人有亲属关系或者其他密切关系的证人提供的对该当事人有利的证言。

8. 出庭作证的证人证言优于未出庭作证的证人证言。

9. 数个种类不同、内容一致的证据优于一个孤立的证据。

(二)具有完全证明效力的证据

这是指对某一案件的某一待证事实有证明效力(并且可以单独作为定案依据)的证据。

1. 原始证据或与原始证据核对无误的传来证据、法院的判决或裁定。

2. 鉴定结论等。

3. 以有形载体固定或者显示的电子数据交换、电子邮件以及其他数据资料,其制作情况和真实性经对方当事人确认,或者以公证等其他有效方式予以证明的,与原件具有同等的证明效力。

(三)不能单独作为定案依据的证据

1. 未成年人所提供的与其年龄和智力状况不相适应的证言。

2. 与一方当事人有亲属关系或者其他密切关系的证人所提供的对该当事人有利的证言,或者与一方当事人有不利关系的证人所提供的对该当事人不利的证言。

3. 应当出庭作证而无正当理由不出庭作证的证人证言。

4. 难以识别是否经过修改的视听资料。

5. 无法与原件、原物核对的复制件或者复制品。

6.经一方当事人或者他人改动,对方当事人不予认可的证据材料。

7.其他不能单独作为定案依据的证据材料。

(四)不具有证明效力的证据

1.严重违反法定程序收集的证据材料。

2.以偷拍、偷录、窃听等手段获取侵害他人合法权益的证据材料。

3.以利诱、欺诈、胁迫、暴力等不正当手段获取的证据材料。

4.当事人无正当理由拒不提供原件、原物,又无其他证据印证,且对方当事人不予认可的证据的复制件或者复制品。

5.被当事人或者他人进行技术处理而无法辨明真伪的证据材料。

6.不能正确表达意志的证人提供的证言。

7.不具备合法性和真实性的其他证据材料。

(五)不能作为具体行政行为合法的依据

1.行政执法机关及其诉讼代理人在作出具体行政行为后或者在诉讼程序中自行收集的证据。

2.行政执法机关在行政程序中非法剥夺公民、法人或者其他组织依法享有的陈述、申辩或者听证权利所采用的证据。

3.行政执法机关在行政程序中未作为具体行政行为依据的证据。

(六)可以直接认定的事实

1.众所周知的事实。

2.自然规律及定理。

3.按照法律规定推定的事实。

4.已经依法证明的事实(或人民法院生效判决确定的事实)。

5.根据日常生活经验法则推定的事实。

其中1、3、4、5项,当事人有相反证据足以推翻的除外。

三、行政执法证据收集保存的要求

（一）一般要求

道路运输行政执法人员调查、收集、保存证据,必须遵守下列规定：

1. 适用道路运输行政处罚一般程序进行调查取证的执法人员不得少于2名。并现场出示执法证件,未取得执法证的人员只可进行保管执法文书、证据,维护执法秩序等辅助类执法工作。

2. 现场及时询问证人和当事人,充分听取当事人的陈述,应当个别进行并告知其作伪证的法律责任,做好询问笔录。

3. 现场制作对证人和当事人的询问笔录存在困难时,应进行口头询问,并用摄像机拍摄询问过程。

4. 现场调查的过程包括,对现场产生的书证、物证、证人证言、当事人陈述,可用摄像设备进行全程不间断拍摄,摄像过程应当尽可能反映执法过程各个环节。

5. 对与案件有关的物品或者现场进行勘验检查的,应当通知当事人到场,制作《勘验检查笔录》,当事人拒不到场或拒不签名的,由执法人员说明情况和签名,并可以请在场的其他人员见证。

6. 对需要采取抽样调查的,应当制作《抽样取证凭证》,需要妥善保管的应当妥善保管,需要退回的应当退回。

7. 对涉及专门性问题的,应当指派或者聘请有专业知识和技术能力的部门和人员进行鉴定,并制作鉴定意见书。

8. 在证据可能灭失或者以后难以取得的情况下,经行政机关负责人批准,可以对证据先行登记保存,制作《证据登记保存清单》,并应当在7个工作日内对证据作出处理决定。

9. 现场调查产生收集的证据应妥善保管,建立个案档案,及时移交相关部门处理。现场拍摄产生的录像资料,应保存在与外网物理隔绝的计算机内,或刻录成光盘进行保存。

10.对于经公安、工商等其他行政机关移送的涉嫌道路运输违法案件的证据,应当交当事人辨认,允许当事人行使陈述申辩权,并进行调查核实,同时制作《询问笔录》。

(二)询问笔录收集制作的要求

各类证据中,询问笔录是证明效力较强的证据,优于其他书证、视听材料和证人证言。做好询问笔录在实施行政处罚中至关重要,直接关系到行政处罚案件的质量和查处违章的效率。

1.询问前出示执法证件,表明身份,并告知被询问人有关事项等。

2.询问应当个别进行,并让其提供相关身份证明,条件许可的情况下,询问过程应用摄像设备全程拍摄。

3.认真听取被询问人的陈诉,做好询问笔录,询问时,严肃有力、语言文明、用语规范、抓住重点、简洁高效,不得询问与案件无关的问题,不要重复询问被询问人已经陈述过的问题,不得采用暴力逼供、威胁欺骗、诱供以及其他非法方式收集。

4.询问笔录字迹要工整、清晰,尽量避免出现文字错漏、不规范,询问结束后,执法人员应按规定检查内容,修正笔录,交付询问对象核对。

5.询问笔录须经被询问人阅核后,由询问人和被询问人签名或者盖章;被询问人拒绝签名或者盖章的,由询问人在询问笔录上注明情况,并可以邀请在场的其他人员签字;被询问人有阅读障碍的,应当宣读询问笔录内容。

6.询问笔录有遗漏或者有差错的,可以补充和修改,并由被询问人在改动处签章或捺指印确认。

7.如遇外籍人士,可以由其自行写出事实经过。

8.被询问人提出和本案无关的意见或建议,可以告知其到相关部门处理。

9.在联合执法时,执法单位必须写具有执法主体资格的道路运输管理机构名称,不得写"联合执法"。

(三)现场笔录收集制作的要求

1.现场笔录应以第三人称、陈述句描述。

2.全面记录现场检查过程中发现的情况,记载违法行为的发生时间、地点、事情经过及主要证据等相关内容。

3.记录时使用的文字要规范、简洁、客观。

(四)摄像取证的要求

使用摄像取证应当摄录执法过程的重要环节,如当事人的违章状态、截停时车辆情况、车牌号码、制作询问笔录情形、被询问人签字或拒签情形、当事人陈述和申辩等。摄像取证的注意事项:

1.校对确认摄像机时间和记录开始、结束的时间点。注意画面质量,及时调整镜头,确保摄录清晰有效。

2.全程拍摄执法过程。

3.摄录执法人员表明身份过程。

4.摄录被询问人的身份证明,必要时询问联系方式。

5.摄录制作询问笔录的主要过程及被询问人核对确认笔录并签名过程。

6.询问笔录中的询问人、记录人要与摄像中的对话内容保持一致。

7.对于暂扣的车辆要摄录车辆的车况及车内的物品。

8.摄录告知权利义务过程。

四、道路运输管理机构行政处罚的取证方式

(一)向有关单位和个人调取证据,包括物证和书证、视听资料等,可以提取原物,也可以查阅、复制有关资料。

(二)进入现场检查,制作相关证据材料。

(三)采取登记保存措施。

(四)通过固定监控系统及移动摄像设施所拍摄的现场情况。

(五)经执法单位负责人批准,运用暗访设备所拍摄的现场情况。

第六节 道路运输行政强制程序规范

一、道路运输行政强制的分类

道路运输行政强制分为行政强制措施和行政强制执行。行政强制措施包括扣押财物等,行政强制执行包括代履行和金钱给付义务的执行等。

二、道路运输行政强制措施实施程序

(一)实施主体

1. 县级以上道路运输管理机构依照法律、法规的规定,在职责范围内实施道路运输行政强制措施。道路运输行政强制措施权不得委托。

2. 依据《中华人民共和国行政处罚法》的规定行使相对集中处罚权的交通运输行政执法机关,可以实施法律、法规规定的与道路运输行政处罚权有关的行政强制措施。

(二)行政强制措施程序规定

1. 执法人员认为有必要实施行政强制措施的,实施前应当制作《交通运输行政强制措施审批表》,向本道路运输管理机构负责人(主要领导或分管领导,下同)报告并经批准后实施;

2. 由2名以上执法人员实施;

3. 出示执法身份证件;

4. 通知当事人到场;

5. 告知当事人采取行政强制措施的理由、依据以及当事人依法享有的权利、救济途径;

6. 听取当事人的陈述和申辩；执法人员认为当事人的陈述、申辩理由成立的，暂停实施行政强制措施，经补充调查并按照行政强制措施决定作出的决定，报送道路运输管理机构负责人审查决定；

7. 制作行政强制措施现场笔录，准确记录实施行政强制措施的事由、时间、地点、当事人、实施人员、其他参加人员的到场情况，实施行政强制措施的过程和结果，当事人的陈述和申辩以及其他需要记录的情况；

8. 行政强制措施现场笔录由当事人和执法人员签名或者盖章，当事人拒绝的，在笔录中予以注明；

9. 当事人不到场的，邀请见证人到场，由见证人和执法人员在行政强制措施现场笔录上签名或者盖章；

10. 制作并当场交付《交通运输行政强制措施决定书》和暂扣物品清单；

11. 法律、法规规定的其他程序；

12. 情况紧急，需要当场实施行政强制措施的，执法人员应当在24小时内向道路运输管理机构负责人报告，并补办批准手续。道路运输管理机构负责人认为不应当采取行政强制措施的，应当立即解除。

（三）扣押期限

扣押期限不得超过30日；情况复杂的，应当制作《延长扣押期限审批表》，经道路运输管理机构负责人批准，可以延长，但是延长期限不得超过30日。

经批准延长扣押期限的，应当制作《延长扣押期限决定书》，并及时送达当事人。

对物品需要进行检测、检验或者技术鉴定的，扣押的期间不包括检测、检验或者技术鉴定的时间。检测、检验或者技术鉴定的费用由道路运输管理机构承担。

(四)解除扣押

扣押物品有下列情形之一的,道路运输管理机构应当及时作出解除扣押决定,并制作《解除行政强制措施通知书》,送达当事人:

1. 当事人没有违法行为;

2. 扣押的财物与违法行为无关;

3. 对违法行为已经作出处理决定,不再需要扣押;

4. 扣押期限(包含延长期限)已经届满;

5. 其他不再需要采取扣押措施的情形。

当事人取回被扣押财物的,道路运输管理机构应当制作《退还被扣押财物凭证》,由当事人签收。

三、申请人民法院强制执行程序

(一)申请强制执行的案件范围

1. 行政处罚决定作出后,当事人在法定期限内不申请行政复议或提起行政诉讼,又不履行处罚决定,道路运输管理机构自期限届满之日起3个月内,依法申请人民法院强制执行。

2. 当事人对人民法院作出的行政案件的生效判决、裁定拒绝履行的,经复议的案件当事人逾期不起诉又不履行行政复议决定的,按照《行政诉讼法》、《行政复议法》等相关法律法规规定申请人民法院强制执行。

(二)申请人民法院强制执行程序规定

1. 制作并向当事人送达《交通运输行政强制执行催告书》,催告当事人履行义务。

2. 催告书送达10个工作日后当事人仍未履行义务的,道路运输管理机构可以向所在地有管辖权的人民法院申请强制执行。

3. 道路运输管理机构申请人民法院强制执行,应当提供下列材料:

(1)《行政强制执行申请书》,经道路运输管理机构负责人签名,

加盖单位印章,并注明日期;

(2)《行政处罚决定书》及作出决定的事实、理由和依据;

(3)当事人的意见及道路运输管理机构催告情况;

(4)申请强制执行标的情况;

(5)法律、行政法规规定的其他材料。

(三)裁定异议的处理

道路运输管理机构对人民法院不予受理(或不予执行)的裁定有异议的,可以自收到裁定之日起15日内向上一级人民法院申请复议。

第七节 道路运输行政处罚程序规范

一、道路运输行政处罚程序的分类

(一)道路运输行政处罚程序分为简易程序和一般程序。

(二)违法事实清楚并有法定依据,对公民处以50元以下、对法人或者其他组织处以1000元以下罚款或者警告的行政处罚的,可以适用简易程序,当场作出行政处罚决定。

(三)对于适用简易程序当场作出处罚决定的案件,执法人员应当依法制作行政处罚决定书,当场交付当事人,并应当告知当事人不服行政处罚决定的,可以依法申请行政复议或者提起行政诉讼。

(四)实施道路运输行政处罚,除适用简易程序的以外,应当适用一般程序。

二、立案和调查取证程序

(一)立案程序

1.除依法可以当场作出的行政处罚外,道路运输管理机构通过举报、新闻媒体披露、其他机关移送、上级机关交办等途径,发现公民、法人或其他组织有依法应当处以行政处罚的交通行政违法行为,应当自发现之日起7日内决定是否立案。

道路运输管理机构主动实施监督检查或运输服务质量投诉处理过程中发现的违法案件,可不经过立案环节。

2.立案应当填写《立案审批表》,同时附上相关材料(现场笔录、投诉记录、举报记录、新闻媒体披露内容摘要、上级机关交办或者有关部门移送的材料、当事人提供的材料、监督检查报告等),由道路运输管理机构负责人批准。

3.对于决定立案的,道路运输管理机构负责人应当指定办案机构和2名以上办案人员负责调查处理。

4.对于不予立案的举报,经道路运输管理机构负责人批准后,将不予立案的理由告知具名的举报人。道路运输管理机构应当将不予立案的相关情况作书面记录留存。

(二)调查取证程序

1.2名以上执法人员进行调查取证:调查时分工明确,各司其职,一人询问,一人同时记录。在法律文书中有2名以上执法人员的签名,案件卷宗中有2名以上执法人员共同执法的记录。

2.询问证人和当事人,应当个别进行并告知其作伪证的法律责任。制作询问笔录,应当经被询问人阅核后,由询问人和被询问人共同签名或者盖章,询问笔录中涂改之处应由被询问人确认并签名或者捺指印。被询问人拒绝签名或者盖章,由询问人在询问笔录上注明情况,并用录像录音等形式进行取证固定。

3.证据提取与保存。

(1)提取证据应当注明具体时间和地点。

(2)应当注明物品名称、规格、型号、数量等物品性状。

(3)应当注明证据保存期限和保存地点。

(4)需要登记保存的证据,应有保存依据、保存清单和领导审批记载,登记保存的证据应当在7日内作出处理决定。

(5)有被调查取证者的签名或者盖章,被调查取证者拒绝签名或者盖章的,由执法人员注明情况并签字。

4.执法人员应当制作道路运输违法行为调查报告,法制部门和道路运输管理机构负责人对调查报告审核后,得出审批意见。

三、违法行为通知书送达程序

(一)执法现场负责人认为拟给予当事人行政处罚的,执法人员应当制作道路运输违法行为通知书。

(二)执法人员应当告知当事人拟给予的行政处罚内容及其理由和依据。

(三)执法人员应当听取当事人陈述和申辩。

(四)符合听证条件的,应当制作行政处罚听证告知书,告知当事人可以在3个工作日内要求组织听证并告知申请听证的地址。听证告知书应当送达当事人。

(五)将道路运输违法行为通知书现场送达当事人,应当要求当事人在"受送达人"栏签收,注明签收日期,并告知当事人在7个工作日内到指定地点接受处理。

(六)当事人拒绝签收的,由现场2名以上执法人员在通知书上注明情况并签字,并告知当事人领取道路运输违法行为通知书的地址。

(七)道路运输违法行为通知书没有现场送达当事人的,应当按照本规范关于行政处罚决定送达的规定进行送达。

四、案件卷宗的整理和移交程序

(一)在立案和调查取证完毕后,执法人员应当对现场执法文书、证据等材料进行整理。对暂扣或者登记保存的车辆、证照、物品等要按规定妥善保管。

(二)现场执法人员应当将整理好的案件卷宗完整移交给负责卷宗管理的执法人员。

(三)负责卷宗管理的执法人员接收、处理卷宗时,应当检查执法文书、证据等材料。

（四）对于制作不规范的道路运输违法行为通知书，尚未送达的，负责卷宗管理的执法人员应当要求现场执法人员进行更正后送达；已经送达的，在当事人前来接受处理时予以更正并由当事人签名或者盖章。

（五）已经送达的道路运输违法行为通知书适用法律错误、对案件处理结果有实质性影响的，应当重新制作通知书并送达当事人，原通知书收回作废，调查处理时间重新计算。

五、听证程序

（一）听证的适用范围

道路运输管理机构在作出责令停产停业、吊销证照、较大数额罚款、没收较大数额财产的行政处罚决定之前，当事人要求听证的，案件调查人员应当记录在案，道路运输管理机构必须依法组织听证。

上述所指的较大数额标准，按照省级人大常委会或者人民政府规定或其授权部门规定的标准执行。

（二）听证申请

1. 符合听证条件的行政处罚案件，当事人应当在道路运输违法行为通知书送达之日起3个工作日内到道路运输管理机构提出听证申请，并填写听证会申请书。

2. 通知书送达当事人之日起3个工作日内，当事人没有要求听证的，就同一案件不再具有申请听证的权利。

3. 通知书送达当事人之日起3个工作日内，道路运输管理机构不得作出行政处罚决定。

4. 当事人申请听证的截止之日为法定节假日的，应当顺延至法定节假日结束后的第1个工作日。

（三）听证会准备

1. 听证会主持人和书记员

听证会主持人由道路运输管理机构负责人指定的本机构法制工作人员或者其他执法人员担任。由听证会主持人指定书记员,负责听证笔录的制作和其他事务。

2. 听证会主持人的主要职责

(1)决定举行听证的时间、地点和方式;

(2)决定中止、终止或者延期听证;

(3)决定书记员是否回避;

(4)决定证人是否到场作证;

(5)将有关通知及时送达当事人、案件调查人员、鉴定人、翻译人员等听证参加人;

(6)就案件事实、行政处罚的依据与理由进行询问;

(7)要求听证参加人提供或者补充证据;

(8)指挥听证活动,维持听证秩序,对违反听证纪律的行为予以制止;

(9)对听证笔录进行审阅,并在听证笔录的基础上制作听证会报告书,对是否给予行政处罚及如何处罚提出建议。

3. 听证员和书记员的回避

听证员和书记员有下列情形之一的,必须回避:

(1)是本案调查人员;

(2)是本案当事人或当事人、代理人的近亲属,或是案件调查人员的近亲属;

(3)与本案的处理结果有直接利害关系的人员;

(4)与本案当事人有其他关系,可能影响对案件公正听证的人员。

以上规定,同样适用于翻译人员、鉴定人或勘验人。

4. 听证会通知书

道路运输管理机构应当在举行听证会7个工作日前向当事人送

达听证会通知书,告知当事人组织听证的时间、地点、听证会主持人,并告知其享有申请回避和委托代理人的权利。

(四)听证会程序

听证活动应当遵循公正、公开、独立听证原则;除涉及国家秘密、商业秘密和个人隐私外,听证公开举行;听证一般应当一次完成,情况特别复杂时,可以举行多次听证。

1.听证会主持人工作。

听证会主持人在正式听证前应完成下列工作。

(1)核对听证参加人的身份。

(2)宣读听证纪律:

①未经听证主持人允许不得发言、提问;

②未经听证主持人允许不得录音、录像和摄影;

③听证参加人未经听证主持人允许不得退场;

④旁听人员不得大声喧哗,不得鼓掌、哄闹或者进行其他妨碍听证秩序的活动。

(3)宣讲听证参加人的权利、义务。

当事人享有的权利:

①要求或者放弃听证;

②申请回避;

③委托律师或者其他人为听证代理人;

④陈述、申辩、举证、质证;

⑤对听证笔录进行审阅。

当事人的义务:

①按时到达指定地点出席听证会;

②遵守听证会纪律,服从听证会主持人的指挥;

③如实回答听证会主持人的提问。

(4)征询当事人是否申请听证人员或鉴定人、勘验人、翻译人员回避。

2.听证会举行的步骤。

(1)听证会主持人宣布听证会开始;

(2)案件调查人员介绍案件的事实和调查过程,宣读或者出示该案件的证据,说明拟作出的行政处罚的内容及依据;

(3)当事人或者其委托代理人对案件事实进行陈述和申辩;

(4)第三人发言,证人发言,鉴定人宣读鉴定结论,并作出相应说明;

(5)案件调查人员和当事人或者其委托代理人就案件事实和证据进行辩论、质证;

(6)听证会主持人就案件的有关问题向案件调查人员、当事人、证人、鉴定人等询问;

(7)案件调查人员、当事人或者其委托代理人作最后陈述;

(8)听证会主持人宣布听证会结束;

(9)听证参加人审阅听证笔录并签名,可以修正、补充本人发言部分的笔录。

3.当事人或者其委托代理人无正当理由不按时出席听证会或者中途擅自退席的,视为当事人放弃要求听证的权利,并记入听证会笔录。

4.听证会主持人应当在听证会结束后将听证情况和处理意见制作成听证会报告书,提交道路运输管理机构负责人作出决定。

六、行政处罚决定程序

案件调查完毕后,道路运输管理机构或受委托的负责人应当及时审查有关案件调查材料、当事人陈述和申辩材料、听证会笔录和听证会报告书,根据案件的不同情况分别作出如下处理决定:

(一)违法事实清楚,证据确凿充分,且不需要经过听证程序或者在规定期限内当事人没有要求听证的案件,根据情节轻重,作出行政处罚决定。

(二)符合申请听证的条件,且在规定期限内当事人提出听证申请的案件,应当在适用听证程序后作出处理决定。

(三)案件还需要作进一步调查取证的,责令案件调查人员补充调查。

(四)违法行为轻微,依法可以不予行政处罚的,不予行政处罚。

(五)违法事实不清、证据不足的,不得给予行政处罚。

(六)案情复杂或者有重大违法行为需要给予较重行政处罚的,应当集体讨论决定。

(七)违法行为已构成犯罪的,应当将案件有关材料和证据移送有管辖权的司法机关处理。

行政处罚决定生效后,任何人不得擅自变更或解除。处罚决定确有错误需要变更或修改的,应当由原道路运输管理机构或其上级机关依法撤销原处罚决定,重新作出处罚决定。

符合听证条件的案件,违法行为通知书送达当事人之日起3日内,不得作出行政处罚决定;当事人要求在3日内作出行政处罚决定的,应当书面声明放弃听证权利。

道路运输管理机构作出行政处罚决定必须制作《道路运输行政处罚决定书》。当事人自收到违法行为通知书7个工作日内未接受处理的,道路运输管理机构应当根据现有证据材料作出行政处罚决定。

七、行政处罚决定送达和执行程序

(一)行政处罚决定送达

《道路运输行政处罚决定书》应当在宣告后当场送达当事人,当事人应当在处罚决定书的送达栏注明收到日期、签名或者盖章。处罚决定书没有当场送达当事人的,应当按照法律规定的其他送达方式及时送达:

1.处罚决定书作出后7个工作日内应当送达当事人,当事人不在场的,交其同住的成年家属签收,由受送达人在送达回证上注明收到日期、签名或者盖章,并且在备注栏内写明与当事人的关系,受送达人在送达回证上的签收日期为送达日期。

2.当事人已指定代收人的,交代收人签收。

3.当事人拒绝接受送达的,送达人应当邀请有关基层组织的代表或者其他人员到场,说明情况,在送达回证上写明拒收事由和日期,由送达人、见证人签名或者盖章,把处罚决定书留在当事人的住处,即视为送达。

4.处罚决定书直接送达有困难的,可以委托其他交通管理部门代为送达,或者以邮寄方式送达。邮寄送达,挂号回执上注明的收件日期为送达日期。

5.采取上述方式无法送达的,公告送达。公告送达,可以在全国性报纸或者办案机关所在地的省一级报纸上予以公告,也可以在道路运输管理机构公告栏张贴公告,并可以在道路运输管理机构网站上公告。自公告发布之日起经过60日,即视为送达。公告送达,应当在案卷中记明原因和经过,留存相关证据。

(二)罚款决定执行

除法定的特殊情形之外,作出行政处罚决定的道路运输管理机构及其执法人员不得自行收缴罚款;当事人应当自收到行政处罚决定书之日起15日内,到指定的银行缴纳罚款。

(三)行政处罚案件结案

适用一般程序的行政处罚案件结案后,应当制作行政处罚案件结案报告。简易程序的行政处罚案件应在5个工作日内报行政执法机关备案。

八、逾期不接受行政处罚决定处理程序

当事人逾期不履行行政处罚决定的,可以采取以下措施:

（一）行政处罚决定书送达生效之日起 15 日后，当事人逾期不履行行政处罚决定，不缴纳罚款的，可依法每日按罚款数额的3%加处罚款；

（二）当事人在法定期限内不申请行政复议或者提起行政诉讼，经催告仍不履行的，在实施行政管理过程中已经依法采取查封、扣押措施的行政机关，可以将查封、扣押的财物依法拍卖抵缴罚款；

（三）申请人民法院强制执行。

九、涉嫌犯罪行为移交

道路运输管理机构在道路运输行政执法中查到涉嫌犯罪行为的，应当及时将案件按照管辖的规定及时移交具有管辖权的司法机关。

十、涉案财物的处理

道路运输管理机构应当建立健全罚没物资的管理、处理制度。具体办法由省级道路运输管理机构依照国家有关规定制定。

除依法应当予以销毁的物品外，依法没收的非法财物，应当按照国家规定，委托具有合法资格的拍卖机构公开拍卖或者按照国家有关规定处理。

销毁违禁物品，按照国家有关规定处理。

没收的票据交有关部门统一处理。物品处理，应当制作清单。

罚没款及没收物品的变价款，必须全部上缴财政，任何单位和个人不得截留、私分或者变相私分。

对依法解除强制措施，需退还当事人财物的，道路运输管理机构应当通知当事人及时领取；当事人不明确的，应当采取公告方式通知当事人认领财物。在通知当事人或者公告 6 个月后，无人认领的，按无主财物处理，登记后上缴国库，或者依法变卖或者拍卖后，将所得款项扣除为保管、处理物品所支出的必要费用后上缴财政。遇有特殊情况的，可酌情延期处理，延长期限最长不超过 3 个月。

十一、行政处罚决定的抄告处理

对非本机关发放牌证的营运车辆、业户和从业人员实施证据登记保存或者作出处罚决定的,道路运输管理机构应当自作出决定之日起7个工作日内,将登记保存或者处罚情况抄送至发放证件的道路运输管理机构。收到抄告信息的道路运输管理机构应当自收到之日起7个工作日内,将抄告信息纳入年审或者作为信誉考核依据;涉嫌违反有关道路运输管理法律法规规定的,应当启动行政处罚调查程序,并以抄告回执单的形式送达抄告单位。

第八节 道路运输行政执法文书规范

一、道路运输行政执法文书基本规范

(一)道路运输行政执法文书的内容应当符合有关法律、法规和规章的规定,做到格式统一、内容完整、表述清楚、用语规范。

(二)道路运输行政执法文书分为内部文书和外部文书。

1. 内部文书是指在道路运输管理机构内部使用,记录内部工作流程,规范执法工作运转程序的文书。

2. 外部文书是指道路运输管理机构对外使用,对道路运输管理机构和行政相对人均具有法律效力的文书。

(三)道路运输行政执法文书应当按照统一格式印制,规范制作;有条件的,可以按照规定的格式打印制作。文书规定编写案号的,应当根据文书的编号规则编注。

(四)文书设定的栏目,应当逐项填写,不得遗漏和随意修改;无需填写的,应当用斜线划去。

(五)文书中道路运输管理机构的审核或审批意见应表述明确、没有歧义。

(六)文书中除编号和价格、数量等必须使用阿拉伯数字的外,应

当使用汉字。文书应当打印或使用蓝黑色或黑色笔填写,做到字迹清楚、书面整洁。

(七)文书应当使用公文语体,语言规范、简练、严谨、平实。应当正确使用标点符号,避免产生歧义。

(八)文书中"案件名称"应当填写为"当事人姓名(名称)+案由(违法行为性质)+案",例如:×××未取得道路客运经营许可擅自从事道路客运经营案;在立案和调查取证阶段文书中"案件名称"应当填写为"当事人姓名(名称)涉嫌+案由(违法行为性质)+案",例如:×××涉嫌未取得道路客运经营许可擅自从事道路客运经营案。

"案由"由省级道路运输管理机构作统一规定。

(九)文书中当事人情况应当按如下要求填写:

1. 根据案件情况确定当事人为"个人"或者"单位","个人"、"单位"两栏不能同时填写。

2. 当事人为个人的,姓名应填写身份证或户口簿上的姓名;住址应填写住所地或经常居住地地址;年龄应以公历周岁为准。

3. 当事人为法人或者其他组织的,填写的单位名称、法定代表人(负责人)、地址等事项应与工商登记注册信息一致。

4. 当事人名称应前后一致。

(十)文书首页不够记录时,可以附纸记录,但应当注明页码,由相关人员签名并注明日期。

(十一)需要交付当事人的文书中设有签收栏的,由当事人直接签收,也可以由其成年直系亲属代为签收;文书中有没有设签收栏的,都应当使用送达回证。

(十二)文书中注明加盖道路运输管理机构印章的地方必须加盖印章,加盖印章应当清晰、端正,要"骑年盖月"。

二、行政处罚文书制作规范

(一)询问笔录

1. 适用范围

本文书在执法人员调查取证过程中,询问证人或者当事人时使用。

2. 制作规范

(1)时间:写明进行询问的起止时间。

(2)地点:制作笔录的具体地点。

(3)询问人和记录人:填写负责询问和记录的 2 名执法人员姓名。

(4)被询问人:写明被询问人的姓名、性别、年龄、工作单位、通信地址、邮编、联系电话等个人基本资料,被询问人的身份证件号码必须填写;如果当事人是单位的,还应当写明被询问人在该单位担任的职务。

(5)正文的第一句:写明执法人员向被询问人表明执法身份,并告知当事人应当依法履行配合检查(调查)的义务和享有申请回避的权利。

(6)询问记录内容:询问时要围绕需调查的行为事实进行,重点是时间、地点、当事人、经过(原因)和结果等方面;对重点内容详细记录,对与案情无关的内容不要记录;尽量记录被询问人的原话,如无法记录原话的,要保证所记载的内容确系被询问人的原意。

(7)在记录询问人和被询问人之间的对话时,对于询问人,可以用"问"字起头,表示是其提出的问题;对于被询问人,可以用"答"字或者其名字的"姓"起头,表示是其所作的叙述。

(8)询问人提出一个问题后,应当有被询问人的回答。如被询问人不回答或者拒绝回答,应当写明被询问人的态度,如"不回答"或者"沉默"等。

(9)询问结束后,应当要求被询问人审阅笔录,被询问人发现记录有误,可以要求修改笔录。在每一处修改的地方,要让被询问人一一签名或者捺指印予以确认。被询问人要求作较大修改的,可以要求被询问人在笔录后另外书写,并签名确认。

(10)询问笔录制作完成后,被询问人应当逐页签名。

在文书末尾(紧接正文的最后一行),被询问人应当书写"以上笔录我已阅,与我所说一致"或者"以上记载与本人口述无误"等语句,并签名、注明日期。询问人和记录人也应当分别在文书末尾签名。

(11)被询问人拒绝签名或者盖章的,由询问人在询问笔录上注明情况。

(二)勘验(检查)笔录

1. 适用范围

本文书适用于执法人员对与案件有关的物品或者对现场与案件有关的事实、证据线索等进行勘验检查记录。具体适用于以下4种情况:

(1)巡查中发现的涉嫌违法的事实,如实记录案发现场的情况;

(2)对投诉举报进行的实地检查复核;

(3)对限期改正的违法行为进行监督检查;

(4)对违法经营的现场进行记录。

勘验检查时,应当通知当事人到场,当事人拒不到场的,可以请在场的其他人员见证。

2. 制作规范

(1)"案件名称"应当填写为"当事人姓名(名称)涉嫌+案由(违法行为性质)+案"。

(2)勘验时间和场所:写明执法人员实施勘验检查的具体地点和勘验检查的起止时间。

(3)天气情况:勘验检查时的天气情况。

(4)当事人和组织代表:当事人的姓名、工作单位。如果当事人是单位的,还应当写明其法定代表人的姓名、职务。

(5)被邀请人:邀请在场见证的其他人员的姓名、单位、职务、身份证明文件号码和联系方式。

(6)勘验人和记录人:勘验检查工作应当由2名以上执法人员担任,勘验人和记录人栏写明执法人员的姓名。

(7)勘验检查情况及结果:应当包括勘验检查的过程,勘验检查的内容、范围和方式,被检查人或被检查单位的有关人员是否到场。

(8)文书空白部分应记明"以下空白"或者填充空白符号。

(9)当事人应当在本文书签名。当事人对检查结果表示同意的,可以写明"上述情况属实";表示不同意的,要说明理由并作记录。当事人拒绝签字的,执法人员要注明情况,并请在场的其他人签字见证。

(10)勘验人和记录人应当分别签名。

(三)证据登记保存清单

1. 适用范围

本文书适用于在调查取证过程中,对证据可能灭失或者以后难以取得,需要先行登记保存时使用。

2. 制作规范

(1)被取证人:当事人的个人姓名、性别或者单位全称,写明当事人的注册地址、居住地址或者其他联系地址及联系电话。

(2)案由:涉嫌违法的事实或者涉嫌违反法律规范的内容。

(3)登记保存地点:一般是在现场,也可以是执法单位所在地。

(4)物品:登记保存物品的编号、名称、规格型号、所属单位、数量等。

(5)调查人员:具体实施登记保存的2名执法人员及其执法证号。

(6)被取证人签名:被取证人在文书上签名或者盖章,并注明日期。当事人不在现场或者拒签的,执法人员应当在文书上注明情况。

(7)落款日期:开始实施先行登记保存行为的日期。

(四)道路运输违法行为调查报告

1. 适用范围

本文书在道路运输违法行为调查人员初步调查结束后,认为案件事实基本清楚,主要证据齐全,提出处理意见,报道路运输管理机构负责人审查时使用。

2. 制作规范

(1)案件名称:书写形式是当事人姓名(名称)涉嫌+案由(违法行为性质)+案。

(2)调查人员:2名执法人员姓名。

(3)当事人基本情况:当事人是个人的,填写其姓名、国籍、身份证明号码和经常居住地址。当事人是单位的,按照营业执照、《道路运输证》或者其他能够证明单位身份的许可证件或者批准文件上的名称填写,地址是其注册地或主要经营场所地址。

(4)车辆所在地和牌证号码:按《道路运输证》的信息填写,无《道路运输证》的填写车牌号。

(5)案件调查经过、结论及处理意见。

①案件来源:

案件来源,按照检查发现、群众举报、上级交办、有关部门移送等情况据实填写。

a. 检查发现的案件,应当写明案发时间、案发地点。

b. 群众举报的案件,应当写明举报人姓名和联系方式。

c. 上级部门交办的案件,应当写明交办部门名称和交办时间。

d. 接受移送的案件,应当注明移送部门名称和移送时间。

上述几种情况,凡是有相关证据材料的,应当将证据材料附在本文书之后,一并呈送审阅。

②案情简介:

应当写明立案的事实根据,摘要介绍案情和叙述违法事实。

a. 执法检查中发现的违法事实,应当写明检查方式、违法行为人、违法行为。

b. 单位和个人举报或者是接受移送的案件,应当将举报人、移送机关陈述、介绍的违法事实如实写明。已经进行实地调查的,还应写明调查的情况。

c. 单位和个人举报、有关部门移送以及上级部门交办的这三类案件中的证据材料,都要经过执法人员调查、核实后才能作为证明违法事实的证据。

③承办人员拟办意见:

a. 建议立案的,承办人要写明建议立案的证据和法律依据。

b. 建议不予立案的,写明不予立案的依据。

c. 建议移送有关管理部门的,写明建议移送的部门名称及理由。

④调查人员签名:负责案件调查的2名执法人员签名。

(6)证据清单:

①证据种类:填写书证、物证、视听材料、证人证言、当事人陈述、鉴定结论、勘验笔录和现场笔录。

②证据名称:按照证据的实际名称填写。

③证据规格和数量。

(7)审批意见:道路运输管理机构负责人写明是否同意立案,并签名。

(五)道路运输违法行为通知书

1. 适用范围

本文书在道路运输管理机构经调查取证后,认定违法事实清楚,拟作出行政处罚决定前,依法履行告知义务时使用。

2. 制作规范

(1)当事人:个人姓名或者单位全称。

(2)违法时间和地点:违法的具体日期和地点。

(3)案件名称:书写形式是当事人姓名(名称)涉嫌+案由(违法行为性质)+案。

(4)违法事实:简明填写执法人员认定的违法事实,可以采用法律规范中对违法行为具体内容的表述,一般是禁止性或者义务性条款。

(5)拟给予的行政处罚:行政处罚的种类和具体内容,罚款处罚应当写明罚款数额。

(6)理由和依据:作出处罚所依据的法律规范的原文,具体到条、款、项、目。

(7)当事人可以向其提出陈述、申辩的执法单位的名称。

(8)申请听证的执法单位地址及期限。

(9)实施行政处罚机关的地址和联系方式。

(六)听证会通知书

1. 适用范围

本文书在当事人有权且要求举行听证,执法单位通知当事人前来参加听证会时使用。

2. 制作规范

(1)被通知人:写明当事人的个人姓名或者单位全称。

(2)案件名称:书写形式是当事人姓名(名称)涉嫌+案由(违法行为性质)+案。

(3)举行的具体时间:听证会应当在听证通知书发出7日后举行。

(4)举行的具体地点:一般在执法单位办公所在地,或者执法单位指定的其他办公场所。

(5)是否公开:除涉及国家秘密、商业秘密或者个人隐私外,听证应公开举行。

(6)听证会主持人:听证会主持人的姓名和职务。

(7)听证员:听证员的姓名和职务。

(8)记录人:记录人的姓名和职务。

(9)行政机关印章:道路运输管理机构公章。

(10)制作时间:听证通知书制作的时间,格式为××××年××月××日。

(11)处罚机关地址:具有执法主体资格的执法单位办公地址。

(12)联系人、联系电话:执法单位负责听证会具体事宜的工作人员的姓名及联系电话。

(七)行政处罚听证笔录

1. 适用范围

本文书在道路运输管理机构举行行政处罚案件听证会的过程中使用。

2. 制作规范

(1)时间:听证会的起止时间。

(2)地点:举行听证会的具体地点。

(3)主持人、记录人:听证主持人、听证员和记录人的姓名。

(4)当事人:当事人为个人的,写明其姓名、性别、年龄、身份证明号码、所在单位、联系电话等基本情况;当事人为单位的,写明单位名称、单位法定代表人的姓名、在该单位所任职务、联系电话等基本情况。

(5)委托代理人:写明委托代理人的姓名、性别、年龄、身份证明号码、所在单位和联系电话。

(6)正文部分:要求记录听证会的全过程内容。主要包括以下几方面:

①主持人或者承担辅助工作的记录人核对听证会参加人员的身份;告知参加人员相关权利、义务,宣布听证纪律;主持人询问当事人

是否申请回避。

②写明出席听证会的案件调查人员、证人、鉴定人或者翻译等其他人员的基本情况。

③案件调查人员对当事人违法事实的陈述以及行政处罚的建议、理由和依据。

④当事人对行政处罚建议提出的异议及其理由、证据,重点是当事人认为事实有出入的地方及其证据,以及要求免于处罚、从轻或者减轻处罚的事实、理由和证据。

⑤第三人发言、当事人提出证人发言,鉴定人宣读鉴定结论,相应说明情况。

⑥案件调查人员和当事人或者其委托代理人就案件事实、证据和法律依据等进行辩论质证。

⑦听证会主持人就案件的有关问题向当事人、案件调查人员、证人询问情况。

⑧当事人或者其委托代理人最后陈述的内容。

(7)当事人和委托人签字:听证会参加人员均应当在笔录末尾签名或者盖章并写明日期,其中当事人应当逐页签名,并在文书末尾注明"以上笔录已阅,与我所说一致"等字句。

(八)听证会报告书

1. 适用范围

听证会报告书是指听证会结束后,听证主持人向道路运输管理机构负责人报告听证会情况并提出案件处理意见的文书。

2. 制作规范

(1)案件名称:书写形式是当事人姓名(名称)涉嫌+案由(违法行为性质)+案。

(2)听证主持人、听证员、记录人。

(3)听证会基本情况摘要:填写听证会的时间、地点、听证参加人的基本情况,简明扼要地填写听证认定的事实、证据。

(4)证据材料清单:写明听证案件所附证据材料的种类、名称、规格和数量。

(5)听证结论及处理意见:应当由听证人员根据听证情况,对拟作出的行政处罚决定的事实、理由、依据作出评判并提出倾向性处理意见,听证主持人签名和报告日期。

(6)负责人审批意见:负责人对本案的审批意见、签名和审批时间。

(7)附听证笔录。

(九)道路运输行政案件处罚决定书

1. 适用范围

本文书适用于道路运输管理机构依法适用一般程序,对当事人作出行政处罚决定时使用的文书。

2. 制作规范

(1)当事人:写明当事人的个人姓名或者单位全称。

(2)地址:当事人住所地或经常居住地地址,单位注册地或主要营业地地址。

(3)案件名称:书写形式是当事人姓名(名称)+案由(违法行为性质)+案。

(4)当事人、违法时间、违法地点:写明当事人违法行为发生的时间和具体地点。

(5)违法事实:写明违法案件的事实根据,摘要介绍案情和叙述违法事实。

(6)法律依据:写明当事人所违反法律规定的全称、具体条款和处罚所依据的法律规定的全称、具体条款。

(7)行政处罚决定:分项写明处罚方式、种类和数额,罚款数额应当使用中文大写填写。

(8)履行期限:用中文大写数字写明期限"十五"。

(9)缴纳罚款地址:收缴罚款的银行地址和罚没款账号。

(10)行政复议和行政诉讼申请:受理行政复议申请的行政机关和行政诉讼请求的法院名称。

(11)行政处罚机关印章:道路运输管理机构公章或行政处罚专用章。

(12)处罚决定书制作日期:一般为道路运输管理机构负责人审批同意作出行政处罚决定的日期。

(十)道路运输行政案件结案报告

1.案件名称:书写形式是当事人姓名(名称)+案由(违法行为性质)+案。

2.调查人员:具体办理该案件的执法人员的姓名。

3.处理决定:行政处罚决定的方式、种类、数额。

4.执行情况:写明案件终结的以下几种情形。

(1)当事人自觉履行了行政处罚决定;

(2)当事人未履行行政处罚决定,由道路运输管理机构依法强制执行完毕;

(3)当事人未履行行政处罚决定,由人民法院依法强制执行完毕;

(4)当事人死亡或者单位被注销、被解散,无法执行相应行政处罚决定。

5.调查人员签字和结案时间。

(十一)道路运输行政处罚文书送达回证

1.适用范围

本文书适用于道路运输管理机构将行政处罚违法行为通知书、行政处罚听证会通知书、行政处罚决定书等法律文书送达给当事人时使用。送达当事人其他有关文书时也可使用。

2. 制作规范

(1) 受送达人:填写受送达人的名称或者单位名称。

(2) 案件名称:书写形式是当事人姓名(名称)+案由(违法行为性质)+案。

(3) 送达单位:负责送达的单位名称。

(4) 送达地点:写明送达的详细地址。

(5) 送达文书:填写送达文书的名称。

(6) 送达人:道路运输管理机构执法工作人员姓名。

(7) 收到人:符合条件的收件人。

(8) 收到日期:收件人签收日期。

(9) 备注:送达方式,如直接送达、留置送达、委托送达和邮寄送达等。

三、行政强制文书制作规范

(一) 行政强制措施审批表

1. 适用范围

本文书是执法人员在监督检查过程中,根据查处违法行为的需要,拟对涉案的财物采取行政强制措施前,用以履行报批手续的内部文书。情况紧急,当场采取行政强制措施的,执法人员应在采取行政强制措施后24小时内,补办本文书。

2. 制作规范

(1) 当事人情况:填写当事人的姓名、性别、联系电话、通信地址等个人基本资料,当事人有单位的,应写明当事人的所在单位及其所任职务,当事人的身份证号码必须填写。

(2) 案件基本情况:填写采取行政强制措施的事实根据,简要介绍案情和违法事实以及采取行政强制措施的必要性。

(3) 拟采取的行政强制措施及依据:填写拟采取的行政强制措施名称及依据的法律条款,应写明法律全称,具体到条、款、项、目,并由

2名执法人员签名、注明具体时间。

(4)单位负责人审批意见:由道路运输管理机构负责人(主要领导或分管领导)根据案情提出明确意见。同意采取行政强制措施的,应当写明"同意采取行政强制措施(写明行政强制措施或执行的具体种类)";不同意的,应当写明"不同意"。

(二)行政强制措施决定书

1.适用范围

本文书是执法人员在监督检查过程中,为了制止违法行为、防止证据损毁、避免危害发生、控制危险扩大等情形,依法对公民、法人或者其他组织的财物实施暂时性控制时,在执法现场使用的文书。

2.制作规范

(1)采取强制措施的主要理由:填写采取行政强制措施的事实根据和主要理由。

(2)法律依据:填写采取行政强制措施的法律、法规依据名称及条款。

(3)行政强制措施名称:根据法律、法规相关规定,填写相应的行政强制措施名称。

(4)财物清单及基本情况:填写扣押财物的名称、数量、规格型号以及与扣押财物相关的其他情况。

(5)告知事项:填写强制措施的具体期限,不得超过30日。无需填写期限的,将本栏用斜线划去。

(三)延长扣押期限审批表

1.适用范围

本文书是执法人员在对涉案的财物采取扣押行政强制措施后,因情况复杂,不能在《行政强制措施决定书》确定的扣押期限内处理完毕,需要延长扣押期限时,用以履行报批手续的内部文书。

2.制作规范

（1）采取扣押措施的情况：填写采取扣押措施的时间、地点以及被扣押财物的基本情况。

（2）拟延长期限及理由：填写具体延长的期限及主要理由，并由 2 名调查人员签名、注明日期。

（3）单位负责人审批意见：由道路运输管理机构负责人（主要领导或分管领导）根据案情提出明确意见。同意延长扣押措施期限的，应当写明同意延长扣押的具体期限；不同意的，应当写明"不同意"。

（四）延长扣押期限通知书

1. 适用范围

本文书是执法人员在对涉案的财物采取扣押行政强制措施后，因情况复杂，经道路运输管理机构负责人批准延长扣押期限后，用于通知当事人的文书。

2. 制作规范

（1）应说明延长期限的原因。

（2）延长的期限应根据案情的需要确定，延长的期限最长不得超过 30 日，其他法律、法规另有规定除外。

（五）检验、检测或技术鉴定期间通知书

1. 适用范围

本文书是执法人员在对涉案的财物采取扣押行政强制措施后，对扣押物品需要进行检测、检验或技术鉴定的，用于通知当事人的文书。

2. 制作规范

对物品的检验、检测或技术鉴定期间应根据检验、检测或技术鉴定实际需要的时间确定。

（六）解除行政强制措施决定书

1. 适用范围

本文书是经道路运输管理机构调查核实，依法对被采取行政强制措施的财物解除行政强制措施并告知当事人时使用的文书。

2. 制作规范

(1)"对你(单位)采取了"后面横线处应填写采取强制措施的具体内容。

(2)解除行政强制措施的原因,应根据《中华人民共和国行政强制法》第二十八条规定,结合案件实际情况填写。

(3)当事人取回被扣押的财物的,应当由当事人填写《取回被扣押财物收据》,作为《解除交通运输行政强制措施决定书》的附件存档。

(七)取回被扣押财物收据

1. 适用范围

本文书是用于记录、证明解除行政强制措施后,领取人取回被扣押财物的文书。

2. 制作规范

取回财物简况:填写被扣押财物的名称、数量、规格型号以及与扣押财物相关的其他情况。

(八)行政强制执行催告书

1. 适用范围

本文书是道路运输管理机构依法作出行政决定后,当事人在规定的期限内未履行义务的,道路运输管理机构依法申请法院强制执行前催促当事人履行义务时所使用的文书。

2. 制作规范

行政机关依法加处罚款的,应在"送达下列文书"的"□1"处选择打钩并具体填写处罚决定书案号;并在"□本机关依照《行政处罚法》第五十一条规定,每日按罚款数额的百分之三加处罚款已超过三十日"处打钩;同时,在"请你(单位)按要求自觉履行"中填写明确的金额和给付方式;在"将依法采取以下措施:□2"处打钩。

(九)行政强制执行申请书

1. 适用范围

本文书是道路运输管理机构向人民法院请求强制执行其行政决定时所使用的文书。

2. 制作规范

(1)受理行政强制执行申请的人民法院,应根据行政案件的级别管辖确定,一般为道路运输管理机构所在地基层人民法院。执行标的为不动产的,为不动产所在地基层人民法院。

(2)申请法院执行的项目应根据行政决定的内容确定。

(3)行政强制执行申请书应当附有《行政处罚决定书》、《行政强制执行催告书》和案件的其他相关资料等。

(4)必须在当事人的法定起诉期限届满后3个月内,且《行政强制执行催告书》发出10个工作日后当事人仍未履行义务的,申请法院强制执行。

(5)应当由道路运输管理机构负责人签名,加盖道路运输管理机构的印章,并注明日期。

四、卷宗管理规范

(一)一般程序案件应当按照一案一卷进行组卷;材料过多的,可一案多卷。简易程序案件可以多案合并组卷。

(二)卷内文书材料应当齐全完整,无重份或多余材料。

(三)案卷应当制作封面、卷内目录和备考表。

1. 封面题名应当由当事人和违法行为定性两部分组成,如"关于×××未取得道路客运经营许可擅自从事道路客运经营案"。

2. 卷内目录应当包括序号、题名、页号和备注等内容,按卷内文书材料排列顺序逐件填写。

3. 备考表应当填写卷中需要说明的情况,并由立卷人、检查人签名。

(四)案件文书材料按照下列顺序整理归档：

1. 案卷封面；

2. 卷内目录；

3. 行政处罚决定书；

4. 立案审批表；

5. 询问笔录、现场检查(勘验)笔录、抽样取证凭证、证据登记保存清单、鉴定意见、行政强制文书等；

6. 案件处理意见书、违法行为通知书等；

7. 行政处罚听证会通知书、听证笔录、行政处罚听证会报告书等听证文书；

8. 执行的票据等材料；

9. 罚没物品处理记录等；

10. 送达回证等其他有关材料；

11. 行政处罚结案报告；

12. 备考表。

(五)不能随文书装订立卷的录音、录像等证据材料应当放入证据袋中，并注明录制内容、数量、时间、地点、制作人等，随卷归档。

(六)当事人申请行政复议和提起行政诉讼或者道路运输管理机构申请人民法院强制执行的案卷，可以在案件办结后附入原卷归档。

(七)卷内文件材料应当用阿拉伯数字从"1"开始依次用铅笔编写页号。页号编写在有字迹页面正面的右上角和背面的左上角。大张材料折叠后应当在有字迹页面的右上角编写页号。A4横印材料应当字头朝装订线摆放好再编写页号。

(八)案卷装订前要做好文书材料的检查。文书材料上的订书钉等金属物应当去掉；对破损的文书材料应当进行修补或复制；小页纸应当用A4纸托底粘贴；纸张大于卷面的材料，应当按卷宗大小先对折再向外折叠；对字迹难以辨认的材料，应当附上抄件。

(九)案卷应当整齐美观固定,不松散、不压字迹、不掉页、便于翻阅。

(十)办案人员完成立卷后,应当及时向档案室移交,进行归档。

(十一)案卷归档,不得私自增加或者抽取案卷材料,不得修改案卷内容。

(十二)行政执法文书卷宗必须按照案件分类,区别不同的保管期限,依次编定归档号。交通行政执法文书卷宗保管期限分永久、长期与短期3种。重大行政处罚案件卷宗应长期保存,一般行政处罚案件卷宗短期保存;长期保存期限为5~10年,短期保存期限为2年。

第九节 道路运输行政执法监督

一、道路运输行政执法监督的内容

(一)法律、法规、规章和规范性文件的实施情况;

(二)规范性文件是否合法;

(三)行政执法主体是否合法;

(四)行政执法程序是否合法;

(五)行政执法文书是否规范;

(六)行政执法中认定事实是否准确;

(七)行政执法中适用法律、法规、规章和规范性文件是否正确;

(八)来信来访工作的处理情况;

(九)其他需要监督检查的事项。

二、道路运输行政执法监督的实施

道路运输行政执法监督按下列方式进行:

(一)实行法律、法规、规章和规范性文件实施情况报告制度。法律、法规、规章和规范性文件施行1年后,道路运输管理机构应当向上一级道路运输管理机构报告该项法律、法规、规章和规范性文件的实施情况,包括配套规定的制定、实施效果、存在问题及建议。

(二)实行行政执法评议制度。道路运输管理机构每年度对下级道路运输管理机构行政执法工作开展评议考核。

(三)实行行政执法工作情况报告制度。道路运输管理机构应当将年度执法工作情况向上一级道路运输管理机构报告。

(四)实行行政执法检查制度。道路运输管理机构应当定期或者不定期地对下级道路运输管理机构执行法律、法规、规章和规范性文件的情况进行检查。

(五)实行重大行政处罚决定备案制度。道路运输管理机构作出吊销证照、责令停产停业、较大数额罚款的重大行政处罚决定的,应当按有关规定备案。

(六)实行行政赔偿案件备案制度。人民法院判决其作出行政赔偿的案件应当及时向上一级道路运输管理机构备案。

(七)实行错案追究制度。道路运输管理机构应当对下级道路运输管理机构作出的、对管理相对人造成严重损害的不当或者违法的具体行政行为进行追究。

(八)道路运输管理机构在职权范围内需要采取的其他方式。

(九)实行行政执法约谈制度。道路运输管理机构对上级交通运输管理部门的关于行政执法工作要求贯彻落实不到位,可能引起重大执法风险的,上级交通运输管理部门可以对道路运输管理机构负责人进行约谈。

三、执法问题处理

道路运输管理机构对执法监督工作中发现的问题按下列规定处理:

(一)对与法律、法规、规章相抵触的规范性文件,责令发布单位撤销或者修改。

(二)对道路运输管理机构之间发生的行政执法争议,由争议双方共同的上级道路运输管理机构协调处理。

（三）对执法过程中遇到的法律、法规、规章和规范性文件相互冲突,且属于道路运输管理机构职权范围内的,应当负责审查和处理;无权处理的,应当及时向上级道路运输管理机构或者有权处理的行政机关报告。

（四）对道路运输管理机构不履行或者不严格履行法定职责的,责令履行职责或者限期改正。

（五）对下级道路运输管理机构作出的违法或不当的具体行政行为,予以纠正或者责令改正。

（六）行政执法主体不合法的,责令予以纠正。

第十六章 道路运输统计管理工作规范

第一节 统计原则

（一）保障统计资料的完整性、及时性和准确性。

（二）如实提供统计资料，不得虚报、瞒报、拒报、迟报，不得伪造、篡改。

（三）统计人员应当独立行使统计调查、统计报告、统计监督的职权。

（四）公布统计资料，必须符合有关程序规定。

（五）属于国家秘密的统计资料，必须保密。在统计调查中对统计调查对象的商业秘密，负有保密义务。

第二节 统计内容和报送

（一）各级道路运输管理机构应当严格按照《道路运输统计报表制度》填报以下报表：

1.《道路运输经营业户》；

2.《道路运输相关业务经营业户》；

3.《道路运输从业人员》；

4.《道路运输经理人》；

5.《道路客货运站》；

6.《机动车维修业及汽车综合性能检测站》；

7.《机动车驾驶员培训》；

8.《汽车租赁》；

9.《道路客运班线》；

10.《农村道路客运》；

11.《道路危险货物运输》；

12.《国际道路运输》；

13.《港澳台及外商投资道路运输业》；

14.《道路运输车辆、业户及从业人员市场退出情况》。

(二)各级道路运输管理机构应当向上一级道路运输管理机构报送道路运输统计电子报表。报送电子报表前应当打印出纸质报表，纸质统计报表必须按有关规定经单位负责人审核签字，并加盖单位公章后方可报出。道路运输管理机构上报的统计资料必须标明单位负责人、统计负责人、填表人、联系电话、报出日期。

(三)省级道路运输管理机构应当按照《道路运输统计报表制度》的要求，于每年的6月30日前报送当年1~6月份的道路运输统计半年报，于次年的1月31日前报送道路运输统计年报。市级道路运输管理机构报送时间由省级道路运输管理机构决定。

第三节 统计要求

(一)各级道路运输管理机构应当建立健全统计工作制度，保证统计工作质量。

(二)各级道路运输管理机构应当要求统计人员严格按照《中华人民共和国统计法》及其实施细则的要求，如实填报各项统计数字。

(三)各级道路运输管理机构应当尽量通过信息化手段从原始档案生成道路运输统计数据，校核指标间的逻辑关系，与历史数据进行比对，对突然增大或降低的数据进行认真核实。

(四)省、市级道路运输管理机构应当配备专职的统计人员，县级道路运输管理机构应当配备专职或兼职的统计人员。

(五)省级道路运输管理机构应当定期组织统计人员培训，提高统计人员素质。

(六)各级道路运输管理机构应当确保统计工作的经费投入,配备必要的计算机和通信设备。

(七)各级道路运输管理机构应当定期更新档案和数据库,了解道路运输市场运行情况,做好道路运输统计工作。

(八)各级道路运输管理机构应当建立统计档案,对统计资料的保管、调用和移交,遵守国家有关档案管理的规定。

第十七章　道路运输信息化

第一节　信息化管理部门设置

各级道路运输管理机构应设立信息化管理部门,配备信息化管理人员。

第二节　信息化管理部门职责

各级道路运输信息化管理部门主要职责:
(一)负责制定本辖区道路运输信息化发展规划、顶层设计、管理政策,贯彻上级信息化管理部门管理制度和要求;
(二)负责组织开展本辖区道路运输信息化建设,按照信息化项目建设要求,完成项目审批、建设等工作;
(三)负责道路运输信息系统的应用推广、技术培训和监督检查工作;
(四)负责本地道路运输信息数据互联互通工作,实现数据的跨平台共享;
(五)负责本地信息网络建设、安全防护和日常维护工作;
(六)负责所辖地区信息化系统应用考核工作。

道路运输信息化技术标准和要求由交通运输部、省道路运输信息化管理部门制定。

第三节　考核管理

交通运输部对道路运输信息系统运行、使用、维护情况进行监督考核、定期通报;省、地市级道路运输管理机构分别对本省、本地市内道路运输信息系统运行情况进行监督考核、定期通报。

一、考核内容

信息化管理和建设内容：

（一）未明确信息化管理部门和信息系统管理员并向上级部门报备；

（二）信息化系统建设未按要求上报审批备案；

（三）未按规定建立中心机房管理、网络设备维护、数据备份、联网联控管理相关制度、应急预案和技术支持队伍；

（四）未按要求采用网络安全管理措施；

（五）未按要求接入、传输、上报有关数据（业务数据、卫星定位信息和视频信息等）；

（六）存在传输上报的数据信息不及时、质量不符合要求、接入稳定性差等现象；

（七）未按要求审批向其他部门或其他信息系统提供数据；

（八）系统出现故障未按要求进行处理并上报故障信息。

二、考核方式

采用定期和不定期相结合的方式进行。

定期考核：交通运输部运输司及省、市道路运输管理机构定期（含季度考核、年度考核）组织对道路运输信息系统综合考核。

不定期考核：省、市道路运输管理机构根据工作需要对辖区内的信息化系统运行、使用、维护情况进行不定期考核，并将考核情况上报至上级信息化管理部门。

对不按规范操作导致系统异常、数据错误、数据缺失或信息泄密的单位或个人，未能及时修正的予以通报批评，造成严重后果及影响重大的追究责任。